700 DICTÉES et Exercices d'ORTHOGRAPHE

André VULIN
inspecteur d'académie

LAROUSSE

21, rue du Montparnasse 75283 Paris Cedex 06

Directrice du département
Dictionnaires et Encyclopédies
Carine Girac-Marinier

Direction éditoriale
Claude Nimmo

Direction éditoriale adjointe
Julie Pelpel-Moulian

Édition
Anne-Françoise Robinson

Informatique éditoriale
Dalila Abdelkader ; Philippe Cazabet ; Sharareh Maljaei

Direction artistique
Uli Meindl ; Sophie Rivoire

Maquette
Typo-Virgule

Fabrication
Marlène Delbeken

ISBN 978-2-03-597307-8

Avant-propos

Cet ouvrage propose des entraînements à la dictée, tout en rappelant – clairement et simplement – l'ensemble des notions d'orthographe qu'un élève doit connaître et assimiler tout au long de son parcours de collégien.

Il propose une approche progressive, idéale pour aider l'élève à mémoriser les notions étudiées au collège, à réviser ses connaissances et à surmonter toutes les difficultés.

100 fiches pour réviser et s'entraîner

- **90 fiches**, réparties en **quatre niveaux**, suivent le programme scolaire des quatre classes : 6e, 5e, 4e et 3e. Chaque fiche se présente sous une forme identique : la leçon d'abord, courte et synthétique, les exercices d'entraînement, et, enfin l'emplacement pour la dictée.

Chaque leçon est ainsi complétée par des **exercices en lien** avec elle et qui ont pour objectif de préparer l'élève à la dictée, rapidement et de façon ludique. Les corrigés des exercices, qui se trouvent en fin de chaque partie, permettent à l'élève de commencer à travailler en autonomie.

- **10 fiches** qui proposent un entraînement spécifique à l'épreuve du **brevet** avec des questions, un exercice de réécriture et une dictée de brevet.

- La **dictée**, qui se trouve dans le **cahier des dictées** placé en fin d'ouvrage et détachable, constitue, bien sûr, le point d'aboutissement de chaque fiche et la conclusion des éléments abordés dans la leçon, que l'on retrouve **mis en valeur en bleu** dans le texte de chacune d'elles.

Un trait d'union entre l'école et la maison

Cet **ouvrage de référence**, clair et original, pourra être utilisé par l'élève de façon autonome, jusqu'à la dictée, pour laquelle il lui faudra demander de l'aide à un adulte, à un grand frère ou une grande sœur.

Il lui permettra de progresser dans sa maîtrise des règles d'orthographe et d'accords, de distinguer les mots homophones, de comprendre la construction des formes conjuguées, et, une fois toutes ces règles bien assimilées, d'écrire sous la dictée en toute confiance.

L'ÉDITEUR

La nouvelle orthographe

En **1990**, une série de **rectifications orthographiques** ont été proposées par un comité d'experts (professeurs, linguistes, éditeurs de dictionnaires...). Ces recommandations ont été adoptées par le Conseil supérieur de la langue française et d'autres institutions de la francophonie (au Québec, en Belgique...) et approuvées par l'Académie française.

Cette « réforme » a pour but de corriger certaines anomalies et incohérences orthographiques pour faciliter l'apprentissage (et l'enseignement) du français. Elle concerne quelque 2 000 mots. **L'emploi de la nouvelle orthographe n'est pas imposé, mais il est recommandé**. Par exemple, il est désormais recommandé d'écrire *aig**ü**e* pour *aiguë*, *une bo**i**te* pour *une boîte*, *nénu**f**ar* au lieu de *nénuphar*, ou *pin**gp**ong*, sans trait d'union.

Ces rectifications orthographiques entrent progressivement dans les ouvrages de référence (dictionnaires, grammaires...) et les manuels scolaires. Elles n'ont toutefois pas de caractère obligatoire et **aucune des deux graphies** (ancienne ou nouvelle) **ne peut être tenue pour fautive**.

LE PLURIEL DES NOMS COMPOSÉS

Les noms composés du type « verbe + nom » ou « préposition + nom » suivent la règle d'accord des mots simples :
*des abat-jour**s***, *des chasse-neige**s***, *des après-midi**s***, *des sans-abri**s***.
Au singulier, le second mot ne prend pas la marque du pluriel :
un compte-goutte.

LE TRAIT D'UNION

Dans un grand nombre de noms composés, le trait d'union est remplacé par une soudure ; on écrit ainsi *aut**os**top* pour *auto-stop*, *bass**ec**our* pour *basse-cour*, *port**em**onnaie* pour *porte-monnaie*.

LES ACCENTS ET LE TRÉMA

– On met un **accent aigu** sur les ***e*** qui sont prononcés ***é*** :
*cam**é**raman*, *r**é**partie*, *r**é**volver*.

– On remplace l'accent aigu par un **accent grave** sur les ***e*** qui sont prononcés ***è*** :
*cr**è**merie*, *il c**è**dera*, *év**è**nement*, *r**è**glement*.

– L'**accent circonflexe** n'est plus obligatoire sur les lettres ***i*** et ***u*** :
*une bo**i**te*, *il conna**i**t*, *ao**u**t*.
On le maintient toutefois dans les terminaisons verbales du passé simple, du subjonctif : *nous partîmes*, *qu'il fît*, *qu'il fût*, et en cas d'ambiguïté : *il croît* (verbe *croître*) ; *il a dû* ; *il est mûr* ; *je suis sûr*.

– Un **tréma** est désormais placé sur la voyelle prononcée :
*aig**ü**e*, *ambig**ü**ité*, *gage**ü**re*...

La nouvelle orthographe

LES DÉTERMINANTS NUMÉRAUX

Les déterminants numéraux cardinaux composés sont systématiquement reliés par des traits d'union :
vingt-et-un, *deux-cents, trois-mille-cent-vingt-deux*.

LES MOTS D'ORIGINE ÉTRANGÈRE

Les mots empruntés suivent les règles d'accentuation et d'accord des mots français, et les mots composés d'origine étrangère s'écrivent soudés :
é**delweiss*, *pizz**é**ria* ; *des match**s, *des spaghetti**s*** ; *bas**eb**all*, *ho**td**og*, *wee**ke**nd*.

LE PARTICIPE PASSÉ du verbe ***laisser*** suivi d'un infinitif devient invariable :
*elle s'est laiss**é** tomber* ; *elles se sont laiss**é** faire*.

LES VERBES en ***-eler*** ou ***-eter*** se conjuguent comme ***peler*** ou ***acheter***. Les dérivés en *-ment* suivent l'orthographe des verbes correspondants :
*j'amonc**èl**e*, *un amonc**èl**ement*, *il étiqu**èt**era*.
Font exception à cette règle : ***appeler***, ***jeter*** et leurs dérivés.

DIVERSES ANOMALIES SONT CORRIGÉES

– Les **mots en *-olle*** et les **verbes en *-otter*** s'écrivent avec une consonne simple :
*coro**l**e*, *friso**t**er*, *grelo**t**er*.
Exceptions : *la colle*, *folle* et *molle*.

– Les mots comme *joaillier*, *quincaillier*, *serpillière* perdent leur second ***-i-*** :
*joai**lle**r*, *quincai**lle**r*, *serpi**llè**re*...

– Les mots *douceâtre* et *asseoir* perdent le ***-e-*** : *dou**çâ**tre, as**so**ir* ;
oignon s'écrit sans ***-i-*** : ***o**gnon* ; *nénu**f**ar* remplace *nénuphar*.

– Les mots *boursouflé*, *chariot*, *combatif*, *imbécillité*... voient leur orthographe mise en conformité avec les mots de même famille : *boursou**ff**lé* s'écrit comme *souffler* ; *cha**rr**iot* comme *charrette* ; *comba**tt**if* comme *combattre* ; *imbéci**l**ité* comme *imbécile*...

Mais il demeure de nombreux cas où il n'est pas simple de savoir si l'orthographe d'un mot a été rectifiée. Par exemple, alors que l'on peut écrire *portemonnaie*, *portevoix* – sans trait d'union –, celui-ci est maintenu dans *porte-bonheur*, *porte-parole*, *porte-savon*...

Aussi est-il toujours indispensable, en cas de doute, de vérifier l'orthographe des mots dans un dictionnaire.

Sommaire

6^e^

5^e^

NE PAS CONFONDRE LES HOMOPHONES

ÉCRIRE LES SONS ET LES MOTS

3^{e}

ACCORDER LES MOTS

CONJUGUER LES VERBES

NE PAS CONFONDRE LES HOMOPHONES

BREVET

Alphabet phonétique

voyelles

sons	orthographe des sons
[a]	bras, chat, voilà, femme
[ɑ]	âne, gâteau, pâté
[e]	dé, poignée, jouer, pied, nez, canoë
[ɛ]	aile, terre, reine, objet, près, prêt, maître, jockey
[ə]	le, premier, faisan, monsieur
[œ]	jeune, œuf, œil, cueillir
[ø]	jeu, deux, nœud, jeûne
[i]	cime, île, abîme, maïs, pays
[ɔ]	or, sotte, homme, oignon, album, alcool
[o]	sot, tôt, haut, peau
[y]	tu, sûr, j'ai eu
[u]	loup, où, goût, août, saoul, football, clown
[ɑ̃]	banc, rang, champ, vent, temps, faon
[ɛ̃]	brin, timbre, brun, parfum, à jeun, pain, faim, teint, examen, synthèse, thym
[ɔ̃]	non, rond, pompe

consonnes

sons	orthographe des sons
[p]	par, après, applaudir
[b]	bon, début, abbaye
[t]	toi, été, attendre, théâtre
[d]	dé, aider, addition
[k]	cou, accordéon, orchestre, becquée, ticket, cinq, quatre, piquer, képi
[g]	gai, guitare, bague, ghetto, second
[f]	fou, souffle, phare, éléphant
[v]	vert, laver, wagon
[s]	sec, absent, ours, science, fasciner, casser, cent, police, français, attention, dix, soixante
[z]	maison, zéro, douze, deuxième
[ks]	extrait, excellent, accepter, accident
[gz]	examen, exhaler
[ʃ]	chat, short, schéma
[ʒ]	jamais, nager, il nageait, nageoire, génie, girafe, gymnastique
[l]	la, alors, balle
[m]	ma, tome, gomme
[n]	nom, banane, canne
[ɲ]	cogner, montagne
[r]	rat, ortie, arriver
[j]	crayon, hier, lieu, faïence, hyène, soleil, fille, paille
[w]	oiseau, voir, cloître, asseoir, ouest
[ɥ]	huile, lui, nuit

1 Les accents – Le tréma – L'élision

JE RETIENS

- **L'accent aigu** se place seulement sur la lettre « e » qui se prononce alors [e].
  téléphoner – la santé – un médecin
- **L'accent grave** se place sur la lettre « e » qui se prononce alors [ɛ].
  une pièce – une lèvre – un mètre

On trouve parfois un accent grave sur « a » et « u » : *déjà* – *où* (le lieu).

- **L'accent circonflexe** se place sur la lettre « e » qui se prononce alors [ɛ].
  la fête – même – une arête

On trouve parfois un accent circonflexe sur les autres voyelles : *un gâteau – bientôt – le dîner – brûler.*

Astuce ! Il n'y a jamais d'accent devant une double consonne : un *bâtiment* mais *battre* ; un *hôtel* mais une *hotte.*

- **Le tréma** indique que l'on doit prononcer séparément la voyelle qui le précède immédiatement : *la faïence – héroïque – Noël.*
- **L'élision** permet de remplacer une voyelle par une apostrophe devant un mot débutant par une voyelle : *l'arbre – s'ouvrir – quelqu'un – l'illusion.*

JE M'ENTRAÎNE

Corrigés page 54

1) Complétez ces mots avec un « é » ou un « è ».

une barri......re	r......fl......chir	un t......moin	la col......re
m......chant	une p......riode	les t......n......bres	une h......lice
la cr......me	une sc......ne	une s......rie	se r......server

2) Entourez la bonne orthographe.

Je déguste un gratin / grâtin de pates / pâtes au gruyere / gruyère.
Tu t'étrangles avec une arête / arrête de poisson.
Le roseau se trouve à côté / coté d'un chène / chêne.

3) Ajoutez les lettres oubliées ; elles peuvent être accentuées.

L...... d......m......n......geur ...... cons......rv...... les meubles en d......p......t.
L...... pyl......n...... ......l......ctrique se d......t......ch...... sur la c......m...... de la c......ll......ne.
Dans la nuit ......toil......, on ...... pu ap......rc......voir une c......m......t...... .
Pour la f......t...... de la mus......que, vous avez jou...... de l'......cc......rd......on.

4) Recopiez les phrases en séparant les mots et en plaçant les apostrophes.

Léchappéesapprochedelarrivéeàviveallure.

L'échapées s'approche de la arrivée à vive allure

Vousnapercevezpaslesobstaclesàcausedelobscurité.

Vous n'apercevez pas les obstacles à cause de l'obscurité.

Lalpinistesaffaiblitdheureenheure,puisquilnesestpasreposé.

L'alpiniste s'affaiblit d'heure en heure puis qu'il ne s'est pas reposé

5) Ajoutez les accents et les trémas oubliés.

Leon a navigue dans les gorges sur un petit canoe.

Aie ! L'espion a reçu un coup sur le crane ; il reste inanime.

Le succes de ce comedien de theatre est sans precedent.

6) Complétez, éventuellement, les mots avec un accent circonflexe.

un rôti	un hopital	le gachis	un batelier
froler	une quete	le pétrole	un diplome
un fromage	une lunette	le controle	un atome

DICTÉE Texte de la dictée **page 2** du cahier

Le carnaval

2 Les sons [s] et [z]

JE RETIENS

- **Le son [s]** peut s'écrire :

- « **s** » devant toutes les lettres et en fin de mot : *un sapin – verser – le tonus.*
- « **ss** » seulement entre deux voyelles : *pousser – le tissu – une tasse.*
- « **c** » seulement devant les voyelles « e », « i », « y » : *lancer – un citron – un cyprès.*
- « **ç** » seulement devant les voyelles « a », « o », « u » : *un commerçant – une balançoire – un aperçu.*
- « **sc** » seulement devant les voyelles « e » et « i » : *descendre – la sciure.*
- « **t** » seulement devant la voyelle « i » : *patient – une répétition – l'acrobatie.*

Attention ! Tous les noms terminés par [sjɔ̃] ne s'écrivent pas « -tion » : *la passion, une pension, la connexion.*

- **Le son [z]** peut s'écrire :

- « **s** » seulement entre deux voyelles : *une prison – une ruse – une dose.*
- « **z** » en début, en milieu ou en fin de mot : *zigzaguer – le bazar – le gaz.*

Attention ! Dans certains mots, la lettre « z » peut être doublée : *une mezzanine, le blizzard.*

JE M'ENTRAÎNE

Corrigés page 54

1) Classez les mots dans le tableau ci-dessous, selon qu'on entend [s] ou [z].

plaisanter – fissure – parasol – deuxième – réséda – ultrason – asile – dessaler

[s]	[z]

2) Complétez les mots dans lesquels on entend les sons [s] et [z].

Dimanche, tous les ....itoyens fran..........ais ....ont appelés à voter.

Si l'a..........en..........eur est inutili..........able, nous emprunterons l'e..........calier.

Dans le noir, il faut avan..........er avec beaucoup de précau..........ion.

Au ....oo, on voit des ga..........elles, des ....èbres et même des bi..........ons.

3) Complétez les mots, dans lesquels on entend le son [z], avec « s », « z » ou « zz ».

un maga..........in	le gri.........ou	une pi.........a	bi.........arre
un maga.........ine	le ma.........out	le ga.........on	un pay.........an
le ba.........ar	un va.........e	un pu.........le	une ra.........ia

4) À la fin de ces noms, on entend le son [s] ; complétez-les avec « s », « se », « sse » ou « ce ».

la dan......	un autobu......	un pou......	la vite......
la chan......	une pu......	la mou......	un our......
la tendan......	un prospectu......	la sour......	le couscou......

5) Entourez la bonne orthographe.

À marée basse / base, des rochers apparaissent.

Pourquoi le pêcheur n'a-t-il pris aucun poisson / poison ?

Le héron de la fable dut se contenter d'un limasson / limaçon.

6) Complétez les phrases avec des mots dans lesquels on entend les sons [s] ou [z].

Les pirates ont caché leur tr.............................. sur une île dé.............................. .

La fu.............................. décolle au milieu d'une ép.............................. fumée noire.

De nom.............................. lettres se terminent par une formule de po.............................. .

DICTÉE Texte de la dictée **page 2** du cahier

Un étrange hérisson

3 Les noms terminés par le son [o]

JE RETIENS

- De nombreux noms terminés par le son [o] s'écrivent « **-eau** » :
  le tableau – le bateau – un chameau – un caniveau
- Mais il existe d'autres terminaisons **moins courantes** :

– « **-au** » : *un boyau* ; « **-aud** » : *le cabillaud* ; « **-aut** » : *un artichaut*
– « **-o** » : *un ghetto* ; « **-os** » : *un héros* ; « **-ot** » : *un sanglot*

- Enfin, on trouve quelques terminaisons plus rares :

– « **-oc** » : *un escroc* ; « **-op** » : *le sirop* ; « **-ôt** » : *un impôt*
– « **-aux** » : *une faux* ; « **-oh** » : l'interjection ; « **-ow** » : *un bungalow*

- On peut parfois trouver la **lettre finale muette** avec un mot de la même famille dans lequel la **consonne** est prononcée.
  tricoter → *un tricot ; un dossier* → *le dos*

Attention ! Il faut se méfier des exceptions : *numéroter*, mais *un numéro*.

- Il n'y a jamais de lettre muette après la terminaison « **-eau** », sauf lorsque le nom est au pluriel : *des poireaux – des escabeaux – des tonneaux*.

JE M'ENTRAÎNE

Corrigés page 54

1) Complétez ces noms terminés par le son [o].

un marig......	un caill......	un bourr......	un esquim......
un flamb......	un grel......	un bad......	un soubres......
un encl......	un ass......	un dép......	un braser......

2) Entourez le nom qui convient.

Comme plat de viande, j'ai choisi une escalope de vaut / veau.
Jean Moulin fut un héraut / héros de la Résistance.
Bastien crie et l'écot / écho lui répond.

3) Complétez les phrases avec des noms terminés par le son [o].

Le c.................................... est un o.................................... au plumage noir.
L'es.................................... est une langue qui se veut universelle.
La c.................................... est un m.................................... utilisé en maçonnerie.
Il ne faut pas confondre le c.................................... et la grenouille.

4) Définitions de mots croisés. Tous les noms se terminent par le son [o].

La tenue de combat des judokas. ➜ le ....

Une danse de salon née en Argentine. ➜ le ....

La paresse en est un ! ➜ un ....

Il permet d'arrêter une hémorragie. ➜ un ....

5) Écrivez le nom, terminé par le son [o], de la même famille que ces mots.

proposer ➜ le ....

galoper ➜ le ....

pivoter ➜ un ....

écrire ➜ un ....

échafauder ➜ un ....

accrocher ➜ un ....

comploter ➜ le ....

marteler ➜ un ....

noyauter ➜ un ....

écervelé ➜ un ....

6) Remettez les lettres dans le bon ordre pour compléter les phrases.

Dressé sur ses (g-t-e-s-r-o) .... , le coq fait admirer son plumage.

Placé près du (b-t-h-u-o-l) ...., le passager contemple le paysage.

Utilisez un (s-b-a-c-u-e-e-a) .... pour changer l'ampoule du lustre.

La représentation du cirque a lieu sous un (h-a-p-i-c-e-a-t-u) ....

DICTÉE *Texte de la dictée* ***page 2*** *du cahier*

Les orchidées

4 Les noms terminés par le son [e] (é)

JE RETIENS

- De nombreux **noms féminins** terminés par le son [e] s'écrivent « -ée ».
  l'arrivée – la purée – une idée

Attention ! Il y a des exceptions : *la clé* (que l'on peut écrire également *la clef*) et les noms terminés par « -té » ou « -tié ».

- Les noms féminins terminés par « -té » ou « -tié » s'écrivent donc sans « e » : *la vérité – la liberté – l'amitié*.

Attention ! Il y a des exceptions :
- *la dictée – la montée – la portée – la jetée – la butée – la pâtée*
- les noms exprimant un contenu : *une potée – une pelletée*

- De nombreux **noms masculins** terminés par le son [e] s'écrivent « -er ».
  un glacier – le plancher – un panier
- Mais il existe aussi d'autres terminaisons : *le café – un pied – un nez – le lycée*.
- Parmi les noms masculins terminés par « -er », on trouve de nombreux noms :
  - de métiers : *un boucher – un épicier – un menuisier – un jardinier*
  - d'arbres : *un pêcher – un abricotier – un noyer – un prunier*

JE M'ENTRAÎNE

Corrigés page 55

1) Complétez ces noms féminins terminés par le son [e].

une bouch......	une antiquit......	la rang......	l'extrémit......
une drag......	une sociét......	la poup......	la gel......
la priorit......	la mar......	la municipalit......	une pens......

2) Remettez les lettres dans le bon ordre pour compléter les phrases.

La modestie est une (t-a-i-l-q-é-u) .... très appréciée.

Thomas vient d'être élu (g-l-d-u-é-é-é) .... de la classe.

Le (d-n-j-r-i-i-a-e-r) .... taille le (m-m-p-o-r-i-e) ....

Cette éolienne fournit de l'(i-i-c-c-e-é-é-l-t-t-r) ....

3) Complétez ces noms masculins terminés par le son [e].

le march......	un trépi......	un cétac......	un scarab......
un pr......	un figui......	un concentr......	un râteli......
un défil......	un senti......	un trac......	un porti......
un bûch......	un procéd......	un lévri......	un édent......

4) Complétez les phrases avec des noms féminins terminés par le son [e].

D'une enj......................., Thibaut franchit la tra....................... .

La ch....................... enneigée sera dégagée dans la ma....................... .

Sur une po....................... musicale, savez-vous placer une cl....................... de sol ?

Le demi de mê....................... effectue une per....................... de cinquante mètres.

5) Définitions de mots croisés. Tous les noms se terminent par le son [e].

Le facteur le distribue. ➜ le ....

Il compte de nombreuses marches. ➜ l' ....

Elle fume sans danger. ➜ la..

Il est l'opposé du futur. ➜ le ....

6) Complétez les phrases avec des noms masculins terminés par le son [e].

Le cai....................... de la librairie du qu....................... est en co....................... .

En vue de la course du ti......................., le pale....................... soigne son cheval.

Pourquoi le pét....................... s'est-il échoué contre les ro....................... ?

Le cui....................... a préparé un pâ....................... de lièvre.

DICTÉE *Texte de la dictée* **page 2** *du cahier*

Les vacances

5 Les noms terminés par le son [war] (oir)

JE RETIENS

- Tous les **noms féminins** terminés par le son [war] s'écrivent « -oire ».
une histoire – la gloire – une baignoire

- La plupart des **noms masculins** terminés par le son [war] s'écrivent « -oir ».
un trottoir – le désespoir – un devoir

- Mais il y a des exceptions qui se terminent par « -oire ». Il faut bien connaître les noms les plus courants :
le laboratoire – un interrogatoire – un réfectoire

- On hésite souvent quant au **genre** de quelques noms terminés par « -oire ».
  - noms masculins : *un ivoire – un prétoire*
  - noms féminins : *une écritoire – une échappatoire*

Attention ! Le nom *mémoire* peut être masculin (*rédiger un mémoire sur les abeilles) ou féminin (avoir une mémoire d'éléphant).*

JE M'ENTRAÎNE

Corrigés page 55

1) Complétez ces noms terminés par le son [war].

un promen......	le purgat......	un réserv......	une écum......
la préhist......	un ras......	un repouss......	un bav......
un audit......	un tir......	une nage......	un arros......

2) Complétez les phrases avec des noms terminés par le son [war].

Le crocodile possède des m.. redoutables.

Un a.................................... de poulets et de canards s'installe à Trambly.

Munis de leur crosse, les hockeyeurs se rendent à la p ....

Au sortir du bain, la starlette enfile un superbe p....................................

3) Définitions de mots croisés. Tous les noms se terminent par le son [war].

On en donne parfois un au serveur. ➜ un ....

Le perroquet s'y tient volontiers. ➜ un ....

Un ustensile pour remplir les bouteilles. ➜ un ....

Les vaches viennent s'y désaltérer. ➜ un ....

4) Complétez les phrases avec des noms terminés par le son [war].

Le lion défend âprement son te............................... .

Les él............................... du 100 mètres papillon auront lieu dans dix minutes.

Le ta .... est un grand amateur de fourmis.

Le charcutier place la volaille sur la rô ....

5) Aidez-vous du verbe entre parenthèses pour compléter les phrases avec des noms terminés par le son [war].

(dormir) Dans ce .... , il y a huit lits.

(observer) L' .... du pic du Midi possède un télescope.

(accouder) Ce siège n'a pas d'............................. ; quel dommage !

(passer) Tu verses les haricots dans la..

(plonger) Cette piscine possède un .... de trois mètres.

6) Complétez les phrases avec des noms terminés par le son [war].

Le film est triste, chacun sort son m.. .
Mme Guigou possède un bracelet en i.. .
Autrefois, on rinçait le linge au l.. .
Placé sur un p.., tu admires le paysage.

DICTÉE *Texte de la dictée* ***page 3*** *du cahier*

page 3 du cahier

Le départ de la fusée

6 Le genre des noms

JE RETIENS

- La connaissance du genre d'un nom est essentielle pour effectuer correctement les **accords des mots** qui sont grammaticalement liés à ce nom.

En cas de doute sur le genre d'un nom, il faut recourir au **dictionnaire**.

un chrysanthème – un tentacule – un météore – une idole – une météorite

- On forme généralement le féminin des **noms d'êtres animés** en ajoutant un « e » au masculin : *un étudiant* ➔ *une étudiante* ; *un employé* ➔ *une employée*.
- Cependant, la terminaison du nom masculin est quelquefois modifiée.

un ouvrier ➔ *une ouvrière*
un campeur ➔ *une campeuse*
un duc ➔ *une duchesse*
un champion ➔ *une championne*
le directeur ➔ *la directrice*
un veuf ➔ *une veuve*

- Parfois, le nom féminin est tout à fait différent du nom masculin.

un coq ➔ *une poule*
un cerf ➔ *une biche*

Attention ! Le féminin de certains noms masculins peut avoir **un sens différent** de celui du nom masculin ; il ne désigne pas alors un être animé.

un chevalier ➔ un seigneur féodal ; *une chevalière* ➔ bague sur laquelle sont gravées des initiales.

JE M'ENTRAÎNE

Corrigés page 56

1) Écrivez le féminin de ces noms.

un inspecteur ➔ une ....
un empereur ➔ une ....
un dieu ➔ une ....
un skieur ➔ une ....
un figurant ➔ une ....
un héros ➔ une ....
un baron ➔ une ....
un parrain ➔ une ....

2) Entourez la bonne orthographe.

Les lecteurs / lectrices de ce magazine adorent les reportages.
La chanteuse / chanteure a le trac avant d'entrer en scène.
La patronne / patrone du pressing ouvre son magasin.

3) Placez le déterminant qui convient (« un » ou « une ») devant ces noms.

...... icône	...... hémisphère	...... espèce	...... épilogue
...... insigne	...... planisphère	...... tubercule	...... idylle
...... ivoire	...... atmosphère	...... épiderme	...... idole

4) Écrivez le féminin de ces noms d'habitants.

un Chinois → une ....
un Cubain → une ....
un Vendéen → une ....
un Turc → une ....
un Grec → une ....
un Angevin → une ....

5) Reliez le nom masculin au nom féminin correspondant.

un jars ●	● une laie
un sanglier ●	● une chèvre
un étalon ●	● une jument
un bélier ●	● une oie
un bouc ●	● une brebis

6) Complétez les phrases avec des noms féminins de la même famille que les noms masculins suivants.

un jardinier – un trotteur – un mandarin – un marin – un routier

Le frère de Denis s'est engagé dans la .... marchande.

La .... de la montre indique les secondes.

La .... est un agrume riche en vitamines.

Cette voiture est une excellente ....

La .... de légumes est savoureuse.

DICTÉE Texte de la dictée **page 3** du cahier

L'embarras du choix

7 Le pluriel des noms

JE RETIENS

- Au pluriel, **les noms prennent généralement un « s »** :
les musiciens – les réponses – des bracelets.

- Cependant, les noms terminés par « -eau », « -au » et « -eu » prennent un « x » au pluriel : *les gâteaux – des tuyaux – des aveux*.

Exceptions : *des pneus – des bleus – des landaus*.

Attention ! Les noms terminés par « s », « x » et « z » au singulier ne prennent évidemment pas la marque du pluriel : *des radis – les prix – les gaz*.

- **Les noms propres** ne prennent pas la marque du pluriel.
Les frères Montgolfier étaient originaires d'Annonay.

Cependant, les noms de peuples ou de lieux qui désignent un ensemble prennent la marque du pluriel : *les Italiens – les Alpes – les Baléares*.

Attention ! Si le nom propre est devenu commun, il s'accorde : *Ces camemberts sont très crémeux.* (Camembert est une ville de Normandie).

- Certains noms ne s'emploient qu'au singulier : *l'ouest – le guet – la botanique*.
- D'autres ne s'emploient qu'au pluriel : *les entrailles – les ténèbres – les préparatifs*.

JE M'ENTRAÎNE

Corrigés page 56

1) Écrivez ces noms au pluriel.

un parc ➜ ....
la vérité ➜ ....
un fléau ➜ ....
une fleur ➜ ....
un maillot ➜ ....
un marteau ➜ ....

2) Entourez la bonne orthographe.

J'ignore quel est le taux / maux versé par la caisse d'épargne.
Quels sont les taux / maux dont souffre la société aujourd'hui ?
Les jeunes élèves prononcent les mots à haute voix / voie.
Les voix / voies de chemin de fer sont toujours parallèles.

3) Écrivez les noms au singulier. Vous pouvez utiliser un dictionnaire.

des poids ➜ ....
des remous ➜ ....
des héros ➜ ....
des amoureux ➜ ....
des milieux ➜ ....
des noix ➜ ....

4) Écrivez les noms au singulier. Dans chaque colonne, barrez l'intrus.

des nuits ➔ ....
des circuits ➔ ....
des bruits ➔ ....
des puits ➔ ....

des relais ➔ ....
des délais ➔ ....
des essais ➔ ....
des étais ➔ ....

5) Recopiez ces phrases en mettant les noms en couleur au pluriel, quand il le faut.

Dans ce magasin, on trouve un bureau en acajou.

....

Cette vitrine expose le joyau du souverain.

....

6) Écrivez correctement les noms entre parenthèses.

Les (Arménien) .... sont de bons (joueur) .... d'échecs.
Les (Ferrari) .... et les (Renault) .... partiront en tête.
Les (Barrel) .... ont passé la soirée chez leurs (ami) ....
Dans les (Alpe) ...., les (col) .... relient les (vallée) ....
Lorsque vient la nuit, les (Inuit) .... bâtissent des (igloo) ....

DICTÉE *Texte de la dictée page 3 du cahier*

Le port

8 Les déterminants

JE RETIENS

- Les **articles** sont les principaux déterminants : *le – la – les – un – une – des – au – aux – du – de – de l' – de la.*
- Les **déterminants possessifs** indiquent l'appartenance : *mon – ma – mes – ton – ta – tes – son – sa – ses – notre – nos – votre – vos – leur – leurs.*
- Les **déterminants démonstratifs** marquent ce que l'on désigne précisément : *ce matin – cet outil – cette raison – ces émissions.*
- Les **déterminants indéfinis** donnent une idée de quantité, de qualité, d'identité, de ressemblance ou de différence : *aucun – nul – même – plusieurs – chaque – tel – divers – certains*, etc.
- Les **déterminants numéraux cardinaux** (souvent appelés nombres) sont invariables : *quatre étages – trente-six heures – trente jours – mille euros* – etc.

Astuce ! Devant un nom féminin singulier débutant par une voyelle ou un « h » muet, on place un déterminant possessif masculin : *mon épaule, ton angoisse, son habitation.*

Attention ! Les déterminants numéraux **vingt** et **cent** s'accordent quand ils désignent un nombre exact de vingtaines ou de centaines : *quatre-vingts ans, deux cents pages.*

JE M'ENTRAÎNE

Corrigés page 57

1) Complétez les phrases avec les déterminants possessifs qui conviennent.

Je range toujours .... affaires de sport dans un grand sac.

Les brocanteurs étalent .... marchandises à même le sol.

Le jockey flatte la croupe de .... cheval qui l'a conduit à la victoire.

2) Entourez les déterminants démonstratifs qui conviennent.

Cet / Cette chanson me rappelle mes dernières vacances.

Ce / Ces laissez-passer sont-ils toujours valables ?

On dit que ce / cet hautbois a une sonorité exceptionnelle.

3) Complétez les phrases avec des déterminants indéfinis qui conviennent.

.... homme n'a posé le pied sur la planète Mars.

Le proverbe prétend que .... les goûts sont dans la nature.

Reprenez encore .... spaghettis ; ils sont excellents.

.... arbres, les séquoias, atteignent cent mètres de haut.

4) Copiez ces expressions en écrivant les nombres en lettres.

voir 36 chandelles ➔ ....

vendre 3 400 billets ➔ ....

construire 90 logements ➔ ....

accueillir 354 élèves ➔ ....

5) Complétez les phrases avec les noms suivants que vous accorderez, si besoin.

aveu – tête – corrida – idée

Rien qu'à leur .... , je devine qu'ils sont embarrassés.

Les touristes étrangers se rendent en nombre à la ....

Les preuves sont accablantes et l'assassin passe aux ....

Avant de répondre, les candidats rassemblent leurs ....

6) Écrivez correctement les déterminants entre parenthèses.

De (tel) .... résultats sont pour le moins surprenants.

(Divers) .... compagnies aériennes desservent le Chili.

Les acteurs ont tous des costumes (différent) ....

Seules (quelque) .... places de parking sont encore libres.

DICTÉE *Texte de la dictée **page 4** du cahier*

Texte de la dictée page 4 du cahier

Portrait de Sherlock Holmes

9 L'accord des adjectifs

JE RETIENS

- Les **adjectifs** et les participes passés employés comme adjectifs – qu'ils soient épithètes, attributs ou mis en apposition – s'accordent **en genre et en nombre** avec le nom auquel ils apportent une précision.
- Généralement, on obtient **le féminin d'un adjectif** en ajoutant un « e » au masculin : *un résultat exact* ➜ *une réponse exacte*.

Attention ! Les adjectifs masculins terminés par « e » ne changent pas de forme au féminin : *un temps agréable* ➜ *une soirée agréable.*

- Généralement, on obtient **le pluriel d'un adjectif** en ajoutant un « s » au singulier : *un conducteur avisé* ➜ *des conducteurs avisés*.

Attention ! Les adjectifs déjà terminés par « s » ou « x » au singulier ne changent pas de forme au pluriel : *un mot précis* ➜ *des mots précis.*

- Les quelques adjectifs terminés par « -eau » au singulier ont un pluriel en « -eaux » : *un beau paysage* ➜ *de beaux paysages*.
- Si un adjectif se rapporte à plusieurs noms de genre différent, il se met au masculin : *Le client et la cliente sont satisfaits.*

JE M'ENTRAÎNE

Corrigés page 57

1) Complétez les pointillés avec ces adjectifs que vous accorderez.

abondant – confus – modique – aîné – imprévu – animé

une mêlée .... des récoltes ....

des dessins .... une sœur ....

des sommes .... une visite ....

2) Entourez la bonne orthographe.

des coffrets plein / pleine / pleins / pleines de bijoux

des oasis verdoyant / verdoyants / verdoyante / verdoyantes

3) Complétez les phrases avec ces adjectifs que vous accorderez.

interdit – rassurant – rapporté – profond – portable

Ne vous aventurez pas sur ce glacier, il y a de .... crevasses.

Les téléphones .... sont .... en classe.

Les nouvelles .... par les journalistes sont ....

4) **Reliez les noms aux adjectifs correctement accordés.**

un plat •	• appétissante
une entrée •	• appétissants
des traits •	• droites
des desserts •	• droits
des lignes •	• appétissant

5) **Remplacez les noms en couleur par ceux entre parenthèses et accordez.**

(règles) Le règlement est strict ; il faut le respecter.

....

(personne) Les gens patients obtiennent satisfaction.

....

(récits) Cette histoire est plutôt passionnante.

....

6) **Accordez correctement les noms et les adjectifs.**

Lisez-vous beaucoup de roman............... policier............... ?

Les mauvais............... joueur............... sont expulsé............... par l'arbitre.

Réfugié............... sous l'auvent, les campeur............... sont à l'abri.

Vous bénéficiez de place............... gratuit............... pour ce spectacle.

DICTÉE Texte de la dictée **page 4** du cahier

Autoportrait

10 L'accord du verbe

JE RETIENS

- Le **verbe** s'accorde toujours avec son **sujet**. On trouve le sujet d'un verbe en posant la question « Qui est-ce qui ? » (ou « Qu'est-ce qui ? ») devant le verbe.

Astuce ! On peut aussi trouver le sujet d'un verbe en l'encadrant avec « C'est .... qui » ou « Ce sont .... qui ».

- Le sujet peut être :

- un nom : *Les passagers attendent leurs bagages.*
- un groupe nominal : *Les passagers en provenance de Rome attendent leurs bagages.*

Remarque ! Dans ce cas, le verbe s'accorde avec le nom principal.

- un pronom personnel : *Ils attendent leurs bagages.*
- un pronom possessif : *Tes bagages arrivent ; les miens tardent un peu.*
- un pronom démonstratif : *Ce bagage est léger, mais celui-là est plus lourd.*
- un pronom numéral : *Les bagages ne sont pas tous là ; trois sont dans la soute.*
- un pronom relatif : *Les passagers qui attendent leurs bagages sont impatients.*
- une proposition subordonnée : *Que tu m'aides me fait plaisir.*
- un verbe à l'infinitif : *Attendre fait perdre un peu de temps.*

JE M'ENTRAÎNE

Corrigés page 57

1) Encadrez les mots qui entraînent l'accord des verbes.

Les mauvaises herbes qui envahissent la pelouse poussent trop vite.

Rouler sur les pavés glissants exige une bonne maîtrise de son vélo.

Parmi tous les élèves de la classe, dix apprennent l'allemand.

2) Entourez la bonne orthographe.

Nous ne pouvons / pourront pas sortir, il pleut / pleuvent des cordes !
Toi qui sait / sais tout, répond / réponds vite à cette question.
L'actrice à qui tu demande / demandes un autographe te le signe / signes.

3) Transformez la phrase en changeant les sujets.

Le voyage que nous programmons nous conduira en Corse.

Les séjours que vous ....

L'excursion que je ....

La randonnée que tu ....

4) Écrivez les terminaisons des verbes au futur simple de l'indicatif.

Le maquillage des actrices fond............. sous la chaleur des projecteurs.

Les raisins, vendangés le matin, ferment......................... dans l'après-midi.

Lors du vide-greniers, tu déniche............. peut-être un objet rare !

Les cours de l'après-midi se termin......................... à dix-sept heures.

5) Écrivez les verbes entre parenthèses au présent de l'indicatif.

Lui qui d'habitude (avoir) .... la parole facile, (rester) .... sans voix.

Tu me (dire) .... que tu (être) ...... prêt à m'accompagner.

Sois indulgent avec ceux qui (chanter) .... pour la première fois.

Parmi toutes ces chansons, l'une d'elles nous (plaire) ....

6) Écrivez les verbes entre parenthèses à l'imparfait de l'indicatif.

Autrefois, on (s'éclairer) .... à l'aide de bougies.

Moi qui (penser) .... vous rendre visite, je n'ai pas pu.

Il y a cinq ans, vous (habiter) .... dans une tour de dix étages.

La couleur des fauteuils (s'harmoniser) .... avec celle des rideaux.

DICTÉE *Texte de la dictée* ***page 4*** *du cahier*

Le labour d'autrefois

11 Le participe passé en « -é » et l'infinitif en « -er »

JE RETIENS

- Les terminaisons de **l'infinitif** et du **participe passé** des verbes du 1er groupe ont la même prononciation : [e].

  Nous avons effectué un détour. Il faut effectuer un détour.

- Pour les distinguer, **on remplace** le verbe du 1er groupe par un verbe du 2e ou du 3e groupe pour lequel on entend nettement la différence.

  Nous avons fait un détour. Il faut faire un détour.

Attention ! La terminaison de la 2e personne du pluriel du présent de l'indicatif et de l'impératif se prononce également [e]. Là encore, pour faire la différence, on remplace le verbe du 1er groupe par un autre.

Vous effectuez un détour. Vous faites un détour.

– Le **participe passé** employé comme **adjectif** s'accorde avec le nom qu'il qualifie : *Les volets fermés, tu pars tranquille.*

– Le **participe passé** employé avec l'auxiliaire **être**, et dans certains cas avec l'auxiliaire **avoir** (voir fiche 35), doit également être accordé avec le sujet ou le complément d'objet direct.

La porte est fermée à clé. Les volets que tu as fermés ne claqueront plus.

JE M'ENTRAÎNE

Corrigés page 58

1) Entourez la bonne orthographe.

Pourquoi as-tu refusé / refuser de nous accompagné / accompagner ?
Vous traverser / traversez sur les passages protéger / protégé / protégés.
Pablo a décidé / décider de retourné / retourner s'entraîné / s'entraîner.

2) Complétez ces expressions par un infinitif ou un participe passé employé comme adjectif.

une machine qui lave le linge → une machine à ....
des places mises en réserve → des places ....
une maison mise en location → une maison à ....
des sculptures recouvertes d'or → des sculptures ....

3) Complétez les verbes avec « é » ou « er ».

L'autobus, coinc............ dans les embouteillages, ne peut pas avanc............. .
Tu as décid............ d'achet............ un vêtement en soldes.
Ce rideau est démod............, vous devriez le chang............. .

4) Complétez les verbes avec « é », « ez » ou « er ».

J'ai utilis............ un rouleau à pâtisserie pour étal............ la pâte.

Comme il a neig............, il a fallu dégag............ l'entrée du collège.

Bien conseill............, Jérôme a opt............ pour une orientation en lycée.

À force de jou............ avec le feu, vous all............ vous brûl............ !

5) Complétez comme il convient. Attention aux accords.

Le professeur a distribu............ les copies qu'il a corrig............. .

Œdipe a trouv............ la solution de l'énigme pos............ par le Sphinx.

Vous préfér............ la crème fouett............ aux marrons glac............. .

On ne doit pas se vant............ d'actions que l'on n'a pas réalis............. .

6) Remplacez le verbe en couleur par un des verbes suivants que vous écrirez correctement.

peser – rédiger – décréter

Vous ne faites .... rien sans avoir entendu plusieurs avis.

Cette malle doit faire .... au moins trente kilos.

Mandy a fait .... son rapport à l'aide d'un traitement de texte.

DICTÉE Texte de la dictée **page 5** du cahier

La pension Vauquer

12 Ne pas confondre : ont – on – on n'

JE RETIENS

- **ont** : forme du verbe **avoir** à la 3e personne du pluriel du présent de l'indicatif : *Les cerises ont des noyaux.*

En remplaçant par une autre forme du verbe **avoir**, on entend qu'il s'agit bien de lui : *Les cerises avaient (ou auront) des noyaux.*

- **on : pronom personnel** indéfini de la 3e personne du singulier, toujours sujet du verbe : *On dénoyaute les cerises.*

Ce pronom peut être remplacé par un autre pronom de la 3e personne du singulier : *Il (Elle) dénoyaute les cerises.*

- Quand « on » est placé devant un verbe débutant par une voyelle ou un « h » muet, la différence entre la forme affirmative et la forme négative ne s'entend pas.

– À la forme affirmative, on fait la liaison :
On accepte les deux solutions. – On hésite entre les deux solutions.

– À la forme négative, la première partie de la négation est élidée :
On n'accepte pas les deux solutions. – On n'hésite pas entre les deux solutions.

Astuce ! Pour faire la différence, il faut remplacer « on » par « il » ou « elle ».

Il n'accepte pas les deux solutions. – Elle n'hésite pas entre les deux solutions.

JE M'ENTRAÎNE

Corrigés page 58

1) Complétez les phrases avec « ils » ou « on ».

.... ont manqué la cible de peu.

.... déterre un trésor enfoui au fond du jardin.

Pour sauver la planète, ... doit protéger l'environnement.

2) Complétez les phrases avec « on » ou « ont ».

Quand les dinosaures ....-ils disparu ?

.... ne fait pas boire les ânes qui n'.......... pas soif.

Les programmes qui .... un numéro de code, ... ne peut pas les copier.

3) Entourez la bonne orthographe.

Les esclaves africains on / ont souffert dans les champs de coton.

La nuit, on / on n' / ont éteint pas les lampadaires du boulevard.

On / Ont déchiffre les hiéroglyphes que les Égyptiens on / ont tracés.

On / Ont-ils participé au rallye de Monte-Carlo ? On / Ont en doute…

4) Recopiez les phrases en mettant les verbes en couleur au passé composé.

Les campeurs négligents laissent des papiers ; on doit les ramasser.

....

Les vendanges débutent et on remplit les bennes de raisins mûrs.

....

5) Complétez les phrases avec « on », « ont » ou « on n' ».

Quand .... triche au jeu, ... a pas d'amis.

.... surligne les passages du texte qui .... de l'importance.

Le proverbe affirme qu'............ ne récolte que ce que l'............ a semé.

Si .... articule pas les mots, ... est inaudible.

6) Remplacez le pronom sujet « nous » par « on » et accordez.

Nous n'avons pas trouvé la solution du problème.

....

Nous utilisons des ciseaux qui ont des bouts ronds.

....

DICTÉE Texte de la dictée **page 5** du cahier

Un voyage mouvementé

13 Ne pas confondre : peu – peut – peux

JE RETIENS

- **peu : adverbe** de quantité : *Cet ordinateur exige peu de manipulations, mais il est peu fiable.*

Il est possible de remplacer « peu » par un autre adverbe de quantité (« beaucoup », « très »…) : *Cet ordinateur exige beaucoup de manipulations, mais il est très fiable.*

- **peux** et **peut** : formes conjuguées aux trois personnes du singulier du verbe **pouvoir** au présent de l'indicatif : *Je peux / Tu peux / Fabien peut utiliser ce logiciel.*

Il est possible de remplacer « peux » ou « peut » par d'autres formes conjuguées du verbe **pouvoir**.

Je pouvais / pourrai utiliser ce logiciel.
Tu pouvais / pourras utiliser ce logiciel.
Fabien pouvait / pourra utiliser ce logiciel.

Astuce ! Il faut retenir l'orthographe de quelques expressions.

Peu s'en faut que l'orage n'éclate.
Ces vêtements se ressemblent peu ou prou.
Ce plat est peut-être trop salé.
Il mesure à peu près deux mètres.
Il fait froid, ce n'est pas peu dire !
Ce lit est un tant soit peu étroit.

JE M'ENTRAÎNE

Corrigés page 59

1) Entourez la bonne orthographe.

Pour survivre dans le désert, le dromadaire se contente de peu / peut / peux.
Est-ce que je peu / peut / peux obtenir votre adresse de messagerie ?
Si l'obstacle est trop haut, le cheval peu / peut / peux se dérober.

2) Complétez les phrases avec « peu » ou « peut ».

Ce commerçant ne .... livrer que .... de marchandises.
Cette tondeuse ne .... pas démarrer, car il y a .... d'essence.
Ce pantalon est un .... long pour toi, mais le vendeur .... le raccourcir.
Comment cette voiture ....-elle se garer dans si .... d'espace ?

3) Complétez les phrases avec « peu », « peux » ou « peut ».

Je .... m'inscrire à ce jeu télévisé, mais j'ai .... de chances d'être retenue.
Il y a .... de moyens d'arrêter un cyclone ; on .... juste le prévoir.
Ce refuge .... accueillir à .... près cinquante randonneurs.

4) Récrivez la phrase en changeant le sujet et accordez comme il convient.

Sans leurs lunettes, ces personnes ne peuvent pas lire.

...., je ....

...., tu ....

...., Harold ....

5) Écrivez les mots en couleur au singulier et accordez.

Ces camions ne peuvent pas emprunter le pont ; leur poids est trop élevé.

....

Les cigognes peuvent parcourir des milliers de kilomètres sans se poser.

....

6) Recopiez les phrases en remplaçant les mots en couleur. Accordez comme il convient.

Les enquêteurs peuvent chercher ; ils ne trouveront rien avec si peu d'indices.

Tu ....

Si vous appréciez ce dessert, vous pouvez vous resservir.

Si Emmy ....

DICTÉE Texte de la dictée **page 5** du cahier

Un destin tragique

14 Ne pas confondre : près – prêt – prêts

JE RETIENS

- **près : préposition** ou **adverbe** de lieu :
La voiture se gare près du trottoir. – Je porte des lunettes pour voir de près.
- La préposition peut être remplacée par une autre : *La voiture se gare à côté du trottoir.*
- L'adverbe de lieu peut être remplacé par un autre : *Je porte des lunettes pour voir de loin.*
- **prêt(s) : adjectif** qui s'accorde avec le nom qu'il accompagne.
Le repas est prêt. *La viande est prête.*
Les desserts sont prêts. *Les brochettes sont prêtes.*
- L'adjectif « prêt » est généralement suivi de la préposition « à » (ou « au » ou « pour ») : *Le train est prêt à partir. – Le parachutiste est prêt au grand saut. – Les joueurs sont prêts pour le coup d'envoi.*
- La préposition « près » est souvent suivie d'une autre préposition (« de », « du », « d' ») : *Tu te tiens près de moi.*

Attention ! Il existe un autre homonyme, le nom « prêt » (action de prêter). Il est généralement précédé d'un déterminant : *Le banquier accorde un prêt à la famille Sarda.*

JE M'ENTRAÎNE

Corrigés page 59

1) Complétez les phrases avec « près », « prêt » ou « prêts ».

Une boutique de ....-à-porter s'installe .... du carrefour de l'Odéon.
.... pour le tournage, les comédiens se réunissent .... du metteur en scène.
Les volleyeurs se tiennent .... du filet, ... à renvoyer la balle.

2) Entourez la bonne orthographe.

Ils sont si près / prêts du but qu'ils sont près / prêts à faire un effort.
Le lion est près / prêt à bondir sur le gnou qui boit près / prêt du marigot.
Les admirateurs veulent être près / prêts lorsque leur idole arrivera.

3) Récrivez la phrase en changeant les sujets. Accordez comme il convient.

Je ne suis pas en retard ; ma valise est prête.

Mélinda .... ; .... bagages ....
Tu .... ; .... sac ....
Nous .... ; .... valises ....

4) Complétez les phrases avec « près », « prêt » ou « prêts ».

Les organisateurs sont .... pour accueillir deux mille personnes.

Le terminal pétrolier se trouve tout .... du quai n° 5.

Les concurrents sont .... de l'arrivée : qui va l'emporter ?

Il est .... de midi et Paulin est .... à dévorer un énorme sandwich !

5) Récrivez les phrases en remplaçant les noms en couleur. Accordez comme il convient.

Déployées, ces antennes sont prêtes à émettre.

.............................., ces relais ....

Ces personnes sont prêtes à changer de métier.

Ces employés ....

6) Complétez les phrases avec « près », « prêt » ou « prêts ».

J'ai terminé .... de la moitié de mon devoir de français.

Le peintre est .... à passer une deuxième couche de laque.

Les .... doivent être remboursés avec des intérêts.

Un avare est une personne .... de ses sous, enfin de ses euros !

DICTÉE Texte de la dictée **page 6** du cahier

Le Sahara

15 Ne pas confondre : leur – leur(s)

JE RETIENS

- **leur : pronom personnel** invariable de la 3e personne du pluriel, toujours placé près du verbe :
Les musiciens sont attentifs ; le chef d'orchestre leur donne des conseils.
Il signifie « à eux » ou « à elles » et peut être remplacé par « lui » :
Le musicien est attentif ; le chef d'orchestre lui donne des conseils.
- **leur(s) : déterminant possessif**, qui s'accorde avec le nom auquel il se rapporte.
Les musiciens prennent soin de leur instrument.
Les musiciens rangent leurs partitions.
Il peut être remplacé par un autre déterminant : « son », « sa » ou « ses ».
Le musicien prend soin de son instrument.
Le musicien range ses partitions.
- Il est parfois difficile d'accorder « leur » quand il est déterminant possessif parce qu'on ne sait pas si l'on parle de une ou plusieurs choses, de une ou plusieurs personnes : *Les cyclistes sortent leur vélo et gonflent leurs pneus.*

Astuce ! Dans cette phrase, c'est simple car chaque cycliste a un seul vélo, mais chaque vélo a deux pneus.

À l'inverse, l'accord est possible au singulier ou au pluriel dans la phrase suivante : *Les élèves sortent leur(s) livre(s) et leur(s) cahier(s).*

JE M'ENTRAÎNE

Corrigés page 60

1) Placez devant ces noms le déterminant qui convient : « leur » ou « leurs ».

.... famille	.... traces	.... cadeaux
.... ongles	.... secret	.... décisions
.... garage	.... prénom	.... tenues

2) Écrivez les mots en couleur au pluriel et accordez.

Comment le spectateur fait-il pour calmer son impatience ?

....

Le plongeur prend soin de son masque et de ses palmes.

....

3) Complétez les phrases avec « leur » ou « leurs ».

Les jongleurs rattrapent facilement .... anneaux.

Les Inuits utilisent des traîneaux qui .... permettent de se déplacer.

Ces chats sont bien nourris ; .... poil est luisant.

4) Entourez la bonne orthographe.

Même si tu leur / leurs réponds immédiatement, ils ne t'entendront pas.
Les clients composent leur / leurs code et retirent leur / leurs billets.
Mes cousins sont partis à Toulon ; je leur / leurs envoie des messages.
Les cuisiniers restent devant leur / leurs four et préparent leur / leurs plats.

5) Observez l'exemple et supprimez les répétitions.

Cet artisan est compétent ; on peut faire confiance à cet artisan.
→ *on peut lui faire confiance.*

Les jeunes écoutent le journaliste qui présente son métier aux jeunes.

....

Les chiens ne mordent pas si les gardiens mettent une muselière aux chiens.

....

6) Répondez aux questions selon l'exemple.

Le film a-t-il plu aux spectateurs ? → *Oui, il leur a plu.*

Ce bâtiment est-il accessible aux personnes handicapées ?
Oui, ...

As-tu répondu à tes amis ?
Oui, ...

DICTÉE Texte de la dictée page 6 du cahier

Des jumeaux

16 Le présent de l'indicatif : avoir – être – 1er groupe

JE RETIENS

- Les verbes **avoir** et **être** ont des formes particulières au **présent de l'indicatif**. Comme ils sont très souvent employés comme auxiliaires, il faut parfaitement mémoriser ces formes.

J'ai une montre et je suis là. — *Nous avons une montre et nous sommes là.*
Tu as une montre et tu es là. — *Vous avez une montre et vous êtes là.*
Il a une montre et il est là. — *Elles ont une montre et elles sont là.*

- Tous les **verbes du 1er groupe** prennent les mêmes terminaisons qui s'ajoutent au radical.

Je grelotte. — *Tu protestes.* — *Il neige.*
Nous marchons. — *Vous sautez.* — *Elles travaillent.*

Astuce ! Quatre terminaisons sont homophones. Il faut donc bien chercher la personne à laquelle le verbe est conjugué pour placer la bonne terminaison.

- Pour les verbes en *-cer, -ger, -yer, -eler, -eter* ou les verbes comme *lever* et *céder*, le radical est parfois modifié (voir fiches 39 et 40).
- Quelques **verbes du 3e groupe** ont les mêmes terminaisons que les verbes du 1er groupe : *souffrir (je souffre)* ou *cueillir (tu cueilles)*.

JE M'ENTRAÎNE

Corrigés page 60

1) Complétez les phrases avec les verbes « être » ou « avoir » conjugués au présent.

Aujourd'hui, tu .... vraiment trop de travail.

On ne peut pas vous joindre, car vous .... en voyage.

Pourquoi n'........................... -ils pas confiance en eux ?

2) Entourez la bonne orthographe.

Je te supplies / supplie de m'écouter un instant.

Nous profitont / profitons de la période des soldes.

Tu râpes / râpe du gruyère pour le gratin de courgettes.

3) Complétez les phrases avec les verbes suivants conjugués au présent.

hausser – tailler – dévorer

Chez le pâtissier, les enfants .... les gâteaux des yeux.

Tu .... les épaules avant de tourner les talons.

Vous .... vos crayons de couleur.

4) Complétez les phrases en écrivant les verbes en couleur au présent :
garder son calme et ne pas s'affoler.

Tu ....

Vous ....

Corentin ....

Les candidats ....

5) Complétez les phrases avec des sujets qui conviennent.

Mécontents, ... huez ces chanteurs improvisés.

.... circulent dans le couloir qui leur est réservé.

Avant de partir, ... vérifions la pression des pneus.

Pourquoi sursautes-........................... au moindre bruit ?

6) Complétez avec un verbe du 1er groupe de votre choix conjugué au présent.

Pour avoir chaud, j'.................. un pull-over.

La maman .... son bébé d'un regard tendre.

Stéphane .... toutes les quilles avec une seule boule.

Qui .... à la porte à une heure aussi tardive ?

DICTÉE Texte de la dictée **page 6** du cahier

Un apprenti

17 Le présent de l'indicatif : 2e groupe

JE RETIENS

- Au **présent de l'indicatif**, tous les verbes du 2e groupe prennent les mêmes terminaisons. Pour les personnes du pluriel, il faut intercaler l'élément « -iss- » entre le radical et les terminaisons.

Je fléchis les genoux et ainsi j'amortis ma chute.
Tu fléchis les genoux et ainsi tu amortis ta chute.
Elle fléchit les genoux et ainsi elle amortit sa chute.
Nous fléchissons les genoux et ainsi nous amortissons notre chute.
Vous fléchissez les genoux et ainsi vous amortissez votre chute.
Ils fléchissent les genoux et ainsi ils amortissent leur chute.

Astuce ! Comme les terminaisons des trois personnes du singulier sont homophones, il faut bien chercher le sujet pour placer la bonne terminaison.

Attention ! Tous les verbes terminés par « -ir » à l'infinitif n'appartiennent pas au 2e groupe et n'intercalent pas l'élément « -iss- » aux personnes du pluriel.

- courir → *nous courons*
- dormir → *ils dorment*

partir → *vous partez*
servir → *elles servent*

JE M'ENTRAÎNE

Corrigés page 60

1) Complétez les terminaisons des verbes au présent.

Privés de nourriture, ces animaux maigr............................ de jour en jour.

Nous établ............................ notre campement dans une clairière.

Le téléphone abol............................ considérablement les distances.

2) Entourez la bonne orthographe.

Bien entretenus, ces tapis vieillissons / vieillissent moins vite.
Cette colle durcis / durcit en quelques minutes.
Je polis / polie le meuble avec du papier de verre.

3) Complétez les phrases avec des sujets qui conviennent.

.... répartissez les cartes entre les différents joueurs.

.... n'obéit qu'aux ordres de son maître.

De cette terrasse, ... jouissons d'un superbe panorama.

À l'aide d'une calculatrice, ... convertis tes euros en dollars.

4) Complétez les phrases avec les verbes suivants conjugués au présent.

rétablir – engloutir – périr – rebondir

L'électricien .... le courant en quelques minutes.

Tu .... exactement au centre du trampoline.

Les ogres .... des montagnes de nourriture.

Beaucoup trop de marins .... en mer.

5) Complétez les phrases en écrivant les verbes en couleur au présent :

choisir le bon outil et réussir à serrer les boulons.

Je ....

Vous ....

Nous ....

6) Complétez les phrases avec des verbes du 2e groupe conjugués au présent.

Dès qu'on te fait un compliment, tu ....

Avant de répondre, je .... longuement.

Les mauvaises herbes .... les pelouses du parc.

Pourquoi .... -vous les verres à ras bord ?

DICTÉE Texte de la dictée **page 7** du cahier

Un chantier

18 L'imparfait de l'indicatif : avoir – être – 1er groupe

JE RETIENS

- À **l'imparfait de l'indicatif**, les verbes **avoir, être** et tous les **verbes du 1er groupe** ont les mêmes terminaisons qui s'ajoutent au radical.

avoir	**être**	**patienter**
J'avais le temps.	*J'étais en avance.*	*Je patientais.*
Tu avais le temps.	*Tu étais en avance.*	*Tu patientais.*
Elle avait le temps.	*Elle était en avance.*	*Elle patientait.*
Nous avions le temps.	*Nous étions en avance.*	*Nous patientions.*
Vous aviez le temps.	*Vous étiez en avance.*	*Vous patientiez.*
Ils avaient le temps.	*Ils étaient en avance.*	*Ils patientaient.*

- Pour les verbes en *-gner*, *-iller*, *-ier*, *-yer*, les terminaisons des 1re et 2e personnes du pluriel ont une prononciation quasiment identique au présent et à l'imparfait.

Astuce ! Il ne faut donc pas oublier d'ajouter un « i » à l'imparfait.

Présent	**Imparfait**
Aujourd'hui, nous nous soignons.	*Hier, nous nous soignions.*
Aujourd'hui, vous travaillez.	*Hier, vous travailliez.*
Aujourd'hui, nous skions.	*Hier, nous skiions.*
Aujourd'hui, vous balayez.	*Hier, vous balayiez.*

JE M'ENTRAÎNE

Corrigés page 61

1) Complétez les phrases avec les verbes « avoir » et « être » conjugués à l'imparfait.

Lorsque j' .... plus jeune, j' .... une frange et des tresses.

Les téléviseurs d'autrefois n' .... pas de télécommande.

Nous .... les derniers et nous n' .... plus de places assises.

2) Écrivez les verbes entre parenthèses à l'imparfait, en changeant les sujets.

(raisonner) tu	il	nous ....
(saigner) je	vous	ils ....
(sommeiller) elle	nous	vous ....
(chahuter) je	tu	elles ....

3) Dans chaque colonne, entourez le verbe qui n'est pas à l'imparfait.

nous nous associions	*vous vous mouilliez*
vous copiez	*nous nous maquillions*
vous vous repliiez	*nous nous émerveillons*

4) Complétez les phrases en écrivant les verbes en couleur à l'imparfait :
repasser les torchons, puis les plier soigneusement.

Nous ....
Je ....
Vous ....
Mes tantes ....

5) Écrivez les verbes entre parenthèses à l'imparfait.

Lorsque les travaux (durer) ...., les conducteurs (s'énerver) ....
À neuf ans, je (dévorer) .... les aventures de Fantômette.
Vous (adorer) .... vous allonger sur le sable de la plage.
Avec ta tenue bariolée, tu (attirer) .... tous les regards.

6) Complétez les phrases avec des verbes du 1er groupe que vous écrirez à l'imparfait.

Vous .... toujours les résultats obtenus avec votre calculatrice.
Les diligences .... Paris à Bordeaux en quatre jours.
En rentrant au chalet, tu te .... les mains près du radiateur.
Même s'il était sourd, Beethoven .... de superbes symphonies.

DICTÉE *Texte de la dictée* ***page 7*** *du cahier*

En Islande

19 L'imparfait de l'indicatif : 2e groupe

JE RETIENS

- À **l'imparfait de l'indicatif**, tous les **verbes du 2e groupe** prennent les mêmes terminaisons, toujours précédées de l'élément « -iss- ».

J'éblouissais mes amis quand je réussissais mon tour de magie.
Tu éblouissais tes amis quand tu réussissais ton tour de magie.
Elle éblouissait ses amis quand elle réussissait son tour de magie.
Nous éblouissions nos amis quand nous réussissions notre tour de magie.
Vous éblouissiez vos amis quand vous réussissiez votre tour de magie.
Ils éblouissaient leurs amis quand ils réussissaient leur tour de magie.

Astuce ! Comme il existe quatre terminaisons homophones, il faut bien chercher la personne à laquelle le verbe est conjugué pour placer la bonne terminaison.

- L'imparfait marque **un fait situé dans le passé**. Il indique que ce fait a duré, qu'il n'est peut-être pas achevé et qu'il n'est pas délimité dans le temps.
- C'est aussi le temps de la **description** (paysage, scène) et de l'expression de **faits habituels** dans le passé.

JE M'ENTRAÎNE

Corrigés page 61

1) Complétez les phrases avec les verbes suivants conjugués à l'imparfait.

trahir – grossir – avoir – fournir

Ce maraîcher .... plusieurs tonnes de tomates.

Les ballons de baudruche .... à vue d'œil.

Vous ne .... pas la confiance que nous .... mise en vous.

2) Écrivez les verbes entre parenthèses à l'imparfait.

Les Égyptiens (bâtir) .... de monumentales pyramides.

Après la pluie, la rivière (envahir) .... les champs.

Tu (accomplir) .... des plongeons spectaculaires.

3) Les verbes de ces phrases sont au présent ; écrivez-les à l'imparfait.

Cet itinéraire aboutit dans une impasse.

....

Tu n'agis jamais sans réfléchir.

....

4) Complétez les phrases en écrivant les verbes en couleur à l'imparfait :

avoir peur et se blottir au fond de son lit.

J'……………………………………………………………………………

Les enfants ……………………………………………………………………

Nous …………………………………………………………………………

Rodrigue ……………………………………………………………………

5) Reliez chaque groupe verbal au sujet qui convient.

L'éleveur ●	● te rafraîchissais le visage.
Tu ●	● me réjouissais de votre visite.
Nous ●	● nourrissait ses volailles.
Vous ●	● réagissions à la moindre remarque.
Je ●	● gravissiez les étages à pied.

6) Complétez le texte avec ces verbes du 2e groupe conjugués à l'imparfait.

aplatir – se munir – élargir – remplir – enfouir – garnir

Le jardinier ………………… d'un plantoir et il ……………………… les trous ; puis il les …………………… d'un peu d'engrais et il ……………………………… les bulbes de tulipes.

Il ……………………………… ensuite des arrosoirs pour humidifier le sol qu'il ……………………………… légèrement.

DICTÉE Texte de la dictée **page 7** du cahier

Oisiveté

20 Le futur simple de l'indicatif : avoir – être – 1er et 2e groupes

JE RETIENS

- Au **futur de l'indicatif**, les verbes **avoir**, **être** et les verbes du 1er et du 2e groupe ont les mêmes terminaisons. Elles s'ajoutent simplement au radical.

avoir	**être**	**hésiter**	**réussir**
J'aurai peur.	*Je serai seul.*	*J'hésiterai.*	*Je réussirai.*
Tu auras peur.	*Tu seras seul.*	*Tu hésiteras.*	*Tu réussiras.*
Elle aura peur.	*Elle sera seule.*	*Elle hésitera.*	*Elle réussira.*
Nous aurons peur.	*Nous serons seuls.*	*Nous hésiterons.*	*Nous réussirons.*
Vous aurez peur.	*Vous serez seuls.*	*Vous hésiterez.*	*Vous réussirez.*
Ils auront peur.	*Ils seront seuls.*	*Ils hésiteront.*	*Ils réussiront.*

Astuce ! Pour les verbes en *-ier*, *-ouer*, *-uer*, il faut bien penser à écrire l'infinitif en entier pour ne pas oublier le « e » muet.

– remercier :	*tu remercieras*	*elle remerciera*	*vous remercierez*
– avouer :	*elle avouera*	*nous avouerons*	*ils avoueront*
– continuer :	*je continuerai*	*il continuera*	*ils continueront*

Attention ! Les terminaisons des 1re et 3e personnes du pluriel, ainsi que celles des 2e et 3e personnes du singulier, sont homophones ; il faut donc chercher le sujet avant d'écrire la terminaison.

JE M'ENTRAÎNE

Corrigés page 62

1) Écrivez les verbes entre parenthèses au futur.

Les techniciens (refroidir) .... le système de sécurité du réacteur.

Avant d'acheter, tu (négocier) .... sûrement le prix.

Nous (avertir) .... les pompiers.

2) Entourez la bonne orthographe.

Vous effectuerez / effectuerons des gestes désordonnés.

Le voilier profitera / profiteras d'une accalmie pour quitter le port.

Je finira / finirai mon travail avant ce soir.

3) Écrivez les verbes au présent (colonne 1), à l'imparfait (2) et au futur (3).

(crier) vous	vous	vous......................
(obéir) nous	nous	nous ....
(plaisanter) elle	elle	elle ....
(rajeunir) ils	ils	ils ....

4) Reliez chaque groupe verbal au sujet qui convient.

Tu ●	● distribuerons les cartes.
La récolte ●	● sera exceptionnelle.
Nous ●	● aurez des cadeaux pour Noël.
Vous ●	● téléphonerai à mes amis.
Je ●	● garniras la corbeille de fruits.

5) Complétez les phrases en écrivant les verbes en couleur au futur :
poser l'échelle contre l'arbre et monter cueillir des cerises.

Je ....

Nous ....

Nelly ....

Mes frères ....

6) Complétez les phrases avec des verbes du 1er groupe conjugués au futur.

Tu .... les opérations sans l'aide d'une calculatrice.

En toute occasion, je .... mon sang-froid.

Nous .... la bouteille de jus de fruits avant de l'ouvrir.

Grand-père .... une histoire à ses petits-enfants.

DICTÉE Texte de la dictée **page 8** du cahier

Un futur métier

21 Le futur simple de l'indicatif : verbes du 3e groupe en « -ir »

JE RETIENS

- S'ils ont tous les **mêmes terminaisons**, les verbes du 3e groupe en « -ir » subissent parfois des **modifications du radical**.
- Verbes comme *sentir, dormir, bouillir, ouvrir, fuir, tressaillir*, etc. (pas de modifications du radical) :

je sentirai — *tu dormiras* — *elle bouillira*
nous ouvrirons — *vous fuirez* — *ils tressailliront*

- Verbes comme *tenir* et *venir*, etc. :

je tiendrai — *tu retiendras* — *elle parviendra*
nous viendrons — *vous détiendrez* — *ils se souviendront*

- Verbes comme *courir, mourir*, etc. :

je courrai — *tu accourras* — *elle mourra*
nous secourrons — *vous parcourrez* — *ils concourront*

- Verbes comme *conquérir, acquérir*, etc. :

je conquerrai — *tu acquerras* — *elle conquerra*
nous acquerrons — *vous acquerrez* — *ils requerront*

Attention ! Le verbe *cueillir* remplace le « i » par un « e » au futur simple : *je cueillerai, nous cueillerons, ils cueilleront.*

JE M'ENTRAÎNE

Corrigés page 62

1) Conjuguez ces verbes au futur simple :

partir tôt

Je ....
Vous ....
Ils ....

courir vite

Elsa ....
Nous ....
Tu ....

2) Écrivez les verbes entre parenthèses au futur simple.

Nous (découvrir) .... des objets insolites dans cette brocante.
Lorsque tu (être) .... malade, je (venir) .... te voir.
Je (s'endormir) .... bien avant la fin de l'émission !

3) Recopiez les phrases en écrivant les verbes en couleur au futur simple.

*Faute de soins, ces brebis **meurent** en quelques jours.*

....

*Avec ce médicament, tu **souffres** moins.*

....

4) Complétez les phrases en écrivant les verbes en couleur au futur :

ouvrir ce magazine et parcourir le sommaire.

Nous ....

Damien ....

Mes parents ....

Tu ....

5) Complétez les phrases avec des verbes de la famille de « tenir » au futur.

Vous vous ab.......................... de faire la moindre remarque.

Cet objet ap.......................... -t-il à celui qui l'a trouvé ?

Tu co .... avec peine ton fou rire.

Je re.................................... facilement cette poésie.

Vous vous ma.......................... en équilibre sur l'étroite poutre.

6) Complétez les phrases avec des verbes de la famille de « venir » au futur.

Dans cent ans, qu'ad................ -t-il de la forêt amazonienne ?

Olivia se so............................ longtemps de son premier jouet.

Vous int .... dans la discussion pour donner votre avis.

Pa.. -tu à résoudre cette énigme ?

DICTÉE Texte de la dictée **page 8** du cahier

Le bulletin météo

22 Le passé composé et le plus-que-parfait de l'indicatif

JE RETIENS

- Le **passé composé de l'indicatif** est formé du présent de l'auxiliaire (*avoir* ou *être*) et du participe passé du verbe conjugué.
- Le **plus-que-parfait de l'indicatif** est formé de l'imparfait de l'auxiliaire (*avoir* ou *être*) et du participe passé du verbe conjugué.

Je suis revenu au gymnase, car j'avais oublié mes chaussures.
Tu es revenue au gymnase, car tu avais oublié tes chaussures.
Elle est revenue au gymnase, car elle avait oublié ses chaussures.
Nous sommes revenus au gymnase, car nous avions oublié nos chaussures.
Vous êtes revenues au gymnase, car vous aviez oublié vos chaussures.
Ils sont revenus au gymnase, car ils avaient oublié leurs chaussures.

Attention ! Au passé composé et au plus-que-parfait, les verbes *avoir* et *être* se conjuguent tous deux avec l'auxiliaire *avoir*.

Lorsque Cécile a été dans le noir, elle a eu peur.
Quand j'avais été en difficulté, tu avais eu la gentillesse de m'aider.

JE M'ENTRAÎNE

Corrigés page 63

1) Écrivez les verbes entre parenthèses au passé composé.

Nous (arriver) .... avant l'ouverture des portes.

L'écrivain (s'enfermer) .... pour travailler au calme.

Ces deux pays (signer) .... un traité de paix.

2) Entourez la bonne orthographe.

Par civisme, nous avons nettoyé / étions nettoyé les pelouses du parc.
La mairie a interdit / est interdit la circulation des poids lourds.
Les journalistes ont annoncé / sont annoncés l'arrivée du Président.

3) Recopiez les phrases en écrivant les verbes en couleur au plus-que-parfait.

Comme d'habitude, mes cousins sont de mon avis.

....

Nous attendrons quelques jours avant de vous répondre.

....

4) Complétez les phrases en écrivant les verbes en couleur au passé composé :
ne pas frapper et entrer par erreur dans ce local.

Vincent ……………………………………………………………………
Vous ……………………………………………………………………
Je ……………………………………………………………………
Lisa et Maud ……………………………………………………………………

5) Complétez les phrases avec les verbes suivants conjugués au passé composé.
revenir – décongeler – continuer – servir – monter

D'abord, tu ……………………… la pizza, ensuite tu ……………… du coca.
Les touristes ……………………… satisfaits de leur voyage à Venise.
Elles ……………………… par l'escalier plutôt que par l'ascenseur.
Nous ……………………… la partie malgré la pluie.

6) Complétez les phrases avec les verbes suivants conjugués au plus-que-parfait.
décoller – mettre – arriver – perdre

Pour une fois, nous ……………………… les premières au cours de danse.
J'avais de la peine à suivre le rythme, car j' ……………… toutes mes forces.
Il faisait beau et la fusée ……………………… sans incident.
Comme il y avait du soleil, vous ……………………… une casquette.

DICTÉE Texte de la dictée **page 8** du cahier

La maison de l'ogre

Corrigés

Fiche 1 : Les accents – Le tréma – L'élision

1) une barrière – réfléchir – un témoin – la colère – méchant – une période – les ténèbres – une hélice – la crème – une scène – une série – se réserver

2) Je déguste un **gratin** de **pâtes** au **gruyère**.
Tu t'étrangles avec une **arête** de poisson.
Le roseau se trouve à **côté** d'un **chêne**.

3) Le déménageur a conservé les meubles en dépôt.
Le pylône électrique se détache sur la cime de la colline.
Dans la nuit étoilée, on a pu apercevoir une comète.
Pour la fête de la musique, vous avez joué de l'accordéon.

4) L'échappée s'approche de l'arrivée à vive allure.
Vous n'apercevez pas les obstacles à cause de l'obscurité.
L'alpiniste s'affaiblit d'heure en heure, puisqu'il ne s'est pas reposé.

5) Léon a navigué dans les gorges sur un petit canoë.
Aïe ! L'espion a reçu un coup sur le crâne ; il reste inanimé.
Le succès de ce comédien de théâtre est sans précédent.

6) un rôti – un hôpital – le gâchis – un batelier – frôler – une quête – le pétrole – un diplôme – un fromage – une lunette – le contrôle – un atome

Fiche 2 : Les sons [s] et [z]

1) On entend [s] : dessaler – parasol – ultrason – fissure.
On entend [z] : plaisanter – réséda – asile – deuxième.

2) Dimanche, tous les citoyens français sont appelés à voter.
Si l'ascenseur est inutilisable, nous emprunterons l'escalier.
Dans le noir, il faut avancer avec beaucoup de précaution.
Au zoo, on voit des gazelles, des zèbres et même des bisons.

3) un magasin – le grisou – une pizza – bizarre – un magazine – le mazout – le gazon – un paysan – le bazar – un vase – un puzzle – une razzia

4) la danse – un autobus – un pouce – la vitesse – la chance – une puce – la mousse – un ours – la tendance – un prospectus – la source – le couscous

5) À marée **basse**, des rochers apparaissent.
Pourquoi le pêcheur n'a-t-il pris aucun **poisson** ?
Le héron de la fable dut se contenter d'un **limaçon**.

6) Les pirates ont caché leur *trésor* sur une île *déserte*. La *fusée* décolle au milieu d'une *épaisse* fumée noire. De *nombreuses* lettres se terminent par une formule de *politesse*.

Fiche 3 : Les noms terminés par le son [o]

1) un marigot – un caillot – un bourreau – un esquimau – un flambeau – un grelot – un badaud – un soubresaut – un enclos – un assaut – un dépôt – un brasero

Corrigés

2) Comme plat de viande, j'ai choisi une escalope de **veau**.
Jean Moulin fut un **héros** de la Résistance.
Bastien crie et l'**écho** lui répond.

3) Le *corbeau* est un *oiseau* au plumage noir. L'*espéranto* est une langue qui se veut universelle. La *chaux* est un *matériau* utilisé en maçonnerie. Il ne faut pas confondre le *crapaud* et la grenouille.

4) le kimono – le tango – un défaut – un garrot.

5) le prop**os** – un accr**oc** – le gal**op** – le compl**ot** – un piv**ot** – un mart**eau** – un écrit**eau** – un noy**au** – un échaf**aud** – un cerv**eau**

6) Dressé sur ses **ergots**, le coq fait admirer son plumage. Placé près du **hublot**, le passager contemple le paysage. Utilisez un **escabeau** pour changer l'ampoule du lustre. La représentation du cirque a lieu sous un **chapiteau**.

Fiche 4 : Les noms terminés par le son [e] (é)

1) une bouch**ée** – une antiquit**é** – la rang**ée** – l'extrémit**é** – une drag**ée** – une sociét**é** – la coup**ée** – la gel**ée** – la priorit**é** – la mar**ée** – la municipalit**é** – une pens**ée**

2) La modestie est une *qualité* très appréciée. Thomas vient d'être élu *délégué* de la classe. Le *jardinier* taille le *pommier*. Cette éolienne fournit de l'*électricité*.

3) le march**é** – un trépi**ed** – un cétac**é** – un scarab**ée** – un pr**é** – un figui**er** – un concentr**é** – un râteli**er** – un défil**é** – un senti**er** – un trac**é** – un porti**er** – un bûch**er** – un procéd**é** – un lévri**er** – un édent**é**

4) D'une *enjambée*, Thibaut franchit la *tranchée*. La *chaussée* enneigée sera dégagée dans la *matinée*. Sur une *portée* musicale, savez-vous placer une *clé* (ou *clef*) de sol ? Le demi de *mêlée* effectue une *percée* de cinquante mètres.

5) le courrier – l'escalier – la cheminée – le passé.

6) Le *caissier* de la librairie du *quartier* est en *congé*. En vue de la course du *tiercé*, le *palefrenier* soigne son cheval. Pourquoi le *pétrolier* s'est-il échoué contre les *rochers* ? Le *cuisinier* a préparé un *pâté* de lièvre.

Fiche 5 : Les noms terminés par le son [war] (oir)

1) un promen**oir** – le purgat**oire** – un réserv**oir** – une écum**oire** – la préhist**oire** – un ras**oir** – un repouss**oir** – un bav**oir** – un audit**oire** – un tir**oir** – une nage**oire** – un arros**oir**

2) Le crocodile possède des *mâchoires* redoutables. Un *abattoir* de poulets et de canards s'installe à Trambly. Munis de leur crosse, les hockeyeurs se rendent à la *patinoire*. Au sortir du bain, la starlette enfile un superbe *peignoir*.

3) un pourboire – un perchoir – un entonnoir – un abreuvoir.

4) Le lion défend âprement son *territoire*. Les *éliminatoires* du 100 mètres papillon auront lieu dans dix minutes. Le *tamanoir* est un grand amateur de fourmis. Le charcutier place la volaille sur la *rôtissoire*.

5) Dans ce *dortoir*, il y a huit lits. L'*observatoire* du pic du Midi possède un télescope. Ce siège n'a pas d'*accoudoirs* ; quel dommage ! Tu verses les haricots dans la *passoire*. Cette piscine possède un *plongeoir* de trois mètres.

6) Le film est triste, chacun sort son *mouchoir*. Mme Guigou possède un bracelet en *ivoire*. Autrefois, on rinçait le linge au *lavoir*. Placé sur un *promontoire*, tu admires le paysage.

Fiche 6 : Le genre des noms

1) une inspectrice – une figurante – une impératrice – une héroïne – une déesse – une baronne – une skieuse – une marraine.

2) Les **lectrices** de ce magazine adorent les reportages.
La **chanteuse** a le trac avant d'entrer en scène.
La **patronne** du pressing ouvre son magasin.

3) une icône – un hémisphère – une espèce – un épilogue – un insigne – un planisphère – un tubercule – une idylle – un ivoire – une atmosphère – un épiderme – une idole.

4) une Chinoise – une Turque – une Cubaine – une Grecque – une Vendéenne – une Angevine.

5) un jars : une oie – un sanglier : une laie – un étalon : une jument – un bélier : une brebis – un bouc : une chèvre.

6) Le frère de Denis s'est engagé dans la **marine** marchande.
La **trotteuse** de la montre indique les secondes.
La **mandarine** est un agrume riche en vitamines.
Cette voiture est une excellente **routière**.
La **jardinière** de légumes est savoureuse.

Fiche 7 : Le pluriel des noms

1) des parcs – des fleurs – les vérités – des maillots – des fléaux – des marteaux.

2) J'ignore quel est le **taux** versé par la caisse d'épargne.
Quels sont les **maux** dont souffre la société aujourd'hui ?
Les jeunes élèves prononcent les mots à haute **voix**.
Les **voies** de chemin de fer sont toujours parallèles.

3) un poids – un amoureux – un remous – un milieu – un héros – une noix.

4) une nuit – un relais – un circuit – un délai – un bruit – un essai – un puits – un étai. Les intrus sont *puits* et *relais*, qui prennent un « s » même au singulier.

5) Dans ces *magasins*, on trouve des *bureaux* en acajou. Ces *vitrines* exposent les *joyaux* des *souverains*.

6) Les *Arméniens* sont de bons *joueurs* d'échecs. Les *Ferrari* et les *Renault* partiront en tête. Les *Barrel* ont passé la soirée chez leurs *amis*. Dans les *Alpes*, les *cols* relient les *vallées*. Lorsque vient la nuit, les *Inuits* bâtissent des *igloos*.

Corrigés

Fiche 8 : Les déterminants

1) Je range toujours *mes* affaires de sport dans un grand sac. Les brocanteurs étalent *leurs* marchandises à même le sol. Le jockey flatte la croupe de *son* cheval qui l'a conduit à la victoire.

2) **Cette** chanson me rappelle mes dernières vacances.
Ces laissez-passer sont-ils toujours valables ?
On dit que **ce** hautbois a une sonorité exceptionnelle.

3) *Aucun* homme n'a posé le pied sur la planète Mars. Le proverbe prétend que *tous* les goûts sont dans la nature. Reprenez encore *des* (ou *quelques*) spaghettis ; ils sont excellents. *Certains* arbres, les séquoias, atteignent cent mètres de haut.

4) voir *trente-six* chandelles – vendre *trois mille quatre cents* billets – construire *quatre-vingt-dix* logements – accueillir *trois cent cinquante-quatre* élèves.

5) Rien qu'à leur *tête*, je devine qu'ils sont embarrassés. Les touristes étrangers se rendent en nombre à la *corrida*. Les preuves sont accablantes et l'assassin passe aux *aveux*. Avant de répondre, les candidats rassemblent leurs *idées*.

6) De *tels* résultats sont pour le moins surprenants. *Diverses* compagnies aériennes desservent le Chili. Les acteurs ont tous des costumes *différents*. Seules *quelques* places de parking sont encore libres.

Fiche 9 : L'accord des adjectifs

1) une mêlée confus**e** – des récoltes abondant**es** – des dessins animé**s** – une sœur aîné**e** – des sommes modique**s** – une visite imprévu**e**.

2) des coffrets plein**s** de bijoux – des oasis verdoyant**es**.

3) Ne vous aventurez pas sur ce glacier, il y a de *profondes* crevasses.
Les téléphones *portables* sont *interdits* en classe. Les nouvelles *rapportées* par les journalistes sont *rassurantes*.

4) un plat appétissant – une entrée appétissante – des traits droits – des desserts appétissants – des lignes droites.

5) Les règles sont strictes ; il faut les respecter.
Les personnes patientes obtiennent satisfaction.
Ces récits sont plutôt passionnants.

6) Lisez-vous beaucoup de roman**s** policier**s** ? Les mauvai**s** joueur**s** sont expulsé**s** par l'arbitre. Réfugié**s** sous l'auvent, les campeur**s** sont à l'abri. Vous bénéficiez de place**s** gratuit**es** pour ce spectacle.

Fiche 10 : L'accord du verbe

1) *Les mauvaises herbes* qui envahissent la pelouse poussent trop vite. *Rouler sur les pavés glissants* exige une bonne maîtrise de son vélo. Parmi tous les élèves de la classe, *dix* apprennent l'allemand.

2) Nous ne **pouvons** pas sortir, il **pleut** des cordes ! Toi qui **sais** tout, **réponds** vite à cette question. L'actrice à qui tu **demandes** un autographe te le **signe**.

3) Les séjours que vous programmez vous conduiront en Corse. L'excursion que je programme me conduira en Corse. La randonnée que tu programmes te conduira en Corse.

4) Le maquillage des actrices *fondra* sous la chaleur des projecteurs. Les raisins, vendangés le matin, *fermenteront* dans l'après-midi. Lors du vide-greniers, tu *dénicheras* peut-être un objet rare ! Les cours de l'après-midi se *termineront* à dix-sept heures.

5) Lui qui d'habitude **a** la parole facile, **reste** sans voix. Tu me **dis** que tu **es** prêt à m'accompagner. Sois indulgent avec ceux qui **chantent** pour la première fois. Parmi toutes ces chansons, l'une d'elles nous **plaît**.

6) Autrefois, on *s'éclairait* à l'aide de bougies. Moi qui *pensais* vous rendre visite, je n'ai pas pu. Il y a cinq ans, vous *habitiez* dans une tour de dix étages. La couleur des fauteuils *s'harmonisait* avec celle des rideaux.

Fiche 11 : Le participe passé en « -é » et l'infinitif en « -er »

1) Pourquoi as-tu **refusé** de nous **accompagner** ?
Vous **traversez** sur les passages **protégés**.
Pablo a **décidé** de **retourner s'entraîner**.

2) une machine à **laver** – des places **réservées** – une maison à **louer** – des sculptures **dorées**.

3) L'autobus, coinc**é** dans les embouteillages, ne peut pas avanc**er**.
Tu as décid**é** d'achet**er** un vêtement en soldes.
Ce rideau est démod**é**, vous devriez le chang**er**.

4) J'ai utilis**é** un rouleau à pâtisserie pour étal**er** la pâte.
Comme il a neig**é**, il a fallu dégag**er** l'entrée du collège.
Bien conseill**é**, Jérôme a opt**é** pour une orientation en lycée.
À force de jou**er** avec le feu, vous all**ez** vous brûl**er** !

5) Le professeur a distribu**é** les copies qu'il a corrig**ées**.
Œdipe a trouv**é** la solution de l'énigme pos**ée** par le Sphinx.
Vous préfér**ez** la crème fouett**ée** aux marrons glac**és**.
On ne doit pas se vant**er** d'actions que l'on n'a pas réalis**ées**.

6) Vous ne décrét**ez** rien sans avoir entendu plusieurs avis. Cette malle doit pes**er** au moins trente kilos. Mandy a rédig**é** son rapport à l'aide d'un traitement de texte.

Fiche 12 : Ne pas confondre : ont – on – on n'

1) **Ils** ont manqué la cible de peu.
On déterre un trésor enfoui au fond du jardin.
Pour sauver la planète, **on** doit protéger l'environnement.

2) Quand les dinosaures **ont**-ils disparu ?
On ne fait pas boire les ânes qui n'**ont** pas soif.
Les programmes qui **ont** un numéro de code, **on** ne peut pas les copier.

3) Les esclaves africains **ont** souffert dans les champs de coton.
La nuit, **on n'** éteint pas les lampadaires du boulevard.
On déchiffre les hiéroglyphes que les Égyptiens **ont** tracés.
Ont-ils participé au rallye de Monte-Carlo ? **On** en doute...

4) Les campeurs négligents *ont laissé* des papiers ; *on a dû* les ramasser.
Les vendanges *ont débuté* et *on a rempli* les bennes de raisins mûrs.

5) Quand **on** triche au jeu, **on n'**a pas d'amis. **On** surligne les passages du texte qui **ont** de l'importance. Le proverbe affirme qu'**on** ne récolte que ce que l'**on** a semé. Si **on n'**articule pas les mots, **on** est inaudible.

6) On n'a pas trouvé la solution du problème.
On utilise des ciseaux qui ont des bouts ronds.

Fiche 13 : Ne pas confondre : peu – peut – peux

1) Pour survivre dans le désert, le dromadaire se contente de **peu**. Est-ce que je **peux** obtenir votre adresse de messagerie ? Si l'obstacle est trop haut, le cheval **peut** se dérober.

2) Ce commerçant ne *peut* livrer que *peu* de marchandises. Cette tondeuse ne *peut* pas démarrer, car il y a *peu* d'essence. Ce pantalon est un *peu* long pour toi, mais le vendeur *peut* le raccourcir. Comment cette voiture *peut*-elle se garer dans si *peu* d'espace ?

3) Je *peux* m'inscrire à ce jeu télévisé, mais j'ai *peu* de chances d'être retenue.
Il y a *peu* de moyens d'arrêter un cyclone ; on *peut* juste le prévoir. Ce refuge *peut* accueillir à *peu* près cinquante randonneurs.

4) Sans mes lunettes, je ne peux pas lire. Sans tes lunettes, tu ne peux pas lire.
Sans ses lunettes, Harold ne peut pas lire.

5) Ce camion ne peut pas emprunter le pont ; son poids est trop élevé.
La cigogne peut parcourir des milliers de kilomètres sans se poser.

6) Tu peux chercher ; tu ne trouveras rien avec si peu d'indices. Si Emmy apprécie ce dessert, elle peut se resservir.

Fiche 14 : Ne pas confondre : près – prêt – prêts

1) Une boutique de *prêt*-à-porter s'installe *près* du carrefour de l'Odéon.
Prêts pour le tournage, les comédiens se réunissent *près* du metteur en scène.
Les volleyeurs se tiennent *près* du filet, *prêts* à renvoyer la balle.

2) Ils sont si **près** du but qu'ils sont **prêts** à faire un effort.
Le lion est **prêt** à bondir sur le gnou qui boit **près** du marigot.
Les admirateurs veulent être **prêts** lorsque leur idole arrivera.

3) Mélinda n'est pas en retard ; ses bagages sont prêts. Tu n'es pas en retard ; ton sac est prêt. Nous ne sommes pas en retard ; nos valises sont prêtes.

4) Les organisateurs sont *prêts* pour accueillir deux mille personnes.
Le terminal pétrolier se trouve tout *près* du quai n° 5.
Les concurrents sont *près* de l'arrivée : qui va l'emporter ?
Il est *près* de midi et Paulin est *prêt* à dévorer un énorme sandwich !

5) Déployés, ces relais sont prêts à émettre. Ces employés sont prêts à changer de métier.

6) J'ai terminé *près* de la moitié de mon devoir de français. Le peintre est *prêt* à passer une deuxième couche de laque. Les *prêts* doivent être remboursés avec des intérêts. Un avare est une personne *près* de ses sous, enfin de ses euros !

Fiche 15 : Ne pas confondre : leur – leur(s)

1) **leur** famille – **leurs** traces – **leurs** cadeaux – **leurs** ongles – **leur** secret – **leurs** décisions – **leur** garage – **leur** prénom – **leurs** tenues

2) Comment les spectateurs font-ils pour calmer leur impatience ?
Les plongeurs prennent soin de leur masque et de leurs palmes.

3) Les jongleurs rattrapent facilement *leurs* anneaux. Les Inuits utilisent des traîneaux qui *leur* permettent de se déplacer. Ces chats sont bien nourris ; *leur* poil est luisant.

4) Même si tu *leur* réponds immédiatement, ils ne t'entendront pas. Les clients composent *leur* code et retirent *leurs* billets. Mes cousins sont partis à Toulon ; je *leur* envoie des messages. Les cuisiniers restent devant *leur* four et préparent *leurs* plats.

5) Les jeunes écoutent le journaliste qui leur présente son métier.
Les chiens ne mordent pas si les gardiens leur mettent une muselière.

6) Oui, il leur est accessible. Oui, je leur ai répondu.

Fiche 16 : Le présent de l'indicatif : avoir – être – 1er groupe

1) Aujourd'hui, tu **as** vraiment trop de travail.
On ne peut pas vous joindre, car vous **êtes** en voyage.
Pourquoi n'**ont**-ils pas confiance en eux ?

2) Je te **supplie** de m'écouter un instant. Nous **profitons** de la période des soldes. Tu **râpes** du gruyère pour le gratin de courgettes.

3) Chez le pâtissier, les enfants *dévorent* les gâteaux des yeux. Tu *hausses* les épaules avant de tourner les talons. Vous *taillez* vos crayons de couleur.

4) Tu gardes ton calme et tu ne t'affoles pas. Vous gardez votre calme et vous ne vous affolez pas. Corentin garde son calme et ne s'affole pas. Les candidats gardent leur calme et ne s'affolent pas.

5) Mécontents, *vous* huez ces chanteurs improvisés. *Les vélos* (ou *Les bus*, ou *Ils*) circulent dans le couloir qui leur est réservé. Avant de partir, *nous* vérifions la pression des pneus. Pourquoi sursautes-*tu* au moindre bruit ?

6) Par exemple : Pour avoir chaud, j'**ajoute** un pull-over. La maman **couve** son bébé d'un regard tendre. Stéphane **renverse** toutes les quilles avec une seule boule. Qui **sonne** à la porte à une heure aussi tardive ?

Fiche 17 : Le présent de l'indicatif : 2e groupe

1) Privés de nourriture, ces animaux *maigrissent* de jour en jour. Nous *établissons* notre campement dans une clairière. Le téléphone *abolit* considérablement les distances.

2) Bien entretenus, ces tapis *vieillissent* moins vite. Cette colle *durcit* en quelques minutes. Je *polis* le meuble avec du papier de verre.

3) **Vous** répartissez les cartes entre les différents joueurs.
Le chien n'obéit qu'aux ordres de son maître.
De cette terrasse, **nous** jouissons d'un superbe panorama.
À l'aide d'une calculatrice, **tu** convertis tes euros en dollars.

4) L'électricien *rétablit* le courant en quelques minutes. Tu *rebondis* exactement au centre du trampoline. Les ogres *engloutissent* des montagnes de nourriture. Beaucoup trop de marins *périssent* en mer.

5) Je choisis le bon outil et je réussis à serrer les boulons.
Vous choisissez le bon outil et vous réussissez à serrer les boulons.
Nous choisissons le bon outil et nous réussissons à serrer les boulons.

6) Par exemple : Dès qu'on te fait un compliment, tu *rougis*. Avant de répondre, je *réfléchis* longuement. Les mauvaises herbes *envahissent* les pelouses du parc. Pourquoi *remplissez*-vous les verres à ras bord ?

Fiche 18 : L'imparfait de l'indicatif : avoir – être – 1er groupe

1) Lorsque j'**étais** plus jeune, j'**avais** une frange et des tresses. Les téléviseurs d'autrefois n'**avaient** pas de télécommande. Nous **étions** les derniers et nous n'**avions** plus de places assises.

2) tu raisonnais – il raisonnait – nous raisonnions – je saignais – vous saigniez – ils saignaient – elle sommeillait – nous sommeillions – vous sommeilliez – je chahutais – tu chahutais – elles chahutaient.

3) Les verbes qui ne sont pas à l'imparfait sont : *vous copiez* et *nous nous émerveillons*.

4) Nous repassions les torchons, puis nous les pliions soigneusement.
Je repassais les torchons, puis je les pliais soigneusement.
Vous repassiez les torchons, puis vous les pliiez soigneusement.
Mes tantes repassaient les torchons, puis elles les pliaient soigneusement.

5) Lorsque les travaux *duraient*, les conducteurs *s'énervaient*. À neuf ans, je *dévorais* les aventures de Fantômette. Vous *adoriez* vous allonger sur le sable de la plage. Avec ta tenue bariolée, tu *attirais* tous les regards.

6) Par exemple : Vous *vérifiiez* toujours les résultats obtenus avec votre calculatrice. Les diligences *reliaient* Paris à Bordeaux en quatre jours. En rentrant au chalet, tu te *réchauffais* les mains près du radiateur. Même s'il était sourd, Beethoven *composait* de superbes symphonies.

Fiche 19 : L'imparfait de l'indicatif : 2e groupe

1) Ce maraîcher *fournissait* plusieurs tonnes de tomates. Les ballons de baudruche *grossissaient* à vue d'œil. Vous ne *trahissiez* pas la confiance que nous *avions* mise en vous.

2) Les Égyptiens *bâtissaient* de monumentales pyramides. Après la pluie, la rivière *envahissait* les champs. Tu *accomplissais* des plongeons spectaculaires.

3) Cet itinéraire *aboutissait* dans une impasse. Tu n'*agissais* jamais sans réfléchir.

4) J'avais peur et je me blottissais au fond de mon lit.
Les enfants avaient peur et ils se blottissaient au fond de leur lit.
Nous avions peur et nous nous blottissions au fond de notre lit.
Rodrigue avait peur et il se blottissait au fond de son lit.

5) L'éleveur nourrissait ses volailles.
Tu te rafraîchissais le visage.
Nous réagissions à la moindre remarque.
Vous gravissiez les étages à pied.
Je me réjouissais de votre visite.

6) Le jardinier *se munissait* d'un plantoir et il *élargissait* les trous ; puis il les *garnissait* d'un peu d'engrais et il *enfouissait* les bulbes de tulipes. Il *remplissait* ensuite des arrosoirs pour humidifier le sol qu'il *aplatissait* légèrement.

Fiche 20 : Le futur simple de l'indicatif : avoir – être – 1er et 2e groupes

1) Les techniciens *refroidiront* le système de sécurité du réacteur. Avant d'acheter, tu *négocieras* sûrement le prix. Nous *avertirons* les pompiers.

2) Vous **effectuerez** des gestes désordonnés. Le voilier **profitera** d'une accalmie pour quitter le port. Je **finirai** mon travail avant ce soir.

3) vous criez – vous criiez – vous crierez – nous obéissons – nous obéissions – nous obéirons – elle plaisante – elle plaisantait – elle plaisantera – ils rajeunissent – ils rajeunissaient – ils rajeuniront.

4) Tu garniras la corbeille de fruits.
La récolte sera exceptionnelle.
Nous distribuerons les cartes.
Vous aurez des cadeaux pour Noël.
Je téléphonerai à mes amis.

5) Je poserai l'échelle contre l'arbre et je monterai cueillir des cerises.
Nous poserons l'échelle contre l'arbre et nous monterons cueillir des cerises.
Nelly posera l'échelle contre l'arbre et elle montera cueillir des cerises.
Mes frères poseront l'échelle contre l'arbre et ils monteront cueillir des cerises.

6) Tu *effectueras* les opérations sans l'aide d'une calculatrice. En toute occasion, je *garderai* mon sang-froid. Nous *secouerons* la bouteille de jus de fruits avant de l'ouvrir. Grand-père *racontera* une histoire à ses petits-enfants.

Fiche 21 : Le futur simple de l'indicatif : verbes du 3e groupe en « -ir »

1) Je **partirai tôt**. Vous **partirez tôt**. Ils **partiront tôt**.
Elsa **courra vite**. Nous **courrons vite**. Tu **courras vite**.

2) Nous *découvrirons* des objets insolites dans cette brocante. Lorsque tu *seras* malade, je *viendrai* te voir. Je *m'endormirai* bien avant la fin de l'émission !

3) Faute de soins, ces brebis *mourront* en quelques jours. Avec ce médicament, tu *souffriras* moins.

4) Nous ouvrirons ce magazine et nous parcourrons le sommaire.
Damien ouvrira ce magazine et il parcourra le sommaire.
Mes parents ouvriront ce magazine et ils parcourront le sommaire.
Tu ouvriras ce magazine et tu parcourras le sommaire.

5) Vous vous ab**stiendrez** de faire la moindre remarque. Cet objet ap**partiendra**-t-il à celui qui l'a trouvé ? Tu con**tiendras** avec peine ton fou rire. Je re**tiendrai** facilement cette poésie. Vous vous ma**intiendrez** en équilibre sur l'étroite poutre.

6) Dans cent ans, qu'ad**viendra**-t-il de la forêt amazonienne ? Olivia se so**uviendra** longtemps de son premier jouet. Vous int**erviendrez** dans la discussion pour donner votre avis. Pa**rviendras**-tu à résoudre cette énigme ?

Fiche 22 : Le passé composé et le plus-que-parfait de l'indicatif

1) Nous *sommes arrivé(e)s* avant l'ouverture des portes. L'écrivain *s'est enfermé* pour travailler au calme. Ces deux pays *ont signé* un traité de paix.

2) Par civisme, nous **avons nettoyé** les pelouses du parc. La mairie **a interdit** la circulation des poids lourds. Les journalistes **ont annoncé** l'arrivée du Président.

3) Comme d'habitude, mes cousins *avaient été* de mon avis. Nous *avions attendu* quelques jours avant de vous répondre.

4) Vincent n'a pas frappé et il est entré par erreur dans ce local.
Vous n'avez pas frappé et vous êtes entré(e)s par erreur dans ce local.
Je n'ai pas frappé et je suis entré(e) par erreur dans ce local.
Lisa et Maud n'ont pas frappé et elles sont entrées par erreur dans ce local.

5) D'abord, tu *as décongelé* la pizza, ensuite tu *as servi* du coca. Les touristes *sont revenus* satisfaits de leur voyage à Venise. Elles *sont montées* par l'escalier plutôt que par l'ascenseur. Nous *avons continué* la partie malgré la pluie.

6) Pour une fois, nous *étions arrivées* les premières au cours de danse. J'avais de la peine à suivre le rythme, car j'*avais perdu* toutes mes forces. Il faisait beau et la fusée *avait décollé* sans incident. Comme il y avait du soleil, vous *aviez mis* une casquette.

23 Le son [ɑ̃] (an, en)

JE RETIENS

- Le son [ɑ̃] peut s'écrire :

– « **an** » : *tranquille – l'angoisse – une branche – un turban*

On rencontre cette écriture dans la terminaison des participes présents et de nombreux adjectifs verbaux (voir fiche 64) : *en marchant – des volets roulants*.

– « **en** » : *la cendre – la dépense – s'ennuyer – le calendrier*

On rencontre cette écriture dans le suffixe « -ment » qui permet de former de nombreux adverbes (voir fiche 49) : *rapidement – utilement – attentivement.*

- Devant les lettres « b », « m » et « p », le « n » se transforme en « m » : *embarrasser – une ambulance – emménager – tamponner*

Exceptions : *néanmoins* et quelques noms propres : *Gutenberg* ; *Istanbul*…

Attention ! Il existe quelques écritures plus rares, qu'il faut connaître.

– « **aon** » : *un faon – un taon – un paon*

– « **ean** » : *Jean*

– « **aen** » : la ville de *Caen*

– « **am** » : *Adam*

JE M'ENTRAÎNE

Corrigés page 108

1) Complétez les mots avec « an » ou « en ». Il peut y avoir une lettre muette en fin de mot.

un charlat…………	une urg…………ce	un git…………	s'av…………turer
un m…………suel	une c…………taine	un har…………	un tymp…………
un vétér…………	un diam…………	un …………tivol	un révér…………

2) Complétez les mots avec « am » ou « em ».

un t…………ple	une …………bolie	un j…………bon	…………mitoufler
une …………poule	un …………plificateur	tr…………per	un l…………padaire
une …………phore	…………prunter	de l'…………bre	un …………plâtre

3) Entourez la bonne orthographe.

Voulez-vous goûter cette tarte aux amendes / amandes ?
Ce terrain est très venté / vanté ; on y installera des éoliennes.
La pense / panse est une partie de l'estomac des ruminants.
L'ours sort de son entre / antre en grognant.

4) Complétez les noms dans lesquels on entend le son [ɑ̃].

Ce dépli................ met l'acc................ sur l'intérêt des collectes de s................ .

Cet artis................ maçon recherche un appr................ pour terminer le ch................ .

Comm................ se nomment les afflu................ de la Garonne ?

Du haut des r................, les déf................ repoussaient les assai................ .

5) Dans chaque phrase, entourez le seul mot dans lequel on entend le son [ɑ̃].

Ton cousin revient du Maroc où il a travaillé pendant une année.
Munie d'un scaphandre, Anita plonge pour admirer les coraux.
On installe une parabole à la place de la vieille antenne.
Comme le réalisateur est malade, son assistant dirige les comédiens.

6) Complétez ces mots dans lesquels on entend le son [ɑ̃].

l'envol des flam.............. roses

être l'heureux gag..............

utiliser un aim..............

arbitrer un différ..............

redouter un oura..............

rechercher un doc..............

une trompe d'él..............

naviguer sur l'oc..............

réunir les adhér..............

un excé.............. de bagages

DICTÉE Texte de la dictée **page 10** du cahier

Un Persan à Paris

24 Le son [ɛ̃] (in)

JE RETIENS

- Le son [ɛ̃] s'écrit le plus souvent :

- « **in** » : *un incendie – mince – un lapin*
- « **ain** » : *demain – maintenant – le vainqueur*
- « **ein** » : *un frein – geindre – peindre*
- « **en** » : notamment en fin de mot après les voyelles « i », « é » et « y » : *un gardien – un lycéen – moyen*
- « **yn** » : *un lynx – un syndicat – lyncher*

- Devant les lettres « b » et « p », le « n » se transforme en « m » : *un timbre – imbriquer – important – limpide – une symphonie*

- Il existe quelques écritures plus rares :

- « **aim** » : *la faim – le daim – un essaim*
- « **eim** » : la ville de *Reims*

Attention ! Dans certaines régions, on ne fait plus la différence entre les sons [ɛ̃] et [œ̃] : *un brin de laine / un ours brun.*

Heureusement, les mots dans lesquels le son [œ̃] s'écrit « **un** » ou « **um** » sont peu nombreux : *un – aucun – chacun – commun – lundi – emprunter – humble – le parfum*.

JE M'ENTRAÎNE

Corrigés page 108

1) Complétez les mots dans lesquels on entend le son [ɛ̃].

Le patient décrit les s............ptômes de sa maladie au médec............ .

Quand on passe un exam............, il faut v............cre le trac.

Il est cert............ que ces gr............s de rais............ donneront un excellent v............ .

Le terr............... est ....praticable ; le match n'aura pas lieu.

2) Complétez chaque mot avec l'écriture du son [ɛ̃] qui convient.

des p...........cettes	une n...........phe	un chirurgi...........	un for...........
un citoy...........	un parr...........	un s...........bole	le z...........c
la s...........taxe	hum...........	ét...........dre	une ét...........celle

3) Entourez la bonne orthographe.

Un peu de fond de thym / teint atténuera la trace de la cicatrice.
Pour célébrer le mariage, le maire ceint / sain son écharpe tricolore.
Au petit-déjeuner, tu prends un pin / pain au chocolat.

4) Reliez chaque mot avec l'écriture du son [ɛ̃] qui convient.

une s.......cope ●	● ym
un ....dividu ●	● yn
cr.......dre ●	● im
un ch.......panzé ●	● ein
le t.......pan ●	● in
p.......dre ●	● ain

5) Dans chaque phrase, entourez le seul mot dans lequel on entend le son [ɛ̃].

Martine apprend à nager avec une ceinture en liège.
Il est inutile de feindre la surprise puisque tu nous attendais.
Lilian a réuni tous ses copains pour son anniversaire.
Des trombes d'eau transforment le chemin en un fleuve boueux.

6) Remettez les lettres dans le bon ordre pour compléter les phrases.

Le (o-n-n-g-i-i-p-u) .... est un oiseau des mers arctiques.
Saviez-vous que le (p-n-a-i-h-u-d) .... est un mammifère ?
Il ne faut jamais circuler en sens (d-n-t-t-r-e-i-i) ....
Cet (p-t-s-m-o-a-n-i) .... convoi perturbe la circulation.

DICTÉE *Texte de la dictée* ***page 9*** *du cahier*

Chez les Lilliputiens

25 Les lettres muettes

JE RETIENS

- Pour trouver la lettre muette finale d'un nom ou d'un adjectif, on peut essayer de **former son féminin** ou de chercher **un mot de la même famille** dans lequel on entend la lettre.

long → longue
petit → petite
lourd → lourde
le galop → galoper
le cadenas → cadenasser
l'argent → l'argenterie

- Mais on ne trouve pas toujours de mot dérivé, ou bien celui-ci peut entraîner une erreur ; il est donc prudent de consulter un dictionnaire en cas de doute.

un esprit – un canevas – un banc – un nœud
le caoutchouc (mais caoutchouté) – le favori (mais favoriser)

Attention ! Certaines lettres sont également muettes à l'intérieur des mots : *le théâtre – un comptable – l'automne – l'enrouement.*

JE M'ENTRAÎNE

Corrigés page 108

1) Écrivez les mots, terminés par une lettre muette, de la même famille que ces mots.

écarter → un ....
un concerto → un ....
sourciller → un ....
quartier → un ....
un chanteur → un ....
proposer → le ....
des lardons → le ....
universel → un ....
joncher → un ....
l'intrusion → un ....
fracasser → le ....
champêtre → un ....

2) Entourez la bonne orthographe.

Une sculpture / sculture futuriste se trouve au centre de la place.
Le médecin ausculpte / ausculte longuement le malade.
La gentille fée a exhaucé / exaucé les vœux de la jeune princesse.

3) Utilisez un dictionnaire pour compléter ces noms.

le bour.........	le lila.........	la croi.........	le velour.........
le courrou.........	un réchau.........	un homar.........	le concour.........
un héro.........	un artichau.........	un atou.........	un radi.........

4) Reliez chaque mot à sa terminaison.

un abu ●	● t
jalou ●	● d
gourman ●	● p
le galo ●	● x
une par ●	● s

5) Utilisez un dictionnaire pour compléter ces expressions ; méfiez-vous des faux amis !

s'abriter ➔ rechercher un	juteux ➔ un .... de pomme
débuter ➔ le .... d'un roman	nerveux ➔ le .... optique
plisser ➔ faire un faux	regarder ➔ un .... de travers
pianoter ➔ jouer du	horizontal ➔ la ligne d' ....

6) Définitions de mots croisés. Tous les noms ont une lettre muette.

Document qui permet de conduire. ➔ un p........................

L'ensemble des tuiles. ➔ la t........................

Dans un orchestre, c'est souvent le batteur qui le donne. ➔ le r........................

Quand on l'utilise, on fabrique des copeaux. ➔ un r........................

Il se trouve entre le matelas et la couverture. ➔ le d........................

DICTÉE Texte de la dictée **page 9** du cahier

À bord d'un navire de guerre

26 Les consonnes doubles

JE RETIENS

- Les consonnes ne peuvent être doublées qu'entre deux voyelles, ainsi qu'entre une voyelle et les consonnes « l » et « r ».
  une balle – la pomme – la panne – serrer – frotter
  aggraver – apprécier – l'attraction
  acclamer – affligeant – le supplément
- Devant une consonne double, la voyelle n'est jamais accentuée (sauf dans *châssis*) : *battre – un chiffre – la pelle – une pierre – l'antenne*.

Inversement, une consonne n'est jamais doublée après une voyelle accentuée : *un châle – un îlot – la bière – un fantôme – goûter*.

- Mais comme il est difficile de savoir s'il faut doubler la consonne ou placer un accent, il est prudent de **consulter un dictionnaire** en cas de doute.

Attention ! Dans une même famille, une consonne peut être doublée dans certains mots et ne pas l'être dans d'autres : *la sonnerie – la sonnette – sonner* mais *sonore*.

JE M'ENTRAÎNE

Corrigés page 109

1) Complétez les mots avec « p », « pp », « f », « ff », « g », « gg », « c » ou « cc ».

l'antilo.........e	un su.........ixe	l'a.........ression	l'a.........ajou
l'envelo.........e	une cara.........e	l'a.........lomération	un a.........essoire
attra.........er	une gira.........e	un tobo.........an	un a.........ompte

2) Utilisez un dictionnaire pour écrire les verbes correspondant à ces noms.

le trot →	le chahut → ....
le tricot →	le goût → ....
le savon →	l'appel → ....
le téléphone →	le feuillet → ....

3) Entourez la bonne orthographe.

Dans la montée du col, le cycliste soufre / souffre de crampes.
« La Balade / Ballade des pendus » est un poème de François Villon.
Notre voisin de palier / pallier est très souvent absent.

4) Complétez avec une consonne simple ou une consonne double.

esca..........ader la bu..........e en cou..........ant qui..........er le te..........ain a..........lamé

dé..........endre son te..........itoire rani..........er les fla..........es du foyer

tracer des droites pa..........a..........èles se re..........ever après une chu..........e

a..........récier un exce..........ent de..........ert sanctio..........er une fau..........e grossiè..........e

5) Complétez les phrases avec des mots dans lesquels il y a une consonne double.

Le moulin de Valmy était bâti sur une c...................... exposée au vent.

Tu possèdes une c...................... d'ét...................... de boîtes de fromage.

À la suite du naufrage d'un pétrolier, la plage est p......................

Gaëlle tend son b...................... de notes à ses parents.

6) Complétez ces phrases avec des mots dans lesquels il y a des consonnes doubles.

La ville de Paris compte une vingtaine d'ar......................

Pour at...................... cet avion a besoin d'une piste très longue.

L'heureux gagnant du loto est mi...................... en euros !

Certaines personnes exercent leur activité pro...................... en Belgique.

Je me rends oc...................... à la piscine pour perfectionner mon crawl.

DICTÉE *Texte de la dictée* ***page 10*** *du cahier*

Une rivière

27 Les noms terminés par le son [œr] (eur, eure) et par le son [u] (ou)

JE RETIENS

- Les **noms masculins et féminins** terminés par le son [œr] s'écrivent « -eur ».

un campeur – la vigueur – l'extérieur – un visiteur

Exceptions : *le beurre – l'heure – la demeure – un heurt (heurter) – un leurre (une illusion) – le cœur – la sœur.*

- Les **noms féminins** terminés par le son [u] (à l'exception de la *toux*) s'écrivent tous « -oue » : *la boue – la joue – la gadoue.*

- Beaucoup de **noms masculins** terminés par le son [u] s'écrivent **« -ou »** : *un coucou – un cachou – un clou – un trou.*

- Mais comme il existe d'autres terminaisons, il faut consulter un dictionnaire.

- **« -out »** : *un atout*
- **« -ous »** : *un remous*
- **« -oug »** : *le joug*
- **« -oût »** : *le goût*
- **« -oux »** : *du saindoux*
- **« -oup »** : *un loup*
- **« -ouls »** : *le pouls*
- **« -ouc »** : *le caoutchouc*

Attention ! Quelques noms d'origine étrangère se terminent par le son [œr] mais gardent leur orthographe initiale : *un leader – un speaker – un dealer – un hamburger,* etc.

JE M'ENTRAÎNE

Corrigés page 109

1) Complétez ces noms terminés par le son [u].

une r.........	un mér.........	un rendez-v.........	un marab.........
le h.........	un arrière-g.........	le surc.........	un aj.........
un b.........	le dess.........	un bis.........	de l'amad.........

2) Écrivez les noms féminins terminés par le son [œr] de même famille que ces adjectifs.

effrayant ➜	rigoureux ➜	peureux ➜ ....
horrible ➜	furieux ➜	ardent ➜ ....
blanc ➜	pudique ➜	long ➜ ....

3) Complétez ces noms terminés par le son [œr] ou le son [u].

Même si Martial est un rê..............., néanmoins il est toujours à l'h...............

Un j.............. s'est tordu le g.............. ; le soi.............. pénètre sur le terrain.

Le péch .... a placé un l.............. au b.............. de sa ligne.

4) Reliez chaque personnage à sa profession.

Il élève des abeilles. •	• un pisciculteur
Il élève des poissons. •	• un horticulteur
Il élève des huîtres. •	• un ostréiculteur
Il prend soin de sa vigne. •	• un apiculteur
Il cultive des fleurs. •	• un viticulteur

5) Définitions de mots croisés. Tous les noms se terminent par le son [u].

Une personne unie à une autre par le mariage. ➔ un ....
Dans un langage poétique, c'est une violente colère. ➔ le ....
Une lourde pièce de bois pour attacher les bœufs. ➔ un ....
Il recueille les eaux usées au sortir des immeubles. ➔ un ....
Le battement des artères dû aux contractions du cœur. ➔ le ....

6) Définitions de mots croisés. Tous les noms se terminent par le son [œr].

Pourquoi s'obstine-t-il à ne pas dire la vérité ? ➔ le ....
Il débarrasse les caves et les greniers. ➔ le ....
Ils éclairent violemment la scène ou le terrain. ➔ les ....
Il partage la Terre en deux hémisphères. ➔ l'...
Un instrument pour mesurer les angles. ➔ un ....

DICTÉE *Texte de la dictée* ***page 10*** *du cahier*

Une récompense

28 Le pluriel des noms : cas particuliers

JE RETIENS

- **Beaucoup de noms masculins en « -al »** ont un pluriel en « -aux » :
un tribunal ➜ des tribunaux.
Exceptions : *des bals – des festivals – des carnavals – des régals – des chacals.*

- **Beaucoup de noms masculins en « -ail »** ont un pluriel en « -ails » :
un rail ➜ des rails.
Exceptions : *des travaux – des vitraux – des coraux.*

- **Les noms en « -ou »** ont un pluriel en « -ous » : *un trou ➜ des trous.*
Exceptions : *des bijoux – des cailloux – des choux – des genoux – des hiboux – des joujoux – des poux.*

Attention ! Certains noms ont un pluriel particulier :
un monsieur ➜ des messieurs ou *un œil ➜ des yeux.*

- **Dans les noms composés,** les verbes, les adverbes et les prépositions sont toujours invariables. Seuls les noms et les adjectifs prennent la marque du pluriel, si le sens le permet : *des savoir-vivre – des va-et-vient – des touche-à-tout* mais *des états-majors – des hommes-grenouilles – des machines-outils.*

Attention ! Pour les exceptions, consultez un dictionnaire en cas d'hésitation.

JE M'ENTRAÎNE

Corrigés page 110

1) Écrivez les noms suivants au pluriel.

un portail ➜ ....
un voyou ➜ ....
un coucou ➜ ....
un soupirail ➜ ....
un cardinal ➜ ....
un éventail ➜ ....
un chandail ➜ ....
un mérou ➜ ....

2) Entourez la bonne réponse.

Ces locals / locaux sont fermés avec de solides verroux / verrous.
Les écrous / écroux des essieus / essieux sont desserrés.
Les micro-ordinateurs / micros-ordinateurs sont reliés aux terminals / terminaux.

3) Complétez les phrases avec les noms suivants écrits au pluriel.

toutou – kangourou – carnaval – matou – animal – souci

Les .... sont l'occasion d'oublier les .... quotidiens.
Les .... sont des .... vivant en Australie.
Est-ce que les .... et les .... s'entendent bien ?

4) Copiez les phrases en mettant les noms en couleur au pluriel, si nécessaire.

Le touriste admire le détail du vitrail de la cathédrale.

....

Ce meuble en acajou vaut une fortune.

....

Un roseau et un bambou poussent le long du canal.

....

5) Écrivez ces noms composés au pluriel.

une longue-vue → ....

un chef-lieu → ....

un demi-tour → ....

un court-circuit → ....

un tête-à-queue → ....

un hors-la-loi → ....

6) Définitions de mots croisés. Tous les noms à trouver sont au pluriel.

Pour les planter, il faut un marteau. → les ....

Le fer, le cuivre, le plomb en sont. → des ....

Ils peuvent être à la crème ou en fleur ! → les ....

Des dispositifs pour effrayer les oiseaux. → des ....

DICTÉE Texte de la dictée **page 10** du cahier

Paris

29 L'accord des adjectifs : cas particuliers

JE RETIENS

Rappel ! Les **adjectifs** et les **participes passés** employés comme **adjectifs** s'accordent en genre et en nombre avec le nom auquel ils apportent une précision.

- **Quelques formes particulières d'adjectifs au féminin**

La plupart des adjectifs terminés par « -et » au masculin prennent un accent grave au féminin : *complète – discrète – concrète – inquiète.*

Principales exceptions qui doublent le « t » : *nette – muette – violette – coquette.*

- **Quelques formes particulières d'adjectifs au pluriel**

La plupart des adjectifs masculins terminés par « -al » forment leur pluriel en « -aux » : *local ➔ locaux.*

Principales exceptions qui prennent un « s » : *finals – navals – natals – fatals.*

Attention ! Il existe d'autres modifications au féminin.

bon ➔ bonne	*précieux ➔ précieuse*	*sec ➔ sèche*	*blanc ➔ blanche*
neuf ➔ neuve	*gros ➔ grosse*	*frais ➔ fraîche*	*doux ➔ douce*
nul ➔ nulle	*amer ➔ amère*	*joueur ➔ joueuse*	*réducteur ➔ réductrice*

JE M'ENTRAÎNE

Corrigés page 110

1) Accordez les adjectifs entre parenthèses avec chacun des noms proposés.

(mou) une pâte .... les jambes ....

(régional) des fromages .... une émission ....

(naturel) une fleur .... des produits ....

(partiel) des résultats .... des données ....

2) Entourez la bonne orthographe.

Nous visitons les chantiers navals / navaux de Saint-Nazaire.

L'agriculture d'aujourd'hui est plus productife / productive qu'autrefois.

Elsa est confrontée à une situation concrette / concrète.

3) Remplacez chaque groupe en couleur par un adjectif que vous accorderez.

des gravures qui décorent les murs ➔ des gravures ....

des combinaisons qui protègent ➔ des combinaisons ....

des pattes situées à l'avant ➔ des pattes ....

des maisons au luxe évident ➔ des maisons ....

4) Accordez les verbes et les adjectifs des modèles selon les sujets proposés.

Ces vêtements sont vieux. *Ce récit est bien naïf.*

Ce pantalon .... Ces images ....

Cette tunique .... Ces dessins ....

Ces chaussures .... Cette histoire ....

5) Accordez correctement les adjectifs.

Les pigeons témérair........... envahissent les places publi........... .

Certains touristes fortun........... effectuent des voyages spati........... .

L'Auvergne est riche de nombreuses stations therma........... .

Les poésies de Victor Hugo sont immorte........... .

6) Complétez les phrases avec un adjectif de la même famille que le nom entre parenthèses et accordez.

(la réalité) Les images de la catastrophe sont hélas bien ....

(la pensée) Le problème n'est pas simple, Victoria est ....

(la ponctualité) Cette secrétaire est toujours ....

(le nerf) ...., la jument refuse de franchir l'obstacle.

DICTÉE Texte de la dictée **page 11** du cahier

L'huile de foie de morue

30 L'accord du verbe : cas particuliers

JE RETIENS

- Le sujet est parfois placé après le verbe ; il y a **inversion du sujet.**
  Nous visitons un parc animalier où vivent des rhinocéros blancs.
- Dans la **tournure impersonnelle**, le pronom « il » ne représente rien de particulier et le verbe est souvent suivi d'un groupe nominal à l'origine de l'action. Néanmoins, le verbe s'accorde avec « il », même si le sujet logique est au pluriel : *En cette matinée hivernale, il tombe de gros flocons.*
- Cas de **plusieurs verbes et plusieurs sujets** :
  - plusieurs verbes peuvent avoir le même sujet :
  Les routiers arrêtent leur camion et observent une pause.
  - un même verbe peut avoir plusieurs sujets :
  Les camions et les voitures n'utilisent pas le même parking.
- Si deux sujets sont au singulier, le verbe se met au pluriel :
  Le brochet et la tanche vivent dans les eaux douces.

Attention ! Lorsque le sujet du verbe est un verbe à l'infinitif, le verbe s'accorde toujours à la 3e personne du singulier : *Faire des grimaces n'amuse personne.*

JE M'ENTRAÎNE

Corrigés page 110

1) Écrivez les terminaisons des verbes au présent de l'indicatif.

L'automobiliste s'arrêt............. au bord d'un pré où galop............. des chevaux.
Tous ces efforts permett............... de vaincre bien des difficultés.
Les croquis que dessin............... cet artiste confirm................ son talent.

2) Entourez la bonne orthographe.

Ce petit détail vous échappera / échapperez certainement.
Par chance, les eaux tumultueuses du torrent baisse / baissent.
Beaucoup parle / parlent de la Chine sans la connaître.

3) Écrivez les verbes entre parenthèses au présent de l'indicatif.

Sortir les aliments du réfrigérateur ne (prendre) .... qu'un instant.
On ne (savoir) .... s'il (demeurer) .... des lynx dans le Jura.
À l'entrée du musée (s'aligner) .... des centaines de visiteurs.
Adrien et Tony (économiser) .... de l'argent.

4) Complétez les phrases avec ces verbes que vous écrirez au présent de l'indicatif.

nicher – ombrager – voter – suivre – devenir – savoir

Aucun des candidats ne .... pour qui .... les électeurs.

Que .... les marais où .... les hérons ?

Le cycliste .... une route qu'....................... les peupliers.

5) Complétez les phrases avec des sujets de votre choix. Attention aux accords.

Les coureurs que rejoint .... sont épuisés.

Le mercredi, ... n'oublies jamais d'aller au cours de musique.

Sous la pluie, ... s'effacent immédiatement.

Dès la fonte des neiges fleurissent ....

6) Écrivez les noms en couleur au pluriel et faites les accords nécessaires.

Le chat dévore sa nourriture, puis s'endort sur son coussin.

....

Le tableau exposé dans ce musée émerveille le public.

....

À l'abri du vent pousse un magnifique abricotier.

....

DICTÉE Texte de la dictée **page 11** du cahier

Une ville animée

31 L'accord du participe passé employé avec l'auxiliaire être

JE RETIENS

- Le **participe passé** employé avec l'auxiliaire **être** s'accorde en genre et en nombre avec le sujet du verbe.
  Manon s'est retournée une dernière fois et elle est partie.
  Nicolas s'est retourné une dernière fois et il est parti.
  Les amies se sont retournées une dernière fois et elles sont parties.
  Mes cousins se sont retournés une dernière fois et ils sont partis.
- Quand il y a plusieurs sujets pour un même verbe, le participe passé employé avec l'auxiliaire **être** est au masculin pluriel si au moins un des sujets est masculin : *Les entrées et le dessert sont servis à volonté.*
- Lorsque le participe passé suit l'auxiliaire **être** à l'infinitif, il s'accorde avec le nom auquel il se rapporte : *Ces médicaments peuvent être délivrés sans ordonnance.*

Attention ! Pour les deux premières personnes du singulier et du pluriel, seule la personne qui écrit – et qui connaît le sujet du verbe – peut en déterminer le genre, masculin ou féminin.

- *Je suis sorti.* → C'est un garçon qui parle.
- *Tu es sortie.* → On s'adresse à une fille.
- *Nous sommes sorties.* → Ce sont des filles qui parlent.
- *Vous êtes sortis.* → On parle de garçons ou de filles et d'un garçon au moins.

JE M'ENTRAÎNE

Corrigés page 111

1) Reliez les éléments qui vont ensemble.

Ces jumelles •	• est né pour être footballeur.
Cette chanteuse •	• sont nés avec l'aide du vétérinaire.
Ce jeune garçon •	• sont nées à quinze minutes d'intervalle.
Les agneaux •	• est née sous une bonne étoile.

2) Encadrez les participes passés qui conviennent.

Les trottoirs des avenues seront déneigés / déneigées par les employés de la mairie.
La qualité de ce produit nous est certifié / certifiée par le vendeur.
Le magicien et sa partenaire sont vêtus / vêtues de magnifiques tenues blanches.

3) Complétez avec le participe passé des verbes entre parenthèses.

Les cartons seront (ranger) .... dans le hangar.
Monsieur et madame Caussade sont (parvenir) .... à garer la voiture.
Les chutes du Niagara sont (connaître) .... dans le monde entier.

4) **Écrivez les verbes en couleur au passé composé en changeant les sujets :**
tomber plusieurs fois et se relever.

Virginie .... plusieurs fois et elle ....
Élise et Fatima .... plusieurs fois et elles ....
Yanis .... plusieurs fois et il ....
Noé et Tanguy .... plusieurs fois et ils ....

5) **Complétez les participes passés comme il convient.**

Cette énorme bûche a ét............ fend........... d'un coup de hache.

Plum..........., les volailles sont plac........... dans la rôtissoire.

Faute d'être arros..........., cette plante s'est fan........... .

Comme la question était mal pos..........., les candidats sont rest........... sans voix.

6) **Écrivez les verbes entre parenthèses au passé composé.**

Raphaël (sortir) .... de chez lui en emportant ses rollers.
On ne saura jamais ce qu'il (advenir) .... de ces petits voiliers.
Henri III et Henri IV (mourir) .... assassinés tous les deux.
Le chien (s'approcher) .... et la perdrix (s'envoler) ....
Mes efforts (se concentrer) .... sur la résolution du problème.

DICTÉE *Texte de la dictée* ***page 11*** *du cahier*

La veillée

32 La ponctuation

JE RETIENS

Les signes de ponctuation donnent des indications précieuses pour la lecture et la compréhension d'un texte.

- **Le point** marque la fin d'une phrase dont le sens est complet : *Le gardien de l'immeuble connaît tous les locataires.*
- **Le point d'interrogation** se place à la fin d'une phrase interrogative : *Le gardien de l'immeuble connaît-il tous les locataires ?*
- **Le point d'exclamation** se place à la fin d'une phrase ayant un sens injonctif ou exclamatif : *Éteignez immédiatement ce début d'incendie !*
- **Les points de suspension** indiquent que la phrase pourrait continuer : *Un lourd parfum de fleurs flottait étrangement…*
- **La virgule** sépare, dans une même phrase, des groupes de mots : *Dehors, le vent soufflait, les volets claquaient, la pluie fouettait les murs.*
- **Le point-virgule** sépare des propositions ou des expressions qui ont un lien très faible : *Les travaux sont terminés ; la circulation est désormais fluide.*
- **Les guillemets** encadrent un discours direct. L'ouverture des guillemets est généralement précédée de **deux points** : *La caissière interrogea le client : « Avez-vous la carte de fidélité ? »*

Astuce ! L'abréviation « etc. », qui signifie *et le reste*, est suivie d'un simple point.

JE M'ENTRAÎNE

Corrigés page 111

1) Placez correctement les virgules oubliées dans ces phrases.

M. Tardy le professeur de mathématiques assure son cours.

L'usine de chaussures faute de commandes devra fermer ses portes.

À Roncevaux le neveu de Charlemagne Roland fut trahi par Ganelon.

2) Quel est le signe de ponctuation manquant dans ces phrases ? Placez-le.

Cette année le jour de Noël est un mardi……

Est-il plus facile de jouer du violon ou de la clarinette ……

Trop proche de la rivière…… cette maison fut inondée.

3) Dans chaque phrase, entourez le signe de ponctuation qui convient.

Qui a posé le premier le pied sur la Lune . ; ?

Ce cabanon semble abandonné : . ! *son toit est en piteux état* : . ?

Ramoner une cheminée , . ? *quel travail salissant* : ! ?

4) **Copiez ces phrases en plaçant correctement les points-virgules oubliés.**

Le pneu est à plat il faudra s'arrêter au prochain garage.

....

L'avion amorce sa descente les passagers bouclent leur ceinture.

....

5) **Complétez les phrases avec les bons signes de ponctuation.**

Le radiologue donne un conseil au patient ...... Respirez......

L'ingénieur de la météo est formel...... Il neigera demain......

Le pompiste interroge l'automobiliste...... Super ou gazole......

6) **Écrivez, aux emplacements indiqués, les signes de ponctuation dans ce dialogue.**

Le metteur en scène donne des conseils aux jeunes comédiens ......

...... Laura...... tiens-toi droite......

– Et moi...... demande Erwan...... dois-je m'asseoir ......

– Reste debout et parle d'une voix assurée......

– Quand vais-je m'approcher de Laura ......

– Dans un instant...... Et surtout...... soyez naturels ......

DICTÉE Texte de la dictée **page 12** du cahier

Le crapaud

33 Le présent de l'indicatif : verbes du 3e groupe en « -re » et « -dre »

JE RETIENS

Au présent de l'indicatif, tous les verbes terminés par « **-re** » ou « **-dre** » perdent le « e », mais certains subissent des **modifications de leur radical.**

rire	**lire**	**promettre**	**disparaître**
je ris	*je lis*	*je promets*	*je disparais*
tu ris	*tu lis*	*tu promets*	*tu disparais*
il rit	*elle lit*	*il promet*	*elle disparaît*
nous rions	*nous lisons*	*nous promettons*	*nous disparaissons*
vous riez	*vous lisez*	*vous promettez*	*vous disparaissez*
elles rient	*ils lisent*	*elles promettent*	*ils disparaissent*

faire	**descendre**	**prendre**	**peindre**
je fais	*je descends*	*j'apprends*	*je peins*
tu fais	*tu descends*	*tu apprends*	*tu peins*
elle fait	*il descend*	*elle apprend*	*elle peint*
nous faisons	*nous descendons*	*nous apprenons*	*nous peignons*
vous faites	*vous descendez*	*vous apprenez*	*vous peignez*
ils font	*elles descendent*	*ils apprennent*	*ils peignent*

Astuce ! Lorsque le radical se termine par « d » ou « t », on ne place pas de terminaison à la 3e personne du singulier.

JE M'ENTRAÎNE

Corrigés page 112

1) Complétez les phrases en écrivant les verbes en couleur au présent :
relire son texte, reconnaître une erreur et la corriger.

Vous ....

Tu ....

Les élèves ....

2) Écrivez les verbes entre parenthèses au présent de l'indicatif.

Quand on te (complimenter) ...., tu (sourire) ....

Il (paraître) .... que la banquise (fondre) .... de jour en jour.

Qui peut croire que les enfants (naître) .... dans les choux ?

3) Entourez la bonne orthographe.

Avec cet anorak, je ne craints / crains pas le froid.

Tu mords / mord à pleines dents dans cette pomme.

Vous faisez / faites des mots fléchés.

4) Reliez les sujets aux terminaisons qui conviennent.

Vous •	• corresponds avec mon ami espagnol.
Certains boulangers •	• ne perds jamais tes clés.
Nous •	• attendez l'ouverture du gymnase.
Tu •	• souscrit une assurance tous risques.
Je •	• vendent aussi des pâtisseries.
Ce motard •	• ne connaissons pas le titre de ce film.

5) Complétez les phrases avec les verbes suivants conjugués au présent de l'indicatif.

détendre – déteindre - émettre

Prenez des précautions, car ce linge .... au lavage.

Le moteur de la machine à laver .... un bruit bizarre.

Avec tes plaisanteries, tu .... l'atmosphère.

6) Complétez les phrases avec des verbes de la famille de « prendre » au présent.

Vous vous .... sur nos véritables intentions.

Si je .... l'italien, je ne le parle pas.

Au centre aéré, nous .... à tisser les brins de rotin.

DICTÉE *Texte de la dictée **page 12** du cahier*

L'âge de raison

34 Le présent de l'indicatif : verbes du 3e groupe en « -ir »

JE RETIENS

Au présent de l'indicatif, certains verbes du 3e groupe terminés par « -ir » subissent des **modifications de leur radical.**

dormir	**tenir**	**venir**
je dors	*je tiens*	*je viens*
tu dors	*tu tiens*	*tu viens*
il dort	*elle tient*	*il vient*
nous dormons	*nous tenons*	*nous venons*
vous dormez	*vous tenez*	*vous venez*
elles dorment	*ils tiennent*	*elles viennent*
courir	**mourir**	**acquérir**
je cours	*je meurs*	*j'acquiers*
tu cours	*tu meurs*	*tu acquiers*
il court	*elle meurt*	*il acquiert*
nous courons	*nous mourons*	*nous acquérons*
vous courez	*vous mourez*	*vous acquérez*
elles courent	*ils meurent*	*elles acquièrent*

Attention ! Bien que du 3e groupe, les verbes *ouvrir, offrir, souffrir, cueillir* et *assaillir* ont les mêmes terminaisons que les verbes du 1er groupe au présent de l'indicatif.

j'ouvre – tu offres – elle souffre – nous cueillons – vous ouvrez – ils assaillent

JE M'ENTRAÎNE

Corrigés page 112

1) Reliez chaque phrase au verbe qui la complète.

Réparer ce moteur ... une certaine habileté. ●	● secourent
Les médecins ... un grand nombre de blessés. ●	● requiert
Tu ... le plat d'une feuille d'aluminium. ●	● découvre
Vous ... volontiers à nous laisser votre place. ●	● recouvres
En vacances, je ... chaque jour de nouvelles occupations. ●	● consentez

2) Entourez la bonne orthographe.

Comme tu as froid, tu tresaillis / tressailles.
Les Nantais conquièrent / conquérient le titre de champion de France.
L'infirmière te fait une piqûre, mais tu ne sents / sens pas la douleur.

3) Écrivez les verbes entre parenthèses au présent.

Tu ne (se souvenir) .... pas d'avoir déjà lu ce livre.

Je (se servir) .... d'une agrafeuse pour assembler ces feuillets.

Ce collectionneur (détenir) .... une pièce unique.

4) Complétez les phrases en écrivant les verbes en couleur au présent :

mourir d'envie de goûter ce dessert, mais se contenir.

Je ....

Sofiane ....

Nous ....

5) Complétez les phrases avec des verbes de la famille de « tenir » au présent.

Pourquoi certains électeurs s'a .... -ils de voter ?

Le metteur en scène en.................... habilement le suspense.

Vous ob .... l'autorisation de sortir à 16 h 30.

6) Complétez les phrases avec des verbes de la famille de « venir » au présent.

Tu p................................. enfin à enregistrer cette application.

Je te p .... qu'il ne me sera pas possible de t'accompagner.

Nous r.............................. d'un séjour linguistique à Londres.

DICTÉE Texte de la dictée **page 12** du cahier

Un conte bien connu

35 Le présent de l'indicatif : verbes du 3e groupe en « -oir » et « -oire »

JE RETIENS

Au présent de l'indicatif, les verbes du 3e groupe terminés par « -oir » et « -oire » subissent des **modifications de leur radical.**

pouvoir / vouloir	**valoir**	**savoir**	**voir**
je peux / veux	*je vaux*	*je sais*	*je vois*
tu peux / veux	*tu vaux*	*tu sais*	*tu vois*
elle peut / veut	*elle vaut*	*il sait*	*il voit*
nous pouvons / voulons	*nous valons*	*nous savons*	*nous voyons*
vous pouvez / voulez	*vous valez*	*vous savez*	*vous voyez*
elles peuvent / veulent	*ils valent*	*elles savent*	*elles voient*

devoir	**recevoir**	**croire**	**asseoir**
je dois	*je reçois*	*je crois*	*j'assois / assieds*
tu dois	*tu reçois*	*tu crois*	*tu assois / assieds*
elle doit	*il reçoit*	*il croit*	*elle assoit / assied*
nous devons	*nous recevons*	*nous croyons*	*nous assoyons / asseyons*
vous devez	*vous recevez*	*vous croyez*	*vous assoyez / asseyez*
ils doivent	*elles reçoivent*	*elles croient*	*ils assoient / asseyent*

Attention ! Pour le verbe **asseoir**, les deux formes sont acceptées, même si la seconde appartient à un langage plus soutenu.

JE M'ENTRAÎNE

Corrigés page 113

1) Entourez la bonne orthographe.

Je peux / peut descendre les escaliers quatre à quatre !
Il faux / faut attendre les consignes de l'entraîneur.
Ces personnes dépensières voyent / voient fondre leurs économies.

2) Écrivez les verbes entre parenthèses au présent de l'indicatif.

Ces bracelets ne (valoir) .... pas très cher ; ils ne sont pas en or.
Pourquoi (vouloir) ....-tu toujours avoir raison ?
Vous (entrevoir) .... peut-être une issue favorable.
Ce chanteur ne (décevoir) .... jamais ses admirateurs.

3) Complétez les phrases en écrivant les verbes en couleur au présent :

boire du lait

Je ....
Élie ....
Vous ....

croire en sa bonne étoile

Tu ....
Nous ....
Les marins ....

4) Reliez les phrases aux verbes qui les complètent.

Combien ... un ticket de métro aujourd'hui ? •	• sais
Il ... depuis trois jours ; c'est une catastrophe ! •	• prévoyez
Je ... me diriger facilement, même dans le noir. •	• pleut
Vous ... un arrêt toutes les deux heures. •	• vaut
Tu ne ... pas t'inquiéter ; le brouillard va se dissiper. •	• percevons
Nous ... une petite différence entre ces deux copies. •	• dois

5) Complétez les phrases en écrivant les verbes en couleur au présent :

s'assoir et pouvoir enfin se reposer.

Nous ....

Arnold ....

Vous ....

6) Complétez les phrases avec les verbes suivants conjugués au présent de l'indicatif.

apercevoir – croire – savoir – pouvoir

.... -vous en l'existence du monstre du loch Ness ?

Après avoir composé le code, je .... que je .... entrer.

De la pointe du Raz, on .... parfois l'île de Sein.

DICTÉE Texte de la dictée page 13 du cahier

À la piscine

36 Le futur simple de l'indicatif : verbes du 3e groupe en « -dre » et « -re »

JE RETIENS

- Au futur simple, les verbes du 3e groupe terminés par « -dre » ou « -re » perdent le « e » du radical avant les terminaisons, qui sont les mêmes pour tous les verbes.

attendre	écrire	apparaître
j'attendrai	*j'écrirai*	*j'apparaîtrai*
tu attendras	*tu écriras*	*tu apparaîtras*
elle attendra	*il écrira*	*elle apparaîtra*
nous attendrons	*nous écrirons*	*nous apparaîtrons*
vous attendrez	*vous écrirez*	*vous apparaîtrez*
ils attendront	*elles écriront*	*ils apparaîtront*

- Seul le verbe « faire » subit une **modification de son radical.**

Je ferai la sieste. *Tu feras la sieste.* *Elle fera la sieste.*
Nous ferons la sieste. *Vous ferez la sieste.* *Ils feront la sieste.*

Attention ! Comme il existe des terminaisons homophones, il faut toujours chercher le sujet du verbe.

Tu prendras le temps. / Elle prendra le temps.
Nous suivrons la piste. / Ils suivront la piste.

JE M'ENTRAÎNE

Corrigés page 113

1) Reliez les sujets aux phrases qui conviennent.

Je •	• étendrons le linge.
Nous •	• ne commettrai plus de telles erreurs.
Les nouveaux conducteurs •	• suffiront pour parfumer ce plat.
Trois gousses d'ail •	• souscriront une assurance.

2) Entourez la bonne orthographe.

Vous concluerez / conclurez rapidement votre exposé.
Avant de la poser, tu enduieras / enduiras l'affiche de colle.
Le professeur excluera / exclura l'élève indiscipliné.

3) Écrivez les verbes entre parenthèses au futur simple.

Tu (admettre) .... que tu t'es trompé.

Les naufragés (survivre) .... grâce à leur ingéniosité.

Malgré la fatigue, je (poursuivre) .... l'entraînement.

4) Conjuguez ces expressions au futur simple :

ne pas confondre les codes

Tu ....

Nous ....

Ils ....

inscrire son nom

J'.. .

Vous ....

Elle ....

5) Écrivez les verbes en couleur au futur simple.

J'apprends .... à broder.

Vous peignez .... le fond en bleu.

Tu me surprends .... par ton audace.

Le président suspend .... la séance.

Les pompiers éteignent .... l'incendie.

6) Complétez les phrases avec les verbes suivants conjugués au futur simple.

prendre – se complaire – répondre

Vous .... à tous les appels téléphoniques.

Tu .... une perceuse pour fixer les tringles des rideaux.

Les hippopotames .... dans la rivière.

DICTÉE Texte de la dictée **page 13** du cahier

Un concert très attendu

37 Le passé simple de l'indicatif : être – avoir – verbes du 1er groupe

JE RETIENS

- Les verbes **avoir** et **être** ont des formes particulières au passé simple.
  Quand j'eus des soucis, je fus content(e) d'avoir des amis.
  Quand tu eus des soucis, tu fus content(e) d'avoir des amis.
  Quand elle eut des soucis, elle fut contente d'avoir des amis.
  Quand nous eûmes des soucis, nous fûmes content(e)s d'avoir des amis.
  Quand vous eûtes des soucis, vous fûtes content(e)s d'avoir des amis.
  Quand ils eurent des soucis, ils furent contents d'avoir des amis.
- Tous les verbes du 1er groupe ont les mêmes terminaisons qui s'ajoutent au radical.
  Je respirai. *Tu t'ennuyas.* *Il économisa.*
  Nous discutâmes. *Vous dînâtes.* *Elles s'éloignèrent.*
- Les terminaisons de la 1re personne du singulier de l'imparfait et du passé simple sont homophones ; pour ne pas les confondre, changez de personne !

Tous les matins, je me levais tôt. ➜ *Tous les matins, tu te levais tôt.* (imparfait)
Ce jour-là, je me levai tôt. ➜ *Ce jour-là, tu te levas tôt.* (passé simple)

Attention ! Les 1re et 2e personnes du pluriel ne sont guère employées. On ne les rencontre que dans les récits.

Astuce ! Le verbe **aller** a les mêmes terminaisons que les verbes du 1er groupe.

JE M'ENTRAÎNE

Corrigés page 114

1) Complétez les verbes avec les terminaisons du passé simple qui conviennent.

J'étal................ la peinture sur ma feuille de dessin.

À la barrière de péage, les gendarmes contrôl................ tous les automobilistes.

L'oncle Jules nous racont................, que, un jour, il apprivois................ un boa !

2) Conjuguez les verbes de ces expressions au passé simple :

être sans réaction	*avoir des regrets*
Je	Tu ....
Juan	Ils ....
Nous	Vous ....

3) Entourez la bonne orthographe.

Connaissant la réponse, tu levai / levas immédiatement le doigt.

Le médecin rassurai / rassura le malade ; dans une semaine, il serait guéri.

À sept ans, je récitai / récitais déjà des fables de La Fontaine.

4) Écrivez les verbes entre parenthèses au passé simple.

Sans nous écouter, vous (tourner) .... à gauche.

Tout à coup, les grêlons (crépiter) .... sur le toit en tôle.

Au dernier moment, j'(apporter) .... une modification à mon devoir.

5) Complétez les phrases avec les verbes suivants conjugués au passé simple.

emporter – proclamer – aimer – décrocher

Devant le tribunal, l'accusé .... son innocence.

Nous .... le strict nécessaire pour la traversée du désert.

Roméo .... Juliette en dépit de l'hostilité de leurs parents.

À la première sonnerie, je .... le combiné.

6) Écrivez les verbes à l'imparfait ou au passé simple, selon le sens.

Je (regarder) .... une série lorsque le téléphone (sonner) ....

L'obscurité (être) .... totale, mais j'(arriver) .... néanmoins à trouver la sortie.

Lorsque tu (rester) .... coincé dans l'ascenseur, tu (avoir) .... la peur de ta vie.

DICTÉE Texte de la dictée **page 13** du cahier

Un duel

38 Le présent du conditionnel : être – avoir – verbes des 1er et 2e groupes

JE RETIENS

- Au présent du conditionnel, pour les verbes du 1er et du 2e groupe, on ajoute simplement les terminaisons à l'infinitif.
- Pour les verbes **être** et **avoir**, si les terminaisons sont les mêmes que pour les autres verbes, le radical est différent de celui de l'infinitif.

avoir	**être**	**cuisiner**	**agir**
J'aurais soif.	*Je serais prêt.*	*Je cuisinerais.*	*J'agirais.*
Tu aurais soif.	*Tu serais prêt.*	*Tu cuisinerais.*	*Tu agirais.*
Elle aurait soif.	*Elle serait prête.*	*Elle cuisinerait.*	*Elle agirait.*
Nous aurions soif.	*Nous serions prêts.*	*Nous cuisinerions.*	*Nous agirions.*
Vous auriez soif.	*Vous seriez prêts.*	*Vous cuisineriez.*	*Vous agiriez.*
Ils auraient soif.	*Ils seraient prêts.*	*Ils cuisineraient.*	*Ils agiraient.*

Astuce ! Pour ne pas confondre la 1re personne du singulier du futur et du présent du conditionnel, il faut penser à la personne correspondante du pluriel.

- futur : *Je n'hésiterai pas.* → *Nous n'hésiterons pas.*
- conditionnel : *J'hésiterais peut-être.* → *Nous hésiterions peut-être.*

Attention ! Le verbe d'une proposition subordonnée introduite par la conjonction « si » **n'est jamais au conditionnel**. On doit toujours dire et écrire : *Si j'avais le temps, je regarderais ce film.*

JE M'ENTRAÎNE

Corrigés page 114

1) Reliez les phrases aux temps auxquels les verbes sont conjugués.

Des paragraphes faciliteraient la lecture. •
Ce médicament soulagerait la douleur. •
Je profiterai d'une accalmie pour sortir. •
Vous effectuerez des gestes désordonnés. •

• Futur simple de l'indicatif
• Présent du conditionnel

2) Entourez la bonne orthographe.

Mieux organisé, l'agriculteur mécaniseras / mécaniserait son exploitation.
Si tu revenais sur ta décision, j'en serai / serais le premier surpris.
Si vous aimiez la lecture, vous passeriez / passerez de bons moments.

3) Complétez les phrases avec ces verbes au présent du conditionnel.
rétablir – recommencer – trouver

Si j'échouais à ma première tentative, je ....
S'il séparait les deux adversaires, l'arbitre .... le calme.
Si tu consultais Internet, tu y .... tous les renseignements.

4) Écrivez la phrase en utilisant les sujets proposés et en conservant les temps :

Si tu avais un moment de libre, tu rangerais ton casier.

Si nous .... un moment de libre, nous .... notre casier.

Si Bruno .... un moment de libre, il .... son casier.

Si ces élèves .... un moment de libre, ils .... leur casier.

5) Reliez les phrases aux terminaisons des verbes qui conviennent.

J'aimer... tant faire le tour du monde ! •	• aient
Faute de soleil, ces plantes jaunir... . •	• ions
Si ton pneu était à plat, tu le regonfler... . •	• ais
Aur...-vous des compétences en informatique ? •	• ait
Une erreur de calcul entraîner... la perte de la fusée. •	• iez
Avec une parabole, nous capter... toutes les chaînes. •	• ais

6) Complétez les verbes au futur simple ou au présent du conditionnel.

Si le niveau des eaux baisse, la production d'électricité diminuer.............. .

Je marcher.............. plus vite si j'avais des chaussures plus légères.

Si la sécheresse persiste, les horticulteurs arroser............. leurs plantations.

DICTÉE Texte de la dictée page 14 du cahier

De grands changements

39 Quelques particularités de verbes du 1er groupe en « -cer », « -ger », « -yer »

JE RETIENS

- Les **verbes en « -cer »** prennent une cédille sous le « c » devant les terminaisons débutant par « o » ou « a » ; ceci pour conserver le son [s].

nous grinçons *j'avançais* *ils s'exerçaient* *tu fonças*

- Les **verbes en « -ger »** prennent un « e » après le « g » devant les terminaisons débutant par « o » ou « a » ; ceci pour conserver le son [ʒ].

nous mangeons *tu nageais* *elle plongeait* *il jugea*

- Pour les **verbes en « -oyer », « -uyer »,** on transforme le « y » en « i » devant les terminaisons débutant par un « e » muet.

je m'ennuie *elles nettoient* *il aboiera* *nous essuierions*

- Pour les **verbes en « -ayer »**, on tolère le maintien du « y » devant un « e » muet. Mais, pour faciliter l'apprentissage, il est préférable d'appliquer la transformation du « y » en « i » pour tous les verbes en « -yer ».

il paie *elle balaie* *tu pagaieras* *nous essaierons*

Attention ! Le verbe *envoyer* a une conjugaison particulière au futur simple et au présent du conditionnel : *J'enverrai un SMS. Tu enverrais de tes nouvelles.*

JE M'ENTRAÎNE

Corrigés page 115

1) Reliez chaque verbe en gras à son infinitif.

Je me fourvoie dans les sombres ruelles. •	• essuyer
Pauline emploiera des expressions recherchées. •	• se fourvoyer
Les marins essuieront une violente tempête. •	• employer

2) Entourez la bonne orthographe.

Nous remplacons / remplaçons les pièces détériorées.
Ceux qui ne savent pas nager se noyent / noient.
Je pataugeais / pataugais dans la boue du chemin.

3) Écrivez les verbes au présent (colonne 1), à l'imparfait (colonne 2) et au futur (colonne 3).

(se placer) je .... je .... je ....
(voyager) il .... il .... il ....
(effacer) nous .... nous .... nous ....

4) Écrivez les verbes entre parenthèses au futur simple.

L'aigle (tournoyer) .... dans les airs avant de fondre sur sa proie.

À la sortie des vestiaires, vous (côtoyer) .... les champions.

Par politesse, nous (vouvoyer) .... nos professeurs.

Pour allumer, tu (appuyer) .... simplement sur l'interrupteur.

5) Complétez avec les verbes suivants conjugués au présent de l'indicatif.

échanger – convoyer – déployer – envisager

Nous .... de modifier la disposition des meubles de la chambre.

Pour mieux la lire, tu .... la carte routière sur tes genoux.

Nous .... nos numéros de téléphone.

Des policiers .... le fourgon blindé.

6) Complétez avec les verbes suivants conjugués au passé simple.

rincer – s'avancer – se coincer – assiéger

Tu .... prudemment au bord du plongeoir.

Le comte Balan .... le château de son ennemi le duc Farin.

Le mécanisme du volet roulant .... sans raison.

Après la séance de peinture, nous .... les gobelets.

DICTÉE Texte de la dictée **page 14** du cahier

Un amour secret

40 Quelques particularités de verbes du 1er groupe comme lever et céder

JE RETIENS

- Si l'un de ces verbes a **un « e » muet** dans l'avant-dernière syllabe de l'infinitif, on met un accent grave sur ce « e » devant une terminaison contenant un « e » muet.

– **présent de l'indicatif : lever**

Je lève les bras.	*Tu lèves les bras.*	*Elle lève les bras.*
Nous levons les bras.	*Vous levez les bras.*	*Ils lèvent les bras.*

– **futur simple : lever**

Je lèverai les bras.	*Tu lèveras les bras.*	*Elle lèvera les bras.*
Nous lèverons les bras.	*Vous lèverez les bras.*	*Ils lèveront les bras.*

- Si l'un de ces verbes a **un « é »** dans l'avant-dernière syllabe de l'infinitif, l'accent aigu devient grave devant une terminaison contenant un « e » muet.

– **présent de l'indicatif : aérer**

J'aère la pièce.	*Tu aères la pièce.*	*Il aère la pièce.*
Nous aérons la pièce.	*Vous aérez la pièce.*	*Elles aèrent la pièce.*

– **futur simple : aérer**

J'aèrerai la pièce.	*Tu aèreras la pièce.*	*Il aèrera la pièce.*
Nous aèrerons la pièce.	*Vous aèrerez la pièce.*	*Elles aèreront la pièce*

- Au **futur simple**, il est toléré de conserver le « é » devant la terminaison. Mais il est préférable d'appliquer la même règle qu'au présent de l'indicatif.

JE M'ENTRAÎNE

Corrigés page 115

1) Complétez ces terminaisons avec le présent de l'indicatif.

Les jurés délib..................... depuis trois heures.

Vous poss..................... un nouveau logiciel de traitement de texte.

Je vous sugg..................... de changer de coiffure.

2) Conjuguez les verbes de ces expressions au présent de l'indicatif :

accélérer la cadence	*soulever des haltères*
J'.................................. la cadence.	Je .... des haltères.
Tu .... la cadence.	Tu .... des haltères.
Elle .... la cadence.	Elle .... des haltères.
Nous .... la cadence.	Nous .... des haltères.
Vous .... la cadence.	Vous .... des haltères.
Ils .... la cadence.	Ils .... des haltères.

3) Entourez la bonne orthographe.

Le professeur relève / reléve trois erreurs dans cette copie.

On récupére / récupère les bouteilles en plastique pour les recycler.

Les flammes léchent / lèchent les troncs des chênes-lièges.

4) Récrivez la phrase aux temps simples de l'indicatif en changeant le sujet.

Nous nous mettons au travail, nous persévérons et nous l'achevons.

Je ....

Je ....

Je ....

Je ....

5) Recopiez les phrases en mettant les verbes au présent de l'indicatif.

De petites pâquerettes parsemaient la pelouse du parc.

....

J'emmenais souvent mon petit frère au parc d'attractions.

....

DICTÉE Texte de la dictée **page 14** du cahier

En Islande

41 Ne pas confondre : tout – tous – toute – toutes

JE RETIENS

- **tout : déterminant indéfini**, généralement suivi d'un second déterminant, s'accorde avec le nom auquel il se rapporte.

  tout le jour *toute cette journée* *tous les mois* *toutes ces semaines*

- **tout : pronom indéfini** quand il remplace un nom. Il est alors sujet ou complément du verbe.

Astuce ! Au pluriel, **tout** devient **tous** ou **toutes** (on entend alors *la différence) : Tout est terminé. / Ces chansons, je les connais toutes.*

- **tout : adverbe**, le plus souvent invariable, quand il est placé devant un adjectif ou un autre adverbe. On peut le remplacer par « tout à fait ».

  Les spectateurs sont tout étonnés. *Les spectateurs sont tout à fait étonnés.*

Astuce ! « Tout », adverbe, s'accorde quand il est placé devant un adjectif féminin commençant par une consonne, pour que la prononciation soit plus facile.

- on aura : *Les pains sont tout chauds.* / *Les brioches sont toutes chaudes.*
- mais : *Les portes sont tout ouvertes.*

JE M'ENTRAÎNE

Corrigés page 116

1) Complétez les groupes nominaux avec « tout », « toute », « tous » ou « toutes ».

.... les jours	.... la ville	.... les rues
.... les rivières	.... les chariots	.... le circuit
.... la vie	.... le terrain	.... les vêtements

2) Entourez l'orthographe correcte.

Les chirurgiens, tout / tous de blanc vêtus, entrent au bloc opératoire.
Ces chalets, tout / tous neufs, sont loués à la semaine.
Les coquillages ne sont pas tout / tous comestibles ; méfiez-vous.
Ce train s'arrête dans tout / toutes les petites gares.

3) Complétez les expressions avec « tout », « toute », « tous » ou « toutes ».

ouvrir les portes .... grandes	donner .... satisfaction
partir à .... allure	avoir .... les pouvoirs
avoir les doigts .... engourdis	lire les .... derniers chapitres

4) Reliez chaque phrase au mot qui la complète.

Fadila ressort ... frisée de chez la coiffeuse. •	• tous
Les gendarmes contrôlent ... les voitures. •	• toutes
Tu dis ... le contraire de ce que tu penses. •	• toute
Ces logements sont ... occupés. •	• tout

5) Recopiez les phrases en mettant les noms en couleur au pluriel. Accordez.

La carte routière, tout abîmée, n'est plus lisible.

....

Tout maigre et tout fragile, ce chevreuil ne survivra pas.

....

6) Recopiez les phrases en remplaçant les noms en couleur par ceux entre parenthèses.

Concentré, Renaud (Maya) est tout à son travail.

....

Ce terrain (pistes), tout plat, convient à la pratique du roller.

....

DICTÉE Texte de la dictée **page 15** du cahier

À la recherche de la fortune

42 Ne pas confondre : la – là – l'a – l'as

JE RETIENS

- **la : article défini** ou **pronom personnel**, que l'on peut remplacer par un autre article ou un autre pronom personnel.
  Comme la vitre est sale, je la nettoie. ➔ *Comme le miroir est sale, je le nettoie.*
- **là : adverbe de lieu**, que l'on peut souvent remplacer par « ici » ou « ci ».
  M. Picard s'est garé là. *M. Picard s'est garé ici.*
  M. Picard a pris cette place-là. *M. Picard a pris cette place-ci.*
- **l'a / l'as** : sont des formes conjuguées du verbe « avoir » au présent de l'indicatif précédées du pronom personnel élidé « l' ». On peut les remplacer par une expression au pluriel.
  Cette émission, Xavier l'a regardée. *Ces émissions, Xavier les a regardées.*
  Cette émission, tu l'as regardée. *Ces émissions, tu les as regardées.*

Astuce ! L'adverbe « là » est parfois relié à un pronom démonstratif ou à un nom par un trait d'union : *Ce bassin est trop profond, mais dans celui-là on a pied.*

JE M'ENTRAÎNE

Corrigés page 116

1) Complétez les phrases avec « la », « là » ou « l'a ».

Quelle est .... capacité de .... mémoire de cet ordinateur ?

Comme .... soupe était trop chaude, Bianca .... laissée refroidir.

Les vacances débutent fin juin ; d'ici .... nous saurons où partir.

Placez-vous au bord de .... terrasse, de ...... vous verrez toute .... ville.

2) Entourez la bonne orthographe.

L'escalope n'est pas cuite alors tu l'as / la retournes.

Le capitaine s'installe à la / là barre et ne la / là lâche plus.

Comme la / là vaisselle est fragile, tu l'as / la essuyée avec précaution.

3) Complétez les phrases avec « la », « là », « l'a » ou « l'as ».

J'ai déposé .... valise .... où le contrôleur me .... indiqué.

Nous traverserons .... où .... rivière est .... moins profonde.

Tu ne retrouves plus .... brosse ; tu ne sais pas où tu .... rangée.

4) Transformez les phrases pour éviter la répétition.

Cette énigme est difficile, mais tu résous cette énigme.

➔ *Cette énigme est difficile, mais tu la résous.*

Le peintre a terminé son tableau et a fait encadrer son tableau.

....

Heidi a mangé une pizza et Heidi a apprécié la pizza.

....

5) Reliez chaque phrase au(x) mot(s) qui la complète(nt).

Laurent a nagé cinq cents mètres ; il s'arrêtera ... . ●	● l'a
Comme le réservoir était vide, tu ... rempli. ●	● la
Cet arbre était fragile et le vent ... déraciné. ●	● là
Tire le rideau de ... salle à manger ; il y a du soleil. ●	● l'as

6) Répondez affirmativement à ces questions, sur le modèle.

Amar a-t-il rendu la clé ? ➔ *Oui, il l'a rendue.*

Sucres-tu la crème caramel ? ....

A-t-elle avalé le noyau de cerise ? ....

Respectez-vous la priorité ? ....

DICTÉE Texte de la dictée **page 15** du cahier

Un animal rusé

43 Ne pas confondre : ces – ses – c'est – s'est – sait – sais

JE RETIENS

- **ses : déterminant possessif**, peut être remplacé par un autre déterminant possessif.

  Le joueur lace ses chaussures. *Je lace mes chaussures.*

- **ces : déterminant démonstratif**, peut être remplacé par un autre déterminant démonstratif.

  Ces places sont libres. *Cette place est libre.*

- **c'est** : est formé du verbe « être » au présent de l'indicatif précédé du pronom démonstratif élidé « c' ». Il peut être remplacé par l'expression « cela est ».

  Le 1er mai, c'est un jour férié. *Le 1er mai, cela est un jour férié.*

- **s'est** : est formé du verbe « être » au présent de l'indicatif précédé du pronom personnel élidé « s' ». Il peut être remplacé par « me suis » en conjuguant le verbe à la 1re personne du singulier.

  Il s'est rendu au collège. *Je me suis rendu au collège.*

- **sait, sais : formes conjuguées** du verbe « savoir ». Elles peuvent être remplacées par d'autres formes conjuguées de ce verbe.

  Jordan sait cuisiner. *Jordan saura cuisiner.*
  Je sais cuisiner. *Je saurai cuisiner.*

Astuce ! Pour bien choisir entre « ses » et « ces », il faut examiner le sens de la phrase.

- *Jody prend soin de ses livres.* → les livres lui appartiennent
- *Parmi ces livres, lequel Jody choisit-il ?* → les livres qui lui sont proposés

JE M'ENTRAÎNE

Corrigés page 117

1) Entourez la bonne orthographe.

Ces / Ses crocodiles semblent endormis, mais ils sont prêts à bondir.

Nadine a perdu ces / ses boucles d'oreilles.

Élevés en plein air, ces / ses veaux sont en excellente santé.

2) Reliez chaque phrase au(x) mot(s) qui la complète(nt).

Est-ce que tu ... parler japonais ? •	• sait
Paola ... cassé le bras en patinant. •	• c'est
On ne ... pas qui était le Masque de Fer. •	• sais
Bien déjeuner le matin, ... bon pour la santé. •	• s'est

3) Complétez les phrases avec « ces » ou « c'est ».

On dit que .... en forgeant qu'on devient forgeron.

Pourquoi toutes .... horloges se sont-elles arrêtées ?

Une digue protège le port ; .... un abri sûr pour les bateaux.

4) Reliez chaque phrase au mot qui la complète.

… véhicules sont tous équipés d'un GPS. ●	● sais
À la sortie du collège, … la bousculade habituelle ! ●	● s'est
Est-ce que tu … garder un secret ? ●	● sait
En se quittant, on … promis de se revoir. ●	● c'est
L'actrice signe des autographes pour … admirateurs. ●	● ses
Personne ne … combien il y a d'étoiles. ●	● ces

5) Complétez les phrases avec « ses » ou « s'est ».

À la descente de l'avion, M. Fort attend .... valises.

Clémence classe .... feuilles de dessin dans un dossier.

Pour recevoir .... messages, Marco .... équipé d'un modem.

Linda ne .... pas inscrite pour le voyage en Italie.

DICTÉE *Texte de la dictée* **page 15** *du cahier*

La mythologie

44 Ne pas confondre les verbes et les noms homophones

JE RETIENS

- À l'oral, on peut confondre certains noms avec certaines formes conjuguées de verbes. Mais leur **orthographe** est très souvent différente.

Ils mentent avec aplomb. / du sirop de menthe
Tu laçais tes chaussures. / des lacets de chaussures
Il mit trois minutes pour répondre. / de la mie de pain
Andy couperait le pain. / le couperet de la guillotine
Il faut que j'aille me coucher. / une gousse d'ail
Il ne t'a pas cru. / les crues de la Loire

- Pour **distinguer ces homophones**, on essaie de conjuguer le verbe et on entend alors la différence : *Il se peut qu'il fasse (que nous fassions) un détour.* Mais on écrit : *La pharmacie est en face de la boulangerie.*

Attention ! Certains noms ont pour homophones des verbes à l'infinitif.

On verse du chlore dans l'eau de la piscine. Il faut clore cette discussion.

- Lorsque les deux mots ont la même graphie, seul **le sens** permet de les distinguer.

- *L'éleveur trait ses vaches deux fois par jour.* → verbe traire
- *Je trace un trait rouge.* → nom masculin

JE M'ENTRAÎNE

Corrigés page 117

1) Placez un article devant les noms et un pronom personnel devant les verbes.

..... boue	...... croix	...... mors	...... coud
...... bout	...... croit	...... mord	...... coup
...... entre	...... fête	...... essaies	...... relais
...... antre	...... faites	...... essai	...... relaie

2) Entourez la bonne orthographe.

Le coureur se plein / plaint d'une douleur au mollet.
Arrivée à l'étage, Marianne pouce / pousse un gros soupir / soupire.
J'ai senti trois gouttes / goûtes ; il va probablement pleuvoir.

3) Complétez les phrases en employant des homophones de ces noms.

le conte – le tort – la voie

Le trésorier tient les .... de la coopérative.
Théo .... enfin la fin de ses ennuis.
Sans efforts apparents, cet hercule .... des barres de fer.

4) Complétez chaque phrase avec un verbe homophone du nom entre parenthèses.

Tu (salle) .... ton plat de spaghettis.

Avec la calculatrice, je (repaire) .... les moindres erreurs.

Tu épluches les carottes avant de les (fer) .... (cuir) ....

5) Complétez chaque phrase avec un nom homophone du verbe entre parenthèses.

Lucie admire un (signe) .... blanc.

Mina adore le (peint) .... de campagne cuit au feu de bois.

Toby suit son (mettre) .... à travers la campagne.

Les Blanchet sont serruriers de (perd) .... en fils.

6) Complétez avec un article ou un pronom personnel, selon le sens.

Pour un peu, ... rations le train.

.... portions de tarte sont vraiment délicieuses.

Benjamin possède .... notions de polonais.

DICTÉE *Texte de la dictée* **page 16** *du cahier*

Une future cantatrice

Corrigés

Fiche 23 : Le son [ɑ̃] (an, en)

1) un charlat**an** – une urg**en**ce – un git**an** – s'av**en**turer – un m**en**suel – une c**en**taine – un har**eng** – un tymp**an** – un vétér**an** – un diam**ant** – un **an**tivol – un révér**end**.

2) un t**em**ple – une **em**bolie – un j**am**bon – **em**mitoufler – une **am**poule – un **am**plificateur – tr**em**per – un l**am**padaire – une **am**phore – **em**prunter – de l'**am**bre – un **em**plâtre.

3) Voulez-vous goûter cette tarte aux **amandes** ? Ce terrain est très **venté** ; on y installera des éoliennes. La **panse** est une partie de l'estomac des ruminants. L'ours sort de son **antre** en grognant.

4) Ce dépli**ant** met l'acc**ent** sur l'intérêt des collectes de s**ang**. Cet artis**an** maçon recherche un appr**enti** pour terminer le ch**antier**. Comm**ent** se nomment les afflu**ents** de la Garonne ? Du haut des r**emparts**, les déf**enseurs** repoussaient les assai**llants**.

5) pendant – scaphandre – antenne – assistant.

6) l'envol des flam**ants** roses – rechercher un doc**ument** – être l'heureux gag**nant** – une trompe d'él**éphant** – utiliser un aim**ant** – naviguer sur l'oc**éan** – arbitrer un différ**end** – réunir les adhér**ents** – redouter un oura**gan** – un excé**dent** de bagages.

Fiche 24 : Le son [ɛ̃] (in)

1) Le patient décrit les s**ym**ptômes de sa maladie au médec**in**. Quand on passe un exam**en**, il faut v**ain**cre le trac. Il est cert**ain** que ces gr**ains** de raisin donneront un excellent v**in**. Le terr**ain** est **im**praticable ; le match n'aura pas lieu.

2) des p**in**cettes – une n**ym**phe – un chirurgi**en** – un for**ain** – un citoy**en** – un parr**ain** – un s**ym**bole – le z**in**c – la s**yn**taxe – hum**ain** – ét**ein**dre – une ét**in**celle.

3) Un peu de fond de **teint** atténuera la trace de la cicatrice. Pour célébrer le mariage, le maire **ceint** son écharpe tricolore. Au petit-déjeuner, tu prends un **pain** au chocolat.

4) une syncope – un individu – craindre – un chimpanzé – le tympan – peindre.

5) ceinture – feindre – copains – chemin.

6) Le *pingouin* est un oiseau des mers arctiques. Saviez-vous que le *dauphin* est un mammifère ? Il ne faut jamais circuler en sens *interdit*. Cet *imposant* convoi perturbe la circulation.

Fiche 25 : Les lettres muettes

1) un écart – le lard – un concert – un univers – un sourcil – un jonc – un quart – un intrus – un chant – le fracas – le propos – un champ.

2) Une **sculpture** futuriste se trouve au centre de la place. Le médecin **ausculte** longuement le malade. La gentille fée a **exaucé** les vœux de la jeune princesse.

3) le bourg – le lilas – la croix – le velours – le courroux – un réchaud – un homard – le concours – un héros – un artichaut – un atout – un radis.

4) un abus – jaloux – gourmand – le galop – une part.

5) rechercher un *abri* – un *jus* de pomme – le *début* d'un roman – le *nerf* optique – faire un faux *pli* – un *regard* de travers – jouer du *piano* – la ligne d'*horizon*.

6) un permis – la toiture – le rythme – un rabot – le drap.

Fiche 26 : Les consonnes doubles

1) l'antilope – un suffixe – l'agression – l'acajou – l'enveloppe – une carafe – l'agglomération – un accessoire – attraper – une girafe – un toboggan – un acompte.

2) trotter – chahuter – tricoter – goûter – savonner – appeler – téléphoner – feuilleter.

3) Dans la montée du col, le cycliste *souffre* de crampes. « La *Ballade* des pendus » est un poème de François Villon. Notre voisin de *palier* est très souvent absent.

4) escalader la butte en courant – quitter le terrain acclamé – défendre son territoire – ranimer les flammes du foyer – tracer des droites parallèles – se relever après une chute – apprécier un excellent dessert – sanctionner une faute grossière.

5) Le moulin de Valmy était bâti sur une **colline** exposée au vent. Tu possèdes une **collection** d'**étiquettes** de boîtes de fromage. À la suite du naufrage d'un pétrolier, la plage est **polluée**. Gaëlle tend son **bulletin** de notes à ses parents.

6) La ville de Paris compte une vingtaine d'**arrondissements**. Pour **atterrir** cet avion a besoin d'une piste très longue. L'heureux gagnant du loto est **millionnaire** en euros ! Certaines personnes exercent leur activité **professionnelle** en Belgique. Je me rends **occasionnellement** à la piscine pour perfectionner mon crawl.

Fiche 27 : Les noms terminés par le son [œr] (eur, eure) et par le son [u] (ou)

1) une roue – un mérou – un rendez-vous – un marabout – le houx – un arrière-goût – le surcoût – un ajout – un bout – le dessous – un bisou – de l'amadou

2) la frayeur – la rigueur – la peur – l'horreur – la fureur – l'ardeur – la blancheur – la pudeur – la longueur.

3) Même si Martial est un rê**veur**, néanmoins il est toujours à l'h**eure**. Un j**oueur** s'est tordu le g**enou** ; le soi**gneur** pénètre sur le terrain. Le pêch**eur** a placé un l**eurre** au b**out** de sa ligne.

4) Il élève des abeilles : un apiculteur
Il élève des poissons : un pisciculteur
Il élève des huîtres : un ostréiculteur
Il prend soin de sa vigne : un viticulteur
Il cultive des fleurs : un horticulteur

5) un époux – le courroux – un joug – un égout – le pouls.

6) le menteur – le brocanteur – les projecteurs – l'équateur – un rapporteur.

Fiche 28 : Le pluriel des noms : cas particuliers

1) des portails – des cardinaux – des voyous – des éventails – des coucous – des chandails – des soupiraux – des mérous.

2) Ces **locaux** sont fermés avec de solides **verrous**. Les **écrous** des **essieux** sont desserrés. Les **micro-ordinateurs** sont reliés aux **terminaux**.

3) Les **carnavals** sont l'occasion d'oublier les **soucis** quotidiens. Les **kangourous** sont des **animaux** vivant en Australie. Est-ce que les **matous** et les **toutous** s'entendent bien ?

4) Les *touristes* admirent les *détails* des *vitraux* de la cathédrale. Ces *meubles* en *acajou* valent des *fortunes*. Des *roseaux* et des *bambous* poussent le long des *canaux*.

5) des longues-vues – des courts-circuits – des chefs-lieux – des tête-à-queue – des demi-tours – des hors-la-loi.

6) les clous – des métaux – les choux – des épouvantails.

Fiche 29 : L'accord des adjectifs : cas particuliers

1) une pâte *molle* – les jambes *molles* – des fromages *régionaux* – une émission *régionale* – une fleur *naturelle* – des produits *naturels* – des résultats *partiels* – des données *partielles*.

2) Nous visitons les chantiers **navals** de Saint-Nazaire. L'agriculture d'aujourd'hui est plus **productive** qu'autrefois. Elsa est confrontée à une situation **concrète**.

3) des gravures *décoratives* – des combinaisons *protectrices* – des pattes *antérieures* – des maisons *luxueuses*.

4) Ce pantalon *est vieux*. Cette tunique *est vieille*. Ces chaussures *sont vieilles*. Ces images *sont* bien *naïves*. Ces dessins *sont* bien *naïfs*. Cette histoire *est* bien *naïve*.

5) Les pigeons témérair**es** envahissent les places publi**ques**. Certains touristes fortun**és** effectuent des voyages spatia**ux**. L'Auvergne est riche de nombreuses stations therma**les**. Les poésies de Victor Hugo sont immorte**lles**.

6) Les images de la catastrophe sont hélas bien *réelles*. Le problème n'est pas simple, Victoria est *pensive*. Cette secrétaire est toujours *ponctuelle*. *Nerveuse*, la jument refuse de franchir l'obstacle.

Fiche 30 : L'accord du verbe : cas particuliers

1) L'automobiliste s'arrêt**e** au bord d'un pré où galop**ent** des chevaux. Tous ces efforts permett**ent** de vaincre bien des difficultés. Les croquis que dessin**e** cet artiste confirm**ent** son talent.

2) Ce petit détail vous **échappera** certainement. Par chance, les eaux tumultueuses du torrent **baissent**. Beaucoup **parlent** de la Chine sans la connaître.

3) Sortir les aliments du réfrigérateur ne *prend* qu'un instant. On ne *sait* s'il *demeure* des lynx dans le Jura. À l'entrée du musée *s'alignent* des centaines de visiteurs. Adrien et Tony *économisent* de l'argent.

4) Aucun des candidats ne *sait* pour qui *votent* les électeurs. Que *deviennent* les marais où *nichent* les hérons ? Le cycliste *suit* une route qu'*ombragent* les peupliers.

5) Par exemple : Les coureurs que rejoint **le peloton** sont épuisés. Le mercredi, **tu** n'oublies jamais d'aller au cours de musique. Sous la pluie, **les traces** s'effacent immédiatement. Dès la fonte des neiges fleurissent **les primevères**.

6) Les chats dévorent leur nourriture, puis s'endorment sur leur coussin. Les tableaux exposés dans ce musée émerveillent le public. À l'abri du vent poussent de magnifiques abricotiers.

Fiche 31 : L'accord du participe passé avec l'auxiliaire être

1) Ce jeune garçon est né pour être footballeur.
Cette chanteuse est née sous une bonne étoile.
Ces jumelles sont nées à quinze minutes d'intervalle.
Les agneaux sont nés avec l'aide du vétérinaire.

2) Les trottoirs des avenues seront *déneigés* par les employés de la mairie. La qualité de ce produit nous est *certifiée* par le vendeur. Le magicien et sa partenaire sont *vêtus* de magnifiques tenues blanches.

3) Les cartons seront *rangés* dans le hangar. Monsieur et madame Caussade sont *parvenus* à garer la voiture. Les chutes du Niagara sont *connues* dans le monde entier.

4) Virginie **est tombée** plusieurs fois et elle **s'est relevée**.
Élise et Fatima **sont tombées** plusieurs fois et elles **se sont relevées**.
Yanis **est tombé** plusieurs fois et il **s'est relevé**.
Noé et Tanguy **sont tombés** plusieurs fois et ils **se sont relevés**.

5) Cette énorme bûche a été fendue d'un coup de hache. Plumées, les volailles sont placées dans la rôtissoire. Faute d'être arrosée, cette plante s'est fanée. Comme la question était mal posée, les candidats sont restés sans voix.

6) Raphaël *est sorti* de chez lui en emportant ses rollers. On ne saura jamais ce qu'il *est advenu* de ces petits voiliers. Henri III et Henri IV *sont morts* assassinés tous les deux. Le chien *s'est approché* et la perdrix *s'est envolée*. Mes efforts *se sont concentrés* sur la résolution du problème.

Fiche 32 : La ponctuation

1) M. Tardy, le professeur de mathématiques, assure son cours. L'usine de chaussures, faute de commandes, devra fermer ses portes. À Roncevaux, le neveu de Charlemagne, Roland, fut trahi par Ganelon.

2) Cette année le jour de Noël est un mardi. Est-il plus facile de jouer du violon ou de la clarinette ? Trop proche de la rivière, cette maison fut inondée.

3) Qui a posé le premier le pied sur la Lune ? Ce cabanon semble abandonné : son toit est en piteux état. Ramoner une cheminée, quel travail salissant !

4) Le pneu est à plat ; il faudra s'arrêter au prochain garage. L'avion amorce sa descente ; les passagers bouclent leur ceinture.

5) Le radiologue donne un conseil au patient : « Respirez ! » - L'ingénieur de la météo est formel : « Il neigera demain. » - Le pompiste interroge l'automobiliste : « Super ou gazole ? »

6) Le metteur en scène donne des conseils aux jeunes comédiens : « Laura, tiens-toi droite ! – Et moi, demande Erwan, dois-je m'asseoir ? – Reste debout et parle d'une voix assurée. – Quand vais-je m'approcher de Laura ? – Dans un instant. Et surtout, soyez naturels ! »

Fiche 33 : Le présent de l'indicatif : verbes du 3e groupe en « -re » et « -dre »

1) Vous relisez votre texte, vous reconnaissez une erreur et vous la corrigez.
Tu relis ton texte, tu reconnais une erreur et tu la corriges.
Les élèves relisent leur texte, ils reconnaissent une erreur et ils la corrigent.

2) Quand on te *complimente*, tu *souris*. Il *paraît* que la banquise *fond* de jour en jour. Qui peut croire que les enfants *naissent* dans les choux ?

3) Avec cet anorak, je ne **crains** pas le froid. Tu **mords** à pleines dents dans cette pomme. Vous **faites** des mots fléchés.

4) Vous attendez l'ouverture du gymnase.
Certains boulangers vendent aussi des pâtisseries.
Nous ne connaissons pas le titre de ce film.
Tu ne perds jamais tes clés.
Je corresponds avec mon ami espagnol.
Ce motard souscrit une assurance tous risques.

5) Prenez des précautions, car ce linge **déteint** au lavage. Le moteur de la machine à laver **émet** un bruit bizarre. Avec tes plaisanteries, tu **détends** l'atmosphère.

6) Vous vous **méprenez** sur nos véritables intentions. Si je **comprends** l'italien, je ne le parle pas. Au centre aéré, nous **apprenons** à tisser les brins de rotin.

Fiche 34 : Le présent de l'indicatif : verbes du 3e groupe en « -ir »

1) Réparer ce moteur **requiert** une certaine habileté. Les médecins **secourent** un grand nombre de blessés. Tu **recouvres** le plat d'une feuille d'aluminium. Vous **consentez** volontiers à nous laisser votre place. En vacances, je **découvre** chaque jour de nouvelles occupations.

2) Comme tu as froid, tu *tressailles*. Les Nantais *conquièrent* le titre de champion de France. L'infirmière te fait une piqûre, mais tu ne *sens* pas la douleur.

3) Tu ne te *souviens* pas d'avoir déjà lu ce livre. Je me *sers* d'une agrafeuse pour assembler ces feuillets. Ce collectionneur *détient* une pièce unique.

4) Je meurs d'envie de goûter ce dessert, mais je me contiens.
Sofiane meurt d'envie de goûter ce dessert, mais il se contient.
Nous mourons d'envie de goûter ce dessert, mais nous nous contenons.

5) Pourquoi certains électeurs **s'abstiennent**-ils de voter ? Le metteur en scène **entretient** habilement le suspense. Vous **obtenez** l'autorisation de sortir à 16 h 30.

6) Tu **parviens** enfin à enregistrer cette application. Je te **préviens** qu'il ne me sera pas possible de t'accompagner. Nous **revenons** d'un séjour linguistique à Londres.

Fiche 35 : Le présent de l'indicatif : verbes du 3ᵉ groupe en « -oir » et « -oire »

1) Je **peux** descendre les escaliers quatre à quatre ! Il **faut** attendre les consignes de l'entraîneur. Ces personnes dépensières **voient** fondre leurs économies.

2) Ces bracelets ne *valent* pas très cher ; ils ne sont pas en or. Pourquoi *veux*-tu toujours avoir raison ? Vous *entrevoyez* peut-être une issue favorable.
Ce chanteur ne *déçoit* jamais ses admirateurs.

3) Je bois du lait. Élie boit du lait. Vous buvez du lait.
Tu crois en ta bonne étoile. Nous croyons en notre bonne étoile. Les marins croient en leur bonne étoile.

4) Combien **vaut** un ticket de métro aujourd'hui ? Il **pleut** depuis trois jours ; c'est une catastrophe ! Je **sais** me diriger facilement, même dans le noir.
Vous **prévoyez** un arrêt toutes les deux heures. Tu ne **dois** pas t'inquiéter ; le brouillard va se dissiper. Nous **percevons** une petite différence entre ces deux copies.

5) Nous nous asseyons (ou assoyons) et nous pouvons enfin nous reposer.
Arnold s'assied (ou s'assoit) et il peut enfin se reposer.
Vous vous asseyez (ou assoyez) et vous pouvez enfin vous reposer.

6) **Croyez**-vous en l'existence du monstre du loch Ness ? Après avoir composé le code, je **sais** que je **peux** entrer. De la pointe du Raz, on **aperçoit** parfois l'île de Sein.

Fiche 36 : Le futur simple de l'indicatif : verbes du 3ᵉ groupe en « -dre » et « -re »

1) Nous étendrons le linge.
Je ne commettrai plus de telles erreurs.
Les nouveaux conducteurs souscriront une assurance.
Trois gousses d'ail suffiront pour parfumer ce plat.

2) Vous **conclurez** rapidement votre exposé. Avant de la poser, tu **enduiras** l'affiche de colle. Le professeur **exclura** l'élève indiscipliné.

3) Tu **admettras** que tu t'es trompé. Les naufragés **survivront** grâce à leur ingéniosité. Malgré la fatigue, je **poursuivrai** l'entraînement.

4) Tu ne **confondras** pas les numéros. Nous ne **confondrons** pas les numéros. Ils ne **confondront** pas les numéros. J'**inscrirai** mon nom sur le formulaire. Vous **inscrirez** votre nom sur le formulaire. Elle **inscrira** son nom sur le formulaire.

5) J'**apprendrai** à broder. Vous **peindrez** le fond en bleu. Tu me **surprendras** par ton audace. Le président **suspendra** la séance. Les pompiers **éteindront** l'incendie.

6) Vous **répondrez** à tous les appels téléphoniques. Tu **prendras** une perceuse pour fixer les tringles des rideaux. Les hippopotames **se complairont** dans la rivière.

Fiche 37 : Le passé simple de l'indicatif : être – avoir – verbes du 1er groupe

1) J'étal**ai** la peinture sur ma feuille de dessin. À la barrière de péage, les gendarmes contrôl**èrent** tous les automobilistes. L'oncle Jules nous racont**a**, que, un jour, il apprivois**a** un boa !

2) Je fus sans réaction.
Juan fut sans réaction.
Nous fûmes sans réaction.
Tu eus des regrets.
Ils eurent des regrets.
Vous eûtes des regrets.

3) Connaissant la réponse, tu **levas** immédiatement le doigt. Le médecin **rassura** le malade ; dans une semaine, il serait guéri. À sept ans, je **récitais** déjà des fables de La Fontaine.

4) Sans nous écouter, vous **tournâtes** à gauche. Tout à coup, les grêlons **crépitèrent** sur le toit en tôle. Au dernier moment, j'**apportai** une modification à mon devoir.

5) Devant le tribunal, l'accusé **proclama** son innocence. Nous **emportâmes** le strict nécessaire pour la traversée du désert. Roméo **aima** Juliette en dépit de l'hostilité de leurs parents. À la première sonnerie, je **décrochai** le combiné.

6) Je **regardais** une série lorsque le téléphone **sonna**. L'obscurité **était** totale, mais j'**arrivai** néanmoins à trouver la sortie. Lorsque tu **restas** coincé dans l'ascenseur, tu **eus** la peur de ta vie.

Fiche 38 : Le présent du conditionnel : être – avoir – verbes des 1er et 2e groupes

1) Présent du conditionnel : Des paragraphes faciliteraient la lecture. Ce médicament soulagerait la douleur. Futur simple de l'indicatif : Je profiterai d'une accalmie pour sortir. Vous effectuerez des gestes désordonnés.

2) Mieux organisé, l'agriculteur **mécaniserait** son exploitation. Si tu revenais sur ta décision, j'en **serais** le premier surpris. Si vous aimiez la lecture, vous **passeriez** de bons moments.

3) Si j'échouais à ma première tentative, je **recommencerais**. S'il séparait les deux adversaires, l'arbitre **rétablirait** le calme. Si tu consultais Internet, tu y **trouverais** tous les renseignements.

4) Si nous **avions** un moment de libre, nous **rangerions** notre casier. Si Bruno **avait** un moment de libre, il **rangerait** son casier. Si ces élèves **avaient** un moment de libre, ils **rangeraient** leur casier.

5) J'aimer**ais** tant faire le tour du monde ! Faute de soleil, ces plantes jaunir**aient**. Si ton pneu était à plat, tu le regonfler**ais**. Aur**iez**-vous des compétences en informatique ? Une erreur de calcul entraîner**ait** la perte de la fusée. Avec une parabole, nous capter**ions** toutes les chaînes.

6) Si le niveau des eaux baisse, la production d'électricité diminuer**a**. Je marcher**ais** plus vite si j'avais des chaussures plus légères. Si la sécheresse persiste, les horticulteurs arroser**ont** leurs plantations.

Fiche 39 : Quelques particularités de verbes du 1er groupe en « -cer », « -ger », « -yer »

1) Je *me fourvoie* dans les sombres ruelles : se fourvoyer. Pauline *emploiera* des expressions recherchées : employer. Les marins *essuieront* une violente tempête : essuyer.

2) Nous **remplaçons** les pièces détériorées. Ceux qui ne savent pas nager, se **noient**. Je **pataugeais** dans la boue du chemin.

3) je **me place** – je **me plaçais** – je **me placerai** – il **voyage** – il **voyageait** – il **voyagera** – nous **effaçons** – nous **effacions** – nous **effacerons**

4) L'aigle **tournoiera** dans les airs avant de fondre sur sa proie. À la sortie des vestiaires, vous **côtoierez** les champions. Par politesse, nous **vouvoierons** nos professeurs. Pour allumer, tu **appuieras** simplement sur l'interrupteur.

5) Nous **envisageons** de modifier la disposition des meubles de la chambre. Pour mieux la lire, tu **déploies** la carte routière sur tes genoux. Nous **échangeons** nos numéros de téléphone. Des policiers **convoient** le fourgon blindé.

6) Tu **t'avanças** prudemment au bord du plongeoir. Le comte Balan **assiégea** le château de son ennemi, le duc Farin. Le mécanisme du volet roulant **se coinça** sans raison. Après la séance de peinture, nous **rinçâmes** les gobelets.

Fiche 40 : Quelques particularités de verbes du 1er groupe comme lever et céder

1) Les jurés délib**èrent** depuis trois heures. Vous poss**édez** un nouveau logiciel de traitement de texte. Je vous sugg**ère** de changer de coiffure.

2) J'**accélère** la cadence. Tu **accélères** la cadence. Elle **accélère** la cadence. Nous **accélérons** la cadence. Vous **accélérez** la cadence. Ils **accélèrent** la cadence. Je **soulève** des haltères. Tu **soulèves** des haltères. Elle **soulève** des haltères. Nous **soulevons** des haltères. Vous **soulevez** des haltères. Ils **soulèvent** des haltères.

3) Le professeur **relève** trois erreurs dans cette copie. On **récupère** les bouteilles en plastique pour les recycler. Les flammes **lèchent** les troncs des chênes-lièges.

4) Je me mets au travail, je persévère et je l'achève. Je me mettais au travail, je persévérais et je l'achevais. Je me mettrai au travail, je persévèrerai et je l'achèverai. Je me mis au travail, je persévérai et je l'achevai.

5) De petites pâquerettes **parsèment** la pelouse du parc. J'**emmène** souvent mon petit frère au parc d'attractions.

Fiche 41 : Ne pas confondre : tout – tous – toute – toutes

1) **tous** les jours – **toute** la ville – **toutes** les rues – **toutes** les rivières – **tous** les chariots – **tout** le circuit – **toute** la vie – **tout** le terrain – **tous** les vêtements.

2) Les chirurgiens, *tout* de blanc vêtus, entrent au bloc opératoire. Ces chalets, *tout* neufs, sont loués à la semaine. Les coquillages ne sont pas *tous* comestibles ; méfiez-vous. Ce train s'arrête dans *toutes* les petites gares.

3) ouvrir les portes **toutes** grandes – donner **toute** satisfaction – partir à **toute** allure – avoir **tous** les pouvoirs – avoir les doigts **tout** engourdis – lire les **tout** derniers chapitres.

4) Fadila ressort **toute** frisée de chez la coiffeuse. Les gendarmes contrôlent **toutes** les voitures. Tu dis **tout** le contraire de ce que tu penses. Ces logements sont **tous** occupés.

5) Les cartes routières, tout abîmées, ne sont plus lisibles.
Tout maigres et tout fragiles, ces chevreuils ne survivront pas.

6) Concentrée, Maya est tout à son travail.
Ces pistes, toutes plates, conviennent à la pratique du roller.

Fiche 42 : Ne pas confondre : la – là – l'a – l'as

1) Quelle est **la** capacité de **la** mémoire de cet ordinateur ? Comme **la** soupe était trop chaude, Bianca **l'a** laissée refroidir. Les vacances débutent fin juin ; d'ici **là** nous saurons où partir. Placez-vous au bord de **la** terrasse, de **là** vous verrez toute **la** ville.

2) L'escalope n'est pas cuite alors tu **la** retournes. Le capitaine s'installe à **la** barre et ne **la** lâche plus. Comme **la** vaisselle est fragile, tu **l'as** essuyée avec précaution.

3) J'ai déposé **la** valise **là** où le contrôleur me **l'a** indiqué. Nous traverserons **là** où **la** rivière est **la** moins profonde. Tu ne retrouves plus **la** brosse ; tu ne sais pas où tu **l'as** rangée.

4) Le peintre a terminé son tableau et il l'a fait encadrer. Heidi a mangé une pizza et elle l'a appréciée.

5) Laurent a nagé cinq cents mètres ; il s'arrêtera là. Comme le réservoir était vide, tu l'as rempli. Cet arbre était fragile et le vent l'a déraciné. Tire le rideau de la salle à manger ; il y a du soleil.

6) Oui, je la sucre. Oui, elle l'a avalé. Oui, nous la respectons (ou je la respecte).

Corrigés

Fiche 43 : Ne pas confondre : ces – ses – c'est – s'est – sait – sais

1) *Ces* crocodiles semblent endormis, mais ils sont prêts à bondir. Nadine a perdu *ses* boucles d'oreilles. Élevés en plein air, *ces* veaux sont en excellente santé.

2) Est-ce que tu *sais* parler japonais ? Paola *s'est* cassé le bras en patinant. On ne *sait* pas qui était le Masque de Fer. Bien déjeuner le matin, *c'est* bon pour la santé.

3) On dit que **c'est** en forgeant qu'on devient forgeron. Pourquoi toutes **ces** horloges se sont-elles arrêtées ? Une digue protège le port ; **c'est** un abri sûr pour les bateaux.

4) *Ces* véhicules sont tous équipés d'un GPS. À la sortie du collège, *c'est* la bousculade habituelle ! Est-ce que tu *sais* garder un secret ? En se quittant, on *s'est* promis de se revoir. L'actrice signe des autographes pour *ses* admirateurs. Personne ne *sait* combien il y a d'étoiles.

5) À la descente de l'avion, M. Fort attend **ses** valises. Clémence classe **ses** (ou **ces**) feuilles de dessin dans un dossier. Pour recevoir **ses** messages, Marco **s'est** équipé d'un modem. Linda ne **s'est** pas inscrite pour le voyage en Italie.

Fiche 44 : Ne pas confondre les verbes et les noms homophones

1) **la** boue – **une** croix – **le** mors – **il** coud – **il** (ou **le**) bout – **elle** croit – **il** mord – **le** coup – **il** entre – **la** fête – **tu** essaies – **un** relais – **un** antre – **vous** faites – **un** essai – **il** relaie

2) Le coureur se **plaint** d'une douleur au mollet. Arrivée à l'étage, Marianne **pousse** un gros **soupir**. J'ai senti trois **gouttes** ; il va probablement pleuvoir.

3) Le trésorier tient les **comptes** de la coopérative. Théo **voit** enfin la fin de ses ennuis. Sans efforts apparents, cet hercule **tord** des barres de fer.

4) Tu **sales** ton plat de spaghettis. Avec la calculatrice, je **repère** les moindres erreurs. Tu épluches les carottes avant de les **faire cuire**.

5) Lucie admire un **cygne** blanc. Mina adore le **pain** de campagne cuit au feu de bois. Toby suit son **maître** à travers la campagne. Les Blanchet sont serruriers de **père** en fils.

6) Pour un peu, **nous** rations le train. **Les** portions de tarte sont vraiment délicieuses. Benjamin possède **des** notions de polonais.

45 Les écritures du son [j] (y, ill, ll, i)

JE RETIENS

- **Le son** [j] peut s'écrire :

– **« y »** : *la bruyère – une rayure – prévoyant*

Remarque ! Suivi d'une consonne, « y » se prononce [i] : *un mystère – le lycée.*

– **« ill »** : *une douille – jaillir – réveiller*

La lettre « i » est inséparable des deux « l », pour la prononciation.

– **« ll »** seulement après la voyelle « i » qui termine une syllabe : *griller – un sillon*

Remarque ! Les deux « ll » se prononcent parfois [l] : *la ville – tranquille.*

– **« i »** entre une consonne et une voyelle. Dans ce cas, le son [j] se confond avec le son [i] : *une liasse – vieux – crier.*

- Il y a quelques graphies plus rares : *les yeux – le yoga – une hyène – la faïence – un cow-boy.*

– Les noms féminins en [j] s'écrivent tous « -ille » : *la muraille – la bouteille.*

– Les noms masculins en [j] s'écrivent « -il » : *du corail – le recueil – le fenouil.*

Astuce ! Exceptions : *un portefeuille – un millefeuille – le chèvrefeuille*

JE M'ENTRAÎNE Corrigés page 164

1) Écrivez les adjectifs qualificatifs correspondant à ces noms.

la joie ➔ .... le persil ➔ .... le gibier ➔ ....

l'effroi ➔ .... l'audace ➔ .... le péril ➔ ....

la loi ➔ .... la paille ➔ .... la pitié ➔ ....

2) Écrivez les verbes correspondant à ces noms.

l'outil ➔ .... le relais ➔ .... le gril ➔ ....

le fusil ➔ .... la paie ➔ .... la monnaie ➔ ....

l'essai ➔ .... le détail ➔ .... l'emploi ➔ ....

3) Complétez ces mots dans lesquels on entend le son [j].

un ore............ er la marma............e un ma............ot un cra............on

mou............er le surve............ant bro............er un ma............on

un rout............er brou............er la prévo............ance un cam............on

un lo............er le pi............age des lenti............es abo............er

4) Complétez les mots dans lesquels on entend le son [j].

J'adore les grose............es, car elles n'ont pas de no............au !

Le porta............ est coincé par un énorme ca............ou.

Tu devrais déta............er ta démonstrat............on ; ce serait plus clair.

Pour déverrou............er cette serrure, tu disposes de tout un attira............ de clés.

5) Définitions de mots croisés. Tous les noms se terminent par le son [j].

On entretient celui de la cheminée avec des bûches. ➜ le f......................

Ceux du soleil peuvent brûler la peau. ➜ les r......................

Elle deviendra chrysalide, puis papillon. ➜ la c......................

Il abrite les animaux de la basse-cour. ➜ le p......................

6) Complétez les phrases avec des noms terminés par le son [j].

Les é...................... ont un pelage roux et adorent les noisettes.

L'a...................... s'oriente avec le s...................... pour regagner sa ruche.

Le jardinier finit le t...................... de la journée par la t...................... des haies.

Sans g......................, ce bateau dérivera le long de la côte d'Opale.

DICTÉE Texte de la dictée **page 16** du cahier

Rêveries

46 La lettre « h »

JE RETIENS

- En début de mot, lorsque le « h » est **muet**, on place l'apostrophe au singulier et on fait la liaison au pluriel.
  l'hirondelle – les (s)hirondelles / l'heureux gagnant – les (s)heureux gagnants
- En début de mot, lorsque le « h » est **aspiré**, il n'y a ni apostrophe ni liaison.
  la hache – les haches *le haut – les hautes tours*
- À l'intérieur des mots, on peut trouver la lettre « h » entre de nombreuses lettres.
  le théâtre – l'athlète – la méthode – un souhait

Remarque ! Le « h » peut séparer deux voyelles pour qu'elles ne forment pas un même son ; il tient alors le même rôle qu'un tréma : *ahuri – la cohue – envahir – le chahut – trahir.*

Attention ! On trouve parfois la lettre « h » à la fin d'interjections ou de mots d'origine étrangère.
pouah ! euh ! ah ! eh !
un mammouth – le varech – le zénith – un flash – l'almanach

JE M'ENTRAÎNE

Corrigés page 164

1) Complétez les mots par un « h », quand c'est nécessaire.

la sympat......ie — un t......ermostat — un ......oraire — le t......orax
une r......izière — la co......ésion — une t......éorie — un ......ématome
apat......ique — l'ét......ylène — ex......orciser — un r......umatisme

2) Entourez la bonne orthographe.

L'exagone / hexagone a six côtés et l'octogone / hoctogone en a huit.
Au therme / terme d'une partie haletante / aletante, nous avons gagné.
On mesure la thempérature / température à l'aide d'un thermomètre / termomètre.

3) Remplissez le tableau ci-dessous pour compléter les familles de mots.

noms	verbes	adjectifs masculins	adjectifs féminins
....	....	hachuré	....
....	....	adhésif	....
....	authentifier	....	....
....	....	....	chahuteuse

4) Complétez – éventuellement – les mots par un « h ».

Des centaines de men.........irs se dressent autour de Carnac.

Cette allée est bordée de da.........lias magnifiques.

La performance de cet at.........lète nous a tous éba.........is.

Tu choisis une boîte de t.........on à l'.........uile d'.........olive.

5) Définitions de mots croisés. Tous les noms contiennent la lettre « h ».

Cet animal africain a deux cornes sur le nez. ➔ le r........................

Compétition d'athlétisme comptant dix épreuves. ➔ le d........................

Au Moyen Âge, elles étaient romanes ou gothiques. ➔ les c........................

Dans un orchestre, c'est le batteur qui le donne. ➔ le r........................

6) Mettez ces noms au singulier. Attention, pour certains le « h » est aspiré.

les herbes ➔	les haricots ➔ ....
les haies ➔	les hachures ➔ ....
les handicapés ➔	les homonymes ➔ ....
les hangars ➔	les hôpitaux ➔ ....

DICTÉE *Texte de la dictée* ***page 16*** *du cahier*

Un ennemi redoutable

47 Les noms terminés par le son [ɛ] (è)

JE RETIENS

- Les **noms féminins** terminés par le son [ɛ] s'écrivent « **-aie** » : *la plaie – la baie – la craie*.

Exceptions : *la paix – la forêt*

- Les **noms masculins** terminés par le son [ɛ] s'écrivent généralement « **-et** » : *le filet – un billet – le parquet – le budget*.
- Mais il y a d'autres terminaisons qu'il faut bien connaître.

- « **-ai** » : *le minerai – le délai*
- « **-ais** » : *le palais – le marais*
- « **-êt** » : *un prêt – le genêt*
- « **-ey** » ou « **-ay** » : *le volley – le tramway*
- « **-ait** » : *le retrait – le portrait*
- « **-ès** » : *le congrès – le progrès*
- « **-ect** » : *l'aspect – un suspect*

Remarque ! Ces noms sont des emprunts aux langues étrangères.

- On peut parfois trouver **la lettre muette finale** de ces noms avec un mot de la même famille dans lequel cette lettre est prononcée : *le regret* → *regretter*.

- Beaucoup de **noms d'habitants** se terminent par « -ais » : *les Rennais – les Anglais*.
- La graphie en « -ay » termine de nombreux **noms propres** : *l'Uruguay – Joachim Du Bellay – Épernay*.

JE M'ENTRAÎNE

Corrigés page 164

1) Complétez les noms terminés par le son [ɛ].

un proj.........	la for.........	une bananer.........	un débl........	le gr.........
l'eff..........	un croch.........	un ben.........	une fut.........	un jock......

2) Donnez le diminutif de ces noms en utilisant un suffixe.

un agneau → un .... un coussin → un ....

un mur → un .... un porc → un ....

un bâton → un .... un blond → un ....

3) Écrivez les noms terminés par le son [ɛ] correspondant à ces verbes.

fouetter → un .... relayer → un .... refléter → un ....

balayer → un .... décéder → un .... essayer → un ....

4) Charades. Tous les noms se terminent par le son [ɛ].

Mon premier m'aide à calculer l'aire d'un disque.
Les bateaux accostent contre mon second.
Mon tout supporte les fils de fer barbelés. ➔ un ....

Mon premier est souvent confondu avec la masse.
Mon second n'est pas très malin.
Mon tout sépare l'avant-bras de la main. ➔ le ....

5) Complétez les noms terminés par le son [ɛ].

Pour faire des ricoch........, il faut prendre des pierres bien plates.
Ce film est sans intér........ ; vous pouvez éteindre le téléviseur.
Je remets mon tick........ au guich........ du stade.

6) Définitions de mots croisés. Tous les noms se terminent par le son [ɛ].

Substance qui enrichit un sol pauvre. ➔ un en..
Ce poisson d'eau douce dévore d'autres poissons. ➔ le br..........................
C'est un lieu planté d'oliviers. ➔ une ol..
Sport qui se pratique sur glace ou sur gazon. ➔ le ho ....

DICTÉE Texte de la dictée **page 17** du cahier

L'éducation de Gargantua

48 La formation des mots : préfixes et suffixes

JE RETIENS

- À partir d'un mot, on peut former des mots de la même famille en ajoutant des **préfixes** ou des **suffixes** qui ont en eux-mêmes un sens.
- **Le préfixe** se place au début du radical et ne modifie pas la classe grammaticale du mot : *normal* → *anormal* *dire* → *contredire*
- Voici quelques **préfixes** :

- « anti- » (contre) : *un antirouille – un antivol*
- « auto- » (de soi-même) : *une automobile – un automate*
- « co- », « col- », « con- » (avec) : *une colocation – un concitoyen*
- « il- », « im- », « ir- » (contraire) : *illettré – impossible – irrégulier*

- Le **suffixe** se place à la fin du radical et change souvent la classe grammaticale du mot : *trahir* → *la trahison* *sécher* → *un séchoir*
- Voici quelques **suffixes** :

- « -al », « -el » (manière d'être) : *familial – fraternel*
- « -ance », « -ence » (résultat d'une action) : *la méfiance – l'ingérence*
- « -iste » (qui exerce un métier) : *un dentiste – un fleuriste*
- « -cide » (qui tue) : *un insecticide – un homicide*

Remarque ! Quelques mots ont des préfixes et des suffixes : *in-dé-fini-ment.*

JE M'ENTRAÎNE

Corrigés page 165

1) Classez les mots suivants dans le tableau : *l'abîme – élever – le paradis – dimanche – instable – démonter – un élément – difforme – un parachute – une intrigue – le démon – aboutir.*

mots formés avec un préfixe	mots sans préfixe

2) Reliez chaque suffixe au mot qui convient.

Justin est un grand voyag... ; il a fait le tour du monde. •	•	tion
Le classement est maintenant offic... ; Léo a gagné ! •	•	eur
Avant de t'élancer, vérifie la fixa... de ton surf. •	•	iel
Le siège soc... de cette entreprise se trouve à Belfort. •	•	ial

3) Complétez les mots de chaque colonne avec le seul suffixe qui convient.

un spécial............	alterna............	la boulang............	mord............
un urban............	attrac............	la lot............	bab............
un humor............	instruc............	l'étourd............	fend............

4) Complétez les mots de ces phrases avec les préfixes qui conviennent.

La ....lexie est une maladie qui handicape certaines personnes.

Les logements qui se trouvent à la ....phérie des grandes villes.

Les supporters français agitent des drapeaux ....colores.

Le blé est la ....culture de quelques plaines fertiles de notre pays.

5) Complétez les mots de ces phrases avec les suffixes qui conviennent.

Les installations portu.................. de Fos-sur-Mer accueillent de gros pétroliers.

Beaucoup d'élèves participent à la parution périod............ du journal du collège.

Les policiers recherchent un mystér..................... témoin du crime.

Le dress..................... des lions ou des tigres exige beaucoup de sang-froid.

Lors des examens, l'anonym............. des copies est une garantie d'impartial............

DICTÉE Texte de la dictée **page 17** du cahier

Un oiseau amoureux

49

Les adverbes

JE RETIENS

- Invariables, les **adverbes** et les **locutions adverbiales** modifient le sens d'un verbe, d'un adjectif (ou d'un participe passé) ou d'un autre adverbe.

  Je consulte souvent ma boîte vocale. Les beaux jours sont bien loin.

- Beaucoup d'adverbes de manière sont formés à partir d'un adjectif qualificatif au féminin ; ils se terminent par **« -ment »** : *brutale* ➔ *brutalement*.

Dans certains cas, la forme de l'adjectif féminin est modifiée :
brève ➔ *brièvement* – *assidue* ➔ *assidûment* – *gentille* ➔ *gentiment*.

- Les adverbes formés à partir d'adjectifs terminés par le son [ɑ̃] s'écrivent **« -emment »**, s'ils sont formés à partir d'adjectifs en « -ent » ; et **« -amment »**, s'ils sont formés à partir d'adjectifs en « -ant ».

  innocent ➔ *innocemment*   *méchant* ➔ *méchamment*

Astuce ! Certains adjectifs sont employés comme adverbes ; ils sont alors invariables. Pour faire la différence, on remplace par un autre adverbe ou un autre adjectif.

- *Ces hommes parlent franc (= franchement).* ➔ adverbe
- *Ces hommes sont francs (= honnêtes).* ➔ adjectif

JE M'ENTRAÎNE

Corrigés page 165

1) Reliez chaque phrase à l'adverbe qui la complète.

Pourquoi ce pont est-il ... impraticable ? •	• complètement
Cette barre de fer est ... rongée par la rouille. •	• quelquefois
Le mois de juin approche ; ce sera ... le jour du brevet. •	• bientôt

2) Complétez les phrases avec les adverbes suivants : *mieux – partout – tôt.*

Pour arriver à l'heure, il vaudrait .... que vous accélériez le pas.

On dit que l'avenir appartient aux gens qui se lèvent ....

Dans les grandes villes, des journaux gratuits, on en trouve ....

3) Entourez la bonne orthographe.

Comme j'adore les frites, je me sers abondemment / abondamment.

Ce nageur s'est éloigné imprudemment / imprudamment du rivage.

En manœuvrant, le tracteur a violemment / violamment heurté le pilier.

4) Complétez les phrases avec des adverbes formés sur les adjectifs proposés.

Je vous accompagnerai (éventuel) .... au parc d'attractions.

Le chevalier se saisit (hardi) .... de son épée et va au-devant du loup.

(Puissant) .... armées, les troupes de Napoléon Ier ont envahi l'Italie.

Le chauffeur du bus était (précédent) .... moniteur d'auto-école !

Le professeur te fait (pertinent) .... observer tes erreurs.

Le maire a fait (public) .... l'éloge du doyen de la ville.

5) Récrivez ces phrases en mettant les noms en couleur au pluriel.

Bien soutenu par un tuteur, cet arbre pousse droit.

....

On peut tracer un angle droit à l'aide d'une règle et d'un compas.

....

Un fort soupçon pèse sur l'accusé, car il n'a pas d'alibi.

....

Ce traiteur a fort à faire à l'approche des fêtes de fin d'année.

....

DICTÉE Texte de la dictée **page 17** du cahier

Un nouveau maître

50 Les pronoms possessifs, démonstratifs, indéfinis

JE RETIENS

- **Le pronom possessif** remplace un groupe nominal dont le déterminant pourrait être un adjectif possessif : *Mes notes me satisfont ; les tiennes (= tes notes) sont-elles bonnes ?*

– Pronoms possessifs singuliers : *le mien – le tien – le sien – la mienne – la tienne – la sienne – le (la) nôtre – le (la) vôtre – le (la) leur.*

– Pronoms possessifs pluriels : *les miens – les tiens – les siens – les miennes – les tiennes – les siennes – les nôtres – les vôtres – les leurs.*

- **Le pronom démonstratif** remplace un groupe nominal dont le déterminant pourrait être un adjectif démonstratif.

Tom doit refaire sa carte d'identité, pour cela (= cette opération) il va à la mairie.

– Pronoms démonstratifs masculins : *celui – ceux – celui-ci – ceux-là.*

– Pronoms démonstratifs féminins : *celle – celles – celles-ci – celles-là.*

– Pronoms démonstratifs neutres : *ce – ceci – cela – ça.*

- **Le pronom indéfini** remplace un groupe nominal dont le déterminant pourrait être un adjectif indéfini.

Ce manège fonctionne, mais certains (= quelques manèges) sont abandonnés.

Les pronoms indéfinis sont nombreux : *aucun(e) – autre(s) – autrui – chacun(e) – certain(e)s – personne – nul(le) – plusieurs – quiconque – tout(e) – tou(te)s – la plupart – quelqu'un(e) – quelques-un(e)s,* etc.

JE M'ENTRAÎNE

Corrigés page 165

1) Complétez les phrases avec un pronom possessif qui convient.

Vanessa noue ses cheveux, mais ses camarades laissent .... libres.

Votre raquette a un cordage neuf ; il faudrait que je fasse réparer ....

2) Complétez les phrases avec un pronom démonstratif qui convient.

Ce flacon contient de l'eau l'oxygénée et .... de l'éther.

Si ma marraine m'offrait une bague, ... me ferait vraiment plaisir.

Ces ampoules n'éclairent que très peu ; .... sont plus puissantes.

3) Complétez les phrases avec ces pronoms indéfinis : *aucun – autrui – nul.*

Ces vêtements sont beaux, mais .... n'est à ma taille.

Ne faites jamais à .... ce que vous ne voudriez pas qu'on vous fasse.

.... n'oserait courir un marathon sans un entraînement régulier.

4) Reliez chaque phrase au pronom qui convient.

Ce gouffre est inexploré, alors que … a bien été aménagé. ●	● aucun
Ces tableaux sont figuratifs ; … de Mondrian sont abstraits. ●	● ceux
De tous ces arguments, … ne me convainc. ●	● les siens
Lionel pense que ses résultats sont faux ; Alexis doit vérifier … . ●	● certains
Nombre de clients attendaient, mais … n'ont pu être servis. ●	● celui-ci

5) Complétez les phrases avec des pronoms qui conviennent.

Comment allez-vous ? Comme .... comme ....
Clément est si aimable qu'on ne lui refuse ....
Nos adversaires ont des maillots bleus ; .... sont blanc et noir.
Ces arbres ont perdu leurs feuilles, mais le chêne a encore ....

6) Récrivez ces phrases en remplaçant les mots en couleur par des pronoms.

M. Anzieu envie votre terrasse, car sa terrasse est orientée au nord.

....

Les sièges du salon sont en cuir ; les sièges du jardin sont en osier.

....

Tu me donnes ton avis, mais à part ton avis, qu'as-tu à me dire ?

....

DICTÉE Texte de la dictée **page 18** du cahier

Le choix d'un trésorier

51 Les pronoms relatifs

JE RETIENS

- **Un pronom relatif** unit une proposition subordonnée à un nom placé dans la proposition principale : *L'enduit qui recouvre les murs est de qualité.*
- **Les pronoms relatifs** peuvent être :
  - de forme simple : *qui – que – quoi – dont – où*
  - de forme composée : *lequel – laquelle – lesquels – lesquelles*

  Ces formes composées sont parfois construites avec les prépositions « à » et « de » : *à laquelle – auquel – auxquel(le)s – duquel – de laquelle – desquel(le)s*
- L'élément (nom, pronom, groupe nominal, proposition) que remplace le pronom relatif s'appelle son **antécédent**. Il a le même genre et le même nombre.
  - nom : *Les poissons que rapportent les chalutiers seront vendus à la criée.*
  - groupe nominal : *L'usine de chaussures qui embauchait vient de fermer.*
  - pronom : *Nous sommes quelques-uns qui suivons les cours de calligraphie.*
  - proposition : *Mes amis me conseillaient de renoncer, à quoi je me résolus.*

Attention ! Les propositions subordonnées introduites par « que » peuvent aussi être des **propositions conjonctives**.

- relative : *Le livre que je lis me plaît beaucoup.*
- conjonctive : *Je suis certaine que ce livre vous plaira.*

JE M'ENTRAÎNE

Corrigés page 166

1) Reliez chaque phrase au pronom relatif qui la complète.

Un coureur … j'ai oublié le nom courait pieds nus. •	• auquel
Un incident … le metteur en scène n'a pas prévu retarde le tournage. •	• quoi
Voici un détail … nul n'attache d'importance. •	• que
Il faut retirer sa carte bancaire, après … on obtient ses billets. •	• dont

2) Complétez les phrases avec les pronoms relatifs suivants.

lesquelles – où – que

L'annonce du sauvetage .... diffusent les radios rassurera les familles.

M. André ne se souvient plus de l'endroit .... il a pris ces photos.

Les mines dans .... on a découvert de l'or vont se développer.

3) Complétez les phrases avec les pronoms relatifs qui conviennent.

Les avions avec .... Mermoz volait étaient bien rudimentaires.

La pièce .... l'on prépare le repas s'appelle ordinairement la cuisine.

On m'offre enfin le sac de sport .... j'avais envie depuis des mois.

4) Récrivez ces phrases en remplaçant les mots en couleur par une proposition subordonnée relative.

Le surveillant de l'étude demande aux élèves bavards de se taire.

....

Je vais peut-être effectuer le voyage de mes rêves : aller en Australie.

....

Les produits recommandés par ce catalogue sont excellents.

....

5) Récrivez ces phrases en remplaçant les mots en couleur par ceux entre parenthèses.

La craie (les marqueurs) avec laquelle vous écrivez au tableau laisse des traces.

....

Le voilier dépasse le cap (la pointe), derrière lequel il disparaît.

....

DICTÉE Texte de la dictée page 18 du cahier

La mer

52 La voix active – La voix passive

JE RETIENS

- Un verbe est à **la voix active** quand le sujet fait l'action :
Le contrôleur vérifie les billets.

- Un verbe est à **la voix passive** quand le sujet subit l'action :
Les billets sont vérifiés par le contrôleur.

- Le complément d'objet direct du verbe actif devient le sujet du verbe passif et le sujet du verbe actif devient **le complément d'agent** du verbe passif.

Remarque ! Tous les verbes à la voix passive sont conjugués avec l'auxiliaire *être.*

- **Le complément d'agent** est le plus souvent introduit par les prépositions « par » et « de ».

  Le pavillon noir était hissé par les pirates.
  Le pavillon noir était redouté de tous les navires marchands.

Attention ! Seuls les verbes transitifs directs peuvent être employés à la voix passive puisque c'est le complément d'objet direct qui devient sujet.

- Le complément d'agent peut être sous-entendu :
Les drapeaux tricolores seront sortis pour le 14-Juillet.

Pour mettre la phrase à l'actif on utilise alors le pronom « on » :
On sortira les drapeaux tricolores pour le 14-Juillet.

JE M'ENTRAÎNE

Corrigés page 166

1) Pour chaque phrase, indiquez la voix employée, active ou passive.

Chaque matin, Ali est réveillé par l'alarme de son portable. (voix ...passive...).
L'avocat est intervenu pour défendre son client. (voix ...active...).
L'eau de la piscine a été filtrée pendant la nuit. (voix ...passive...).
La montre endommagée sera réparée par le bijoutier. (voix ...passive...).
L'accès à l'autoroute est possible par une route étroite. (voix ...passive ✱...).
La chorale est attentive aux gestes du chef de chœur. (voix ...active...).

2) Complétez les phrases par les compléments d'agent suivants.
les gaz d'échappement – ses amis – la force du vent – de hauts murs
Les éoliennes sont actionnées par ...la force du vent...
Florent est tutoyé par ...ses amis... .
Le parc du château est entouré par ...de hauts murs...
L'air de la ville est pollué par ...les gaz d'échappements

3) Mettez les phrases à la voix passive en conservant les modes et les temps.

Des millions de téléspectateurs ont regardé l'émission de variétés.

....

De puissantes pompes assureront l'irrigation des champs.

....

4) Mettez les phrases à la voix active en conservant les modes et les temps.

La chambre de Gloria était décorée d'affiches de cinéma.

....

Le cours d'anglais sera dispensé par un professeur remplaçant.

....

5) Complétez les phrases avec des compléments d'agent de votre choix.

En 52 avant J.-C., la Gaule a été envahie par ....

Les délégués de classe sont élus par ....

La vieille tour du donjon est détruite par ....

DICTÉE Texte de la dictée **page 18** du cahier

Un orphelin

53 Le participe passé employé avec l'auxiliaire avoir

JE RETIENS

- Le participe passé employé avec l'auxiliaire « avoir » **ne s'accorde jamais avec le sujet du verbe.**
Simon a franchi les obstacles. / Simon et Dylan ont franchi les obstacles.

- Le participe passé employé avec l'auxiliaire « avoir » **s'accorde avec le complément d'objet direct (COD)** du verbe, seulement s'il est placé avant le participe passé.
Des obstacles étaient sur le parcours, Simon les a franchis.

Simon a franchi quoi ? → « les » (mis pour *les obstacles*) → accord au masculin pluriel

Astuce ! Lorsqu'il est placé avant le participe passé, le COD est le plus souvent un pronom. Il faut donc chercher quel nom il remplace pour bien accorder le participe passé.

Les épisodes que Gladys a vus plusieurs fois l'ont vivement intéressée.

- « que » est un pronom relatif (mis pour les *épisodes*)
- « l' » un pronom personnel (mis pour *Gladys*).

Attention ! Il ne faut pas confondre le COD avec le COI (complément d'objet indirect).

- COD : *Le professeur a posé une énigme difficile, mais Eva l'a résolue.*
- COI : *Le professeur a posé une question difficile, mais Eva lui a répondu.*

JE M'ENTRAÎNE

Corrigés page 167

1) Reliez chaque phrase au participe passé qui la complète.

Tu as … des documents importants. •	• sauvegardées
Les informations que tu as … doivent rester secrètes. •	• sauvegardée
Comme l'information était importante, tu l'as … . •	• sauvegardé

2) Entourez la bonne orthographe.

Quelle boisson le consommateur a-t-il commandé / commandée ?
Paul a mérité / méritée les compliments que le professeur lui a adressé / adressés.
Pour se rendre à Dijon, l'autoroute que Mme Terzian a pris / prise était gratuite.

3) Accordez, si nécessaire, les participes passés des verbes entre parenthèses.

Les biches s'approchaient lorsque tu les as (surprendre) ……………………
Régis est déçu ; la conférence ne l'a pas du tout (passionner) ……………………
Les négociations ont (aboutir) …………………… à la signature d'un traité de paix.

4) **Complétez les phrases avec les participes passés des verbes suivants.**

trouver – installer – attendre – ramasser – rester – convoquer

Les élèves que le CPE a .... se rendront au secrétariat.

Les radars que la gendarmerie a .... signalent les vitesses excessives.

Des bénévoles ont .... les détritus qu'ils ont .... sur la plage.

Les cigognes dont tu as .... la venue sont .... en Afrique.

5) **Écrivez la phrase suivante en changeant le premier nom.**

Le sac que vous aviez perdu a été retrouvé par hasard.

La clé ....

Les chaussettes ....

Le portable ....

6) **Écrivez les verbes entre parenthèses au passé composé.**

Ces monuments, nous les (visiter) .... souvent.

Leïla (apprécier) .... les séjours qu'elle (effectuer) ....

La moto que M. Varrini (réparer) .... est comme neuve !

Ils (donner) .... des détails que l'enquêteur (vérifier) ....

DICTÉE Texte de la dictée page 19 du cahier

À la belle étoile

54 L'imparfait de l'indicatif : verbes du 3e groupe en « -oir » et « -oire »

JE RETIENS

- À l'imparfait de l'indicatif, pour la plupart des verbes du 3e groupe en « -oir » et « -oire », les terminaisons s'ajoutent simplement au radical.

pouvoir : *je pouvais*
savoir : *tu savais*
pleuvoir : *il pleuvait*
recevoir : *nous recevions*
devoir : *vous deviez*
valoir : *ils valaient*

- Cependant, quelques-uns subissent des modifications de leur radical.

- voir : *Je voyais des étoiles. Nous voyions des étoiles.*
- croire : *Tu croyais t'être trompé. Vous croyiez vous être trompés.*
- s'asseoir : *Elle s'assoyait là. Nous nous assoyions là.*
- s'asseoir : *Ils s'asseyaient ici. Je m'asseyais ici.*

Astuce ! Pour les verbes dont le radical se termine par « y », il ne faut pas oublier le « i » du début des terminaisons des 1re et 2e personnes du pluriel.

Attention ! Pour le verbe *s'asseoir*, les deux formes sont acceptées, même si la seconde appartient à un langage plus soutenu.

JE M'ENTRAÎNE

Corrigés page 167

1) Complétez les verbes avec les terminaisons de l'imparfait.

Les anciens mineurs ne percev............... que de maigres salaires.

Je sav............... que les Normands av............... envahi l'Angleterre en 1066.

Autrefois, les épices val.............. de petites fortunes.

2) Conjuguez les verbes de ces expressions à l'imparfait :

revoir d'anciens amis

Je .... d'anciens amis.

Nous .... d'anciens amis.

Tu .... d'anciens amis.

ne plus croire au Père Noël

Vous ne .... plus au Père Noël.

Ils ne .... plus au Père Noël.

Il ne .... plus au Père Noël.

3) Entourez la bonne orthographe.

Méticuleux, vous prévoiez / prévoyiez chaque détail.
La malheureuse orpheline émouvait / émeuvait les rares passants.

4) Écrivez les verbes en couleur à l'imparfait.

Je ne peux plus changer de vitesse sur mon vélo.

……………………………………………………………………………………

Sais-tu que certains moulins à eau fournissent de l'électricité ?

……………………………………………………………………………………

5) Écrivez les verbes entre parenthèses à l'imparfait.

Si nos ancêtres (pouvoir) ……………………… revenir, ils seraient bien étonnés !
Je n'(entrevoir) ……………………… pas d'issue à cette querelle ridicule.
Parfois, Louis XIV (recevoir) ……………………… les courtisans dans sa chambre.
Tu ne (décevoir) ……………………… jamais ceux qui (croire) ……………… en toi.

6) Complétez les phrases avec les verbes suivants conjugués à l'imparfait.

devoir – être – avoir – croire – boire
Avant d'affronter les Romains, les Gaulois …………… une potion magique.
Au Moyen Âge, on …………………… que la Terre …………………… plate.
Quand il y ………………… des invités, vous ……………… faire la vaisselle.

DICTÉE Texte de la dictée page 19 du cahier

L'énigme du Sphinx

55 L'imparfait de l'indicatif : verbes du 3e groupe en « -dre », « -re » et « -ir »

JE RETIENS

- Pour tous ces verbes du 3e groupe, **la forme du radical** est la même à toutes les personnes ; elle est identique à celle de la 1re personne du pluriel du présent de l'indicatif.
- Les **terminaisons** sont également les mêmes pour tous les verbes.

attendre	*ns attendons*	*j'attendais*	secourir	*ns secourons*	*on secourait*
craindre	*ns craignons*	*tu craignais*	faire	*ns faisons*	*je faisais*
résoudre	*ns résolvons*	*elle résolvait*	coudre	*ns cousons*	*vous cousiez*
plaire	*ns plaisons*	*tu plaisais*	naître	*ns naissons*	*elles naissaient*
dire	*ns disons*	*vous disiez*	écrire	*ns écrivons*	*ils écrivaient*
fuir	*ns fuyons*	*on fuyait*	apparaître	*ns apparaissons*	*il apparaissait*

Attention ! Pour les verbes qui se conjuguent comme *craindre* (*peindre, rejoindre, atteindre*...), il ne faut pas oublier de placer le « i » du début de la terminaison des 1re et 2e personnes du pluriel pour ne pas confondre le présent et l'imparfait.

nous peignions *vous rejoigniez* *nous atteignions*

JE M'ENTRAÎNE

Corrigés page 168

1) Reliez chaque phrase à la terminaison du verbe qui convient.

Les films violents nous déplais... .	ait
Vous ne répand... jamais de fausses nouvelles.	ais
Dans cette usine, on produis... des moteurs.	iez
Avec tes cubes, tu construis... des châteaux.	aient
En vous entendant, nous ri... aux éclats.	ions

2) Complétez la terminaison des verbes à l'imparfait.

Dès son enfance, on prédis.............. un brillant avenir à Mozart.

Ne connaissant pas l'objet de vos querelles, je m'absten.............. d'intervenir.

Vous éteign.............. le début d'incendie avec un extincteur.

Par temps de pluie, nous ne sort.............. jamais sans parapluie.

Tu séduis.............. tes grands-parents lorsque tu récit.............. de petits poèmes.

Les légionnaires romains combatt.............. le plus souvent à pied.

3) Récrivez les phrases en mettant les verbes en couleur à l'imparfait.

Le chauffeur fait souvent des détours pour éviter les encombrements.

....

Les malheureux lapins s'enfuient dès les premiers coups de fusil.

....

4) Écrivez les verbes entre parenthèses à l'imparfait.

Degas (peindre) .... les danseuses du corps de ballet de l'Opéra.

Les Gaulois (craindre) .... que le ciel leur tombe sur la tête.

Vous (s'interdire) .... toute parole blessante.

Avant de t'exposer au soleil, tu (s'enduire) .... de crème.

5) Complétez les phrases avec les verbes suivants conjugués à l'imparfait.

s'inscrire – résoudre – maudire – décrire

Autrefois, on .... les problèmes sans calculatrice.

En qualité de témoin, tu .... l'incident avec précision.

Au Moyen Âge, les paysans .... le passage des mercenaires.

Nous .... à tous les tournois de tennis de table.

DICTÉE Texte de la dictée page 19 du cahier

Une fleur étrange

4e CONJUGUER LES VERBES

56 Le futur simple de l'indicatif : verbes du 3e groupe en « -oir » et « -oire »

JE RETIENS

- Au **futur simple**, la plupart des verbes en « -oir » modifient leur radical, alors que les verbes en « -oire » perdent simplement le « e » du radical.

voir	*je verrai*	*nous verrons*	*ils verront*
pouvoir	*tu pourras*	*elle pourra*	*vous pourrez*
devoir	*je devrai*	*nous devrons*	*ils devront*
savoir	*tu sauras*	*elle saura*	*vous saurez*
valoir	*je vaudrai*	*nous vaudrons*	*ils vaudront*
s'asseoir	*tu t'assiéras (assoiras)*	*elle s'assiéra (assoira)*	
croire	*je croirai*	*nous croirons*	*ils croiront*
boire	*tu boiras*	*elle boira*	*vous boirez*

Astuce ! Il ne faut pas confondre le verbe **savoir** et le verbe **être** qui ont des formes presque homophones au futur simple.

Pour faire la différence, on peut changer de temps.
- *Je saurai (sais) où vous trouver.* → savoir
- *Je serai (suis) devant le supermarché.* → être

Attention ! Le verbe *envoyer*, bien que du 1er groupe, se conjugue comme *voir* au futur simple : *J'enverrai un message.*

JE M'ENTRAÎNE

Corrigés page 168

1) Reliez les pronoms sujets aux groupes verbaux qui conviennent.

Je •	• boirez un verre d'eau gazeuse.
Nous •	• me pourvoirai de provisions pour deux jours.
Tu •	• concevras un projet de voyage à Rome.
Il •	• devrons canaliser notre énergie.
Elles •	• pourront arriver à l'heure.
Vous •	• ne pleuvra pas avant dimanche.

2) Reliez chaque verbe en couleur à son infinitif.

Je ne serai pas en danger sur ce manège. •	• savoir
Vous ne saurez jamais qui vous a téléphoné. •	• être
Le jury décernera le premier prix à Didier. •	• promulguer
Tu ne décevras pas les espoirs mis en toi. •	• décerner
Le gouvernement promulguera plusieurs lois. •	• promouvoir
Un spot publicitaire promouvra ce produit. •	• décevoir

3) Écrivez les verbes entre parenthèses au futur simple.

Nous (s'asseoir) .... autour de la table.

Au printemps, je (revoir) .... les cigognes sur les toits alsaciens.

Pour éviter la panne, vous (prévoir) .... un bidon de secours.

Le vélo passera si vite que tu ne l'(entrevoir)........................ qu'une seconde.

Un jour, les hommes (envoyer) .... un vaisseau habité sur Mars.

4) Complétez les phrases en écrivant les verbes en couleur au futur simple :

apercevoir une île, mais ne pas savoir son nom.

Les marins ....

Nous ....

J'... .

Tu ....

5) Complétez les phrases avec les verbes suivants conjugués au futur simple.

émouvoir – falloir – percevoir – travailler

Il .... que je consulte ma messagerie.

Dès sa naissance, ce jeune chaton .... toute la famille.

Quand je ...., je .... un salaire.

DICTÉE Texte de la dictée **page 20** du cahier

Les villes de demain

57 Le passé simple de l'indicatif : verbes en « -i »

JE RETIENS

- Au **passé simple**, tous les verbes du **2e groupe** ont des terminaisons formées sur la voyelle « i », sans modification du radical.

je réussis	*tu rajeunis*	*elle réagit*
nous surgîmes	*vous faiblîtes*	*ils atterrirent*

- Un certain nombre de verbes du **3e groupe** (mais pas tous) forment également leur passé simple avec la voyelle « i ». On constate généralement une modification du radical.

faire	*je fis*	apprendre	*tu appris*
voir	*il vit*	mettre	*nous mîmes*
écrire	*vous écrivîtes*	conduire	*elles conduisirent*
dire	*vous dîtes*	ouvrir	*ils ouvrirent*

Rappel ! Les deux premières personnes du pluriel ne sont plus employées que dans les récits.

- Les formes des trois personnes du singulier des verbes du 2e groupe sont identiques au présent de l'indicatif et au passé simple. Pour distinguer ces deux temps, il faut observer les formes des autres verbes de la phrase.

Attention ! À la 3e personne du singulier, il n'y a jamais d'accent sur la voyelle qui précède le « t ».

JE M'ENTRAÎNE

Corrigés page 169

1) Reliez les pronoms sujets aux groupes verbaux qui conviennent.

Tu •	• entrouvrirent la porte du salon.
Je •	• remis les clés à ton voisin.
Ils •	• poursuivis mon chemin sans me retourner.
Vous •	• émîmes une petite objection.
Elle •	• réagit violemment devant une telle injustice.
Nous •	• souscrivîtes une assurance pour votre scooter.

2) Entourez la bonne orthographe.

Avec une seule boule, j'abattit / abattis toutes les quilles.

Tes arguments étaient pertinents et tu nous convainquis / convainquit.

M. Cardo vendit / venda son ancienne voiture pour un bon prix.

Tous les habitants de l'immeuble fleurirent / fleurissèrent leur balcon.

3) Complétez les phrases en écrivant les verbes entre parenthèses au passé simple.

Tu (choisir) .... un emplacement près de la sortie.

Trois minutes (suffire) .... aux Palois pour égaliser.

Samedi dernier, je (regarnir) .... le réfrigérateur.

Vous (atteindre) .... la limite de vos forces.

4) Conjuguez les expressions au passé simple :

répondre au téléphone

Je .... au téléphone.

Ils .... au téléphone.

Tu .... au téléphone.

admettre son erreur

J'........................ mon erreur.

Elle .... son erreur.

Ils .... leur erreur.

5) Complétez les phrases avec les verbes suivants conjugués au passé simple.

faire – heurter – être – peindre – rougir

La voiture .... un écart et .... la glissière centrale.

Les compliments .... si élogieux que tu ....

Dans sa vie, Léonard de Vinci ne .... que peu de tableaux.

DICTÉE Texte de la dictée **page 20** du cahier

Une rencontre

58 Le passé simple de l'indicatif : verbes en « -u » et en « -in »

JE RETIENS

- Au **passé simple**, un certain nombre de verbes du 3e groupe ont des terminaisons formées sur la voyelle « u ». Le radical est bien souvent modifié ou écourté.

courir	*je courus*	vouloir	*tu voulus*
valoir	*il valut*	croire	*nous crûmes*
connaître	*vous connûtes*	vivre	*ils vécurent*
résoudre	*je résolus*	pleuvoir	*il plut*
plaire	*tu plus*	boire	*nous bûmes*
lire	*vous lûtes*	pouvoir	*ils purent*
devoir	*je dus*	se taire	*tu te tus*
savoir	*elle sut*	falloir	*il fallut*

- Les verbes des familles de **venir** et **tenir** ont des formes particulières :

venir : *je vins – tu vins – elle vint – nous vînmes – vous vîntes – ils vinrent*

tenir : *je tins – tu tins – il tint – nous tînmes – vous tîntes – ils tinrent*

Attention ! Pour les verbes du 3e groupe, la forme du participe passé et les formes du singulier du passé simple peuvent se terminer par le même son.

- pleuvoir → *il a plu – il plut* sourire → *elle a souri – elle sourit*

Mais il n'y a pas de règle absolue : *il a descendu* mais *il descendit*.

JE M'ENTRAÎNE

Corrigés page 169

1) Conjuguez les verbes en couleur au passé simple :

boire de l'eau de source

Tu .... de l'eau de source.
Vous .... de l'eau de source.
Elle .... de l'eau de source.

se résoudre à déménager

Nous nous .... à déménager.
Je me .... à déménager.
Ils se .... à déménager.

2) Entourez la bonne orthographe.

Il fallu / fallut décharger la cargaison en quelques heures.
Le valeureux Du Guesclin mourit / mourut devant Châteauneuf-de-Randon.
Des barrières métalliques continrent / contenirent les curieux loin du lieu de l'accident.
N'ayant rien à ajouter à vos propos, je me taisis / tus.

3) Écrivez les verbes au présent (colonne 1), à l'imparfait (2) et au passé simple (3).

(disparaître)	je	je	je ....
(conclure)	nous	nous	nous ....
(décevoir)	tu	tu	tu ....

4) Écrivez les verbes entre parenthèses au passé simple.

On ne (savoir) .... pas ce qu'il (advenir) .... de l'explorateur.
La sagesse (prévaloir) .... et la querelle (prendre) .... fin.
Les nuages (revenir) .... par l'ouest et il (pleuvoir) .... à verse.

5) Complétez les phrases avec le verbe au passé simple ou avec le participe passé.

Pour effectuer ce problème, tu (devoir) .... tracer un schéma.
J'ai (revoir) .... avec plaisir la cité de Carcassonne.
Le chanteur (apparaître) .... (vêtir) .... d'un costume blanc.

6) Complétez les phrases avec les verbes suivants conjugués au passé simple.

croire – intervenir – pouvoir – avoir – connaître

Tu ne .... pas un mot de cette histoire et tu .... raison.
Ce cycliste .... la gloire en devenant champion du monde.
J'......................... à temps et je .... éviter une coupure d'électricité.

DICTÉE Texte de la dictée **page 20** du cahier

Une découverte

59 Le passé antérieur et le futur antérieur

JE RETIENS

- Le **passé antérieur** exprime des faits accomplis et qui se situent avant une autre action passée exprimée au passé simple ou au plus-que-parfait. On dit que c'est **le passé du passé**.

– Il se rencontre généralement dans les propositions subordonnées.

– Il est formé du passé simple de l'auxiliaire – *être* ou *avoir* – et du participe passé du verbe conjugué.

Quand j'eus parcouru deux kilomètres, je m'arrêtai.

- Le **futur antérieur** exprime une action qui sera achevée à un moment donné du futur. On dit que c'est le **passé du futur**.

– Il se rencontre généralement dans les propositions subordonnées.

– Il est formé du futur simple de l'auxiliaire – *être* ou *avoir* – et du participe passé du verbe conjugué.

Quand j'aurai parcouru deux kilomètres, je m'arrêterai.

Attention ! Il ne faut pas confondre la forme du passé simple du verbe *avoir* « eut » avec celle du participe passé « eu » ou avec celle de l'imparfait du subjonctif « eût ».

JE M'ENTRAÎNE

Corrigés page 170

1) Reliez chaque phrase à la forme verbale qui la complète.

Quand tu te fus assis, tu ... le téléviseur. •	• répondit
Dès qu'Emmy eut entendu la sonnerie, elle ... . •	• reposerez
Quand il aura reçu le message, Valentin ... . •	• allumas
Vous vous .... dès que vous aurez terminé. •	• répondra

2) Entourez la bonne orthographe.

Dès qu'il aura dégagé / eut dégagé la neige, M. Rey put sortir sa voiture.

Quand M. Frantz aura déménagé / eut déménagé, il louera son appartement.

Lorsque le coq eut chanté / aura chanté, il fallut se lever !

3) Écrivez les verbes entre parenthèses au passé antérieur.

Quand le chauffeur (conduire) .... son véhicule au garage, il rentra.

Quand les convives (achever) .... l'entrée, on leur servit le poulet.

Vous refîtes les calculs dès que vous (admettre) .... votre erreur.

4) Écrivez les verbes entre parenthèses au futur antérieur.

Tout à l'heure, j'(finir) .... mon travail et je pourrai jouer.
La fête foraine débutera dès que les manèges (s'installer) ....
Dès que le vent (se calmer) ...., les bateaux prendront la mer.
Quand tu (retenir) .... ton billet, tu te rendras à la gare.

5) Écrivez les verbes entre parenthèses au passé antérieur ou au futur antérieur.

Sitôt que les mannequins (s'habiller) .... , ils défilèrent.
Lorsque les passagers (s'asseoir) ...., l'autobus démarrera.
Aussitôt que tu (ferrer) .... la truite, tu vis qu'elle était de belle taille.
Quand tu (perdre) .... trois fois de suite, tu arrêteras de jouer !

6) Complétez les phrases avec les verbes suivants conjugués au passé antérieur ou au futur antérieur.

cesser – réparer – ouvrir – prendre.

Aussitôt que tu .... la parole, le silence se fit dans la classe.
Dès que le bruit ...., nous nous endormirons.
Dès que nous .... le portail, les chiens aboyèrent.
Dès que les ouvriers .... la motrice, le TGV put repartir.

DICTÉE Texte de la dictée **page 21** du cahier

Une connexion attendue

60 Le présent du conditionnel : verbes du 3e groupe

JE RETIENS

- **Au présent du conditionnel**, pour les verbes du 3e groupe, les modifications du radical sont les mêmes que pour le futur simple. Quant aux terminaisons, elles sont identiques à celles des verbes des autres groupes.

vouloir	*je voudrais*	dormir	*tu dormirais*
courir	*elle courrait*	cueillir	*nous cueillerions*
venir	*vous viendriez*	tenir	*ils tiendraient*
faire	*je ferais*	acquérir	*tu acquerrais*
voir	*elle verrait*	pouvoir	*nous pourrions*
devoir	*vous devriez*	savoir	*ils sauraient*

Astuce ! Pour les verbes qui doublent le « r » au présent du conditionnel, il ne faut pas confondre l'imparfait de l'indicatif et le présent du conditionnel.

- *Dans sa jeunesse, M. Diagana courait vite.* (imparfait)
- *S'il s'entraînait, Christophe courrait plus vite.* (conditionnel présent)

Attention ! Bien que du 1er groupe, les verbes *envoyer* et *renvoyer* modifient leur radical au conditionnel : *J'enverrais un signal.*

JE M'ENTRAÎNE

Corrigés page 170

1) Reliez chaque verbe à la terminaison du présent du conditionnel qui convient.

Si je les cirais, j'entretiendr... mes chaussures. •
Il faudr... que Baptiste soit plus sûr de lui. •
S'il neigeait, les chasse-neige se mettr... au travail. •

• aient
• ais
• ait

2) Reliez chaque verbe en couleur au temps auquel il est conjugué.

Si le chocolat faisait maigrir, cela se saurait ! •
Si vous visionnez ce film, peut-être vous plaira-t-il ? •
Comme ces timbres sont déchirés, ils ne valent rien. •
Comme il restait deux places, vous vous assîtes. •
Il a bien fallu que vous vous décidiez. •

• futur simple
• passé simple
• présent du conditionnel
• présent de l'indicatif
• passé composé

3) Récrivez la phrase en changeant les sujets, mais en conservant les temps.

Si vous fréquentiez la salle de musculation, vous entretiendriez votre forme.

Si nous ....

Si Yanis et Aubin ....

4) **Écrivez les verbes entre parenthèses au présent du conditionnel.**

Même si je connaissais la fin de l'histoire, je ne te (dire) .... rien.

Que (devenir) .... les petits villages sans leur école ?

Avec de la chance, tu (voir) .... ta boule renverser toutes les quilles.

5) **Écrivez les verbes au présent du conditionnel ou au futur simple, selon le sens.**

Quand je changerai les rideaux, je (prendre) .... une teinte plus claire.

Si tu n'y arrives pas seul, nous (intervenir) ....

S'ils n'étaient pas taillés, ces jeunes arbres (mourir) ....

6) **Transformez les phrases selon le modèle.**

Quand ils obtiendront un crédit, ils acquerront un appartement.
➔ *S'ils obtenaient un crédit, ils acquerraient un appartement.*

Quand tu auras une tâche à accomplir, tu la feras.

....

Quand vous filtrerez l'eau, vous la boirez sans crainte.

....

4e CONJUGUER LES VERBES

DICTÉE Texte de la dictée **page 21** du cahier

Texte de la dictée page 21 du cahier

Résultats scolaires décevants

61 Le présent du subjonctif : être – avoir – verbes des 1er et 2e groupes

JE RETIENS

- Le **subjonctif** exprime un doute, un désir, un souhait, un ordre, un regret, un conseil, une supposition… Les verbes au subjonctif sont généralement inclus dans une proposition subordonnée introduite par « que ».
- Les verbes *être* et *avoir* ont des formes particulières.

  Il faut que j'aie de la patience et que je sois attentif.
  Il faut que tu aies de la patience et que tu sois attentif.
  Il faut qu'elle ait de la patience et qu'elle soit attentive.
  Il faut que nous ayons de la patience et que nous soyons attentifs.
  Il faut que vous ayez de la patience et que vous soyez attentifs.
  Il faut qu'ils aient de la patience et qu'ils soient attentifs.
- Pour tous les autres verbes, les **terminaisons** sont identiques. Au 1er groupe, elles s'ajoutent au radical, au 2e groupe on intercale l'élément « -iss- » entre le radical et les terminaisons.

  Il faut que j'écoute les consignes et que j'obéisse.
  Il faut que tu écoutes les consignes et que tu obéisses.
  Il faut qu'elle écoute les consignes et qu'elle obéisse.
  Il faut que nous écoutions les consignes et que nous obéissions.
  Il faut que vous écoutiez les consignes et que vous obéissiez.
  Il faut qu'ils écoutent les consignes et qu'ils obéissent.

JE M'ENTRAÎNE

Corrigés page 170

1) Transformez les phrases selon l'exemple.

Je m'accroupis. ➔ Il faut que je m'accroupisse.

Vous vous douchez. ➔ Il faut que vous ………………………………………………… .

Il se réjouit. ➔ Il faut qu'il ………………………………………………………… .

Je règle le son. ➔ Il faut que je ……………………………………………………… .

2) Entourez la bonne orthographe.

Il est naturel que tu réagis / réagisses de cette manière.
Comme il va pleuvoir, il faut que je me munisse / munisses d'un parapluie.
Rien ne s'oppose à ce que vous utilisiez / utilisez une scie électrique.

3) Récrivez les phrases en mettant les verbes en couleur au présent du subjonctif.

Il faut saisir un marteau et planter les clous.

Il faut que tu …………………… un marteau et que tu …………………… les clous.

Il faut que nous ……………… un marteau et que nous ……………… les clous.

4) Écrivez les verbes entre parenthèses au présent du subjonctif.

Il me tarde que l'avion (atterrir) .... car j'ai mal au cœur.

Le médecin préfère que nous (rester) .... au chaud.

Il faut que les véhicules (ralentir) .... dans la descente.

5) Complétez les phrases avec les verbes suivants conjugués au présent du subjonctif : *être – se nourrir – camper – placer*.

Le siège est confortable à condition que vous y .... un coussin.

L'apiculteur s'attend à ce que la récolte de miel .... abondante.

Cette personne obligeante accepte que nous .... dans son pré.

Il serait bon que tu te .... de fruits et de légumes.

6) Complétez les phrases en fonction des modifications de la proposition principale.

Le coureur constate que ses pneus sont gonflés.
→ *Le coureur exige que ses pneus soient gonflés.*

Les météorologistes affirment que les vents faibliront.
→ Les météorologistes doutent que les vents ....

Je suis certain que nous avons raison.
→ Il est possible que nous .... raison.

DICTÉE Texte de la dictée **page 21** du cahier

Le jardin de M. Belot

62 Le présent de l'impératif

JE RETIENS

- Le présent de l'impératif se conjugue à trois personnes, sans sujets exprimés.
- À la **2e personne du singulier :**

– les verbes du 1er groupe (et quelques verbes du 3e groupe : *cueillir, ouvrir, offrir, souffrir, savoir*…) se terminent en **« e »**.

Ne crie pas. *Ouvre la fenêtre.* *Sache te retenir.*

– les autres verbes (sauf le verbe *aller*) se terminent tous en **« s »**.

Attends-moi. *Réfléchis bien.* *Écris mieux.*

- Aux **deux personnes du pluriel**, tous les verbes ont les mêmes terminaisons : « -ons » et « -ez ».

Respirons l'air pur. *Suivons les indications.* *Sortons sans tarder.*
Ne bavardez pas. *Courez plus vite.* *Dormez bien.*

- Pour certains verbes, il y a des **modifications du radical.**

Nettoie la tache. *Achète du pain.* *Relève-toi.*
Tiens-toi droit. *Résolvons le problème.* *Apprenons nos leçons.*
Réfléchissez un peu. *Faites un détour.* *Éteignez la lumière.*

Attention ! Pour que la liaison soit agréable à entendre, on place un « s » à la 2e personne du singulier, même pour les verbes du 1er groupe et *aller*, quand ils sont suivis de « en » ou « y ».

Voilà du lait ; verses-en dans ton bol. / La cloche sonne, vas-y vite !

JE M'ENTRAÎNE

Corrigés page 171

1) Dans chaque colonne, entourez le verbe qui n'est pas au présent de l'impératif.

Ne ris pas.	*Arrangez-vous !*	*Écris-tu ?*
Ne sors pas.	*Calmez-vous !*	*Instruis-toi !*
Tu ne passes pas.	*Skiez-vous ?*	*Baisse-toi*

2) Écrivez les verbes au présent de l'indicatif (colonne 1) et au présent de l'impératif (2).

(se méfier) Vous ....
(se soigner) Tu ....
(se coucher) Nous ....

3) Écrivez les verbes entre parenthèses au présent de l'impératif.

Vos vêtements sont trempés ; (faire) ....-les sécher près du radiateur.
(Se séparer) .... de tes anciens jouets pour les donner.
(Dire)................................. -moi ce que vous pensez de notre proposition.

4) **Récrivez la phrase en mettant les verbes aux trois personnes du présent de l'impératif :** *prendre tout son temps, relire l'énoncé et noter les données.*

....

....

....

5) **Complétez les phrases avec les verbes suivants au présent de l'impératif.**
hésiter – réduire – remercier – être – s'abonner

Par temps de brouillard, ... votre vitesse et .... vigilants.
N'............................... pas et ....à ce journal ; il t'intéressera.
.... ta tante pour le cadeau qu'elle t'a offert.

6) **Écrivez cette recette à la 2e personne du singulier du présent de l'impératif.**

Un savoureux dessert.

(Vérifier) .... qu'il ne manque aucun ingrédient. (Séparer) .... les jaunes d'œufs des blancs. (Mélanger) .... les jaunes avec le sucre. (Battre) .... les blancs en neige. (Faire) .... bouillir le lait, (y ajouter) .... le beurre fondu. (Ne pas oublier) .... la farine et la levure. (Verser) .... le tout dans un moule à cake. (Mettre) .... le gâteau au four pendant une demi-heure.

DICTÉE *Texte de la dictée* ***page 22*** *du cahier*

page 22 du cahier

Un pantin singulier

63 Ne pas confondre : le participe passé et le verbe conjugué

JE RETIENS

Lorsqu'on entend le son [i] ou le son [y] à la fin d'une forme verbale, il peut s'agir :

- du **verbe conjugué** qui prend alors les terminaisons de son temps :
  - présent de l'indicatif : *Je réussis à avancer. Elle sourit.*
  - passé simple : *Je reçus un SMS. Il suivit les conseils.*
- du **participe passé** terminé par « -i » ou « -u » qui s'accorde éventuellement :
  - *Tu as réussi à avancer. Elle a souri.*
  - *Tu as reçu un SMS. Il a suivi les conseils.*
  - *Les photos que j'ai reçues encombrent la mémoire de mon téléphone.*

Astuce ! Pour distinguer ces formes, on peut essayer de les remplacer par une autre forme verbale.

- Si c'est possible, il s'agit d'un **verbe conjugué** :
  Je réussis (réussissais) à avancer.
  Je reçus (reçois) un SMS.
- Dans le cas contraire, il s'agit du **participe passé** en « -i » ou en « -u ».
  J'ai réussi à avancer.
  Je consulte les messages reçus.
  Les conseils sont bien suivis.

Attention ! Certains participes passés se terminent par « -is » ou « -it » au masculin singulier.

émettre ➔ *Il a émis un son.* *traduire* ➔ *Le texte est traduit.*

JE M'ENTRAÎNE

Corrigés page 171

1) Reliez les mots à droite aux mots en gras qu'ils pourraient remplacer.

Odile **encombre** son réfrigérateur. •	• aperçu
Tu places un bouquet **odorant** dans la casserole. •	• garnit
Les animaux **blessés** sont des ours. •	• garni
Le photographe a **observé** des ours. •	• aperçus

2) Écrivez les verbes au présent (colonne 1), au passé simple (2) et au passé composé (3).

(conduire)	elle	elle	elle ....
(répondre)	elle	elle	elle ....
(combattre)	il	il	il ....

3) Complétez les phrases avec le participe passé ou le présent de l'indicatif.

En apprenant ta réussite, tu (resplendir) .... de bonheur.

Dès le coup de gong, le boxeur a (bondir) ....

(Vaincre) .... par le trac, ce comédien (se ressaisir) ....

Le prix du billet d'avion (inclure) .... un repas (prendre) .... à bord.

4) Complétez les phrases avec le participe passé ou le passé simple.

Le reportage sur les enfants esclaves a (émouvoir) .... toute la classe.

Mehdi (reconnaître) .... son erreur et il la (corriger) ....

L'an dernier, Tina (concourir) .... pour le prix de la meilleure camarade.

Tu n'as pas (croire) .... bon de t'inscrire à la chorale.

5) Complétez les phrases avec ces verbes, mis au passé simple ou au participe passé.

croire – savoir – pourvoir – lire – retentir – pleuvoir – plaire – disparaître

.... de nombreux équipements, cette moto .... à M. Salin.

Lorsque la sonnerie ...., tu .... à une alerte.

Il a .... une partie de la nuit et la prairie a .... sous les eaux.

Dès qu'il .... déchiffrer, Joyce .... les aventures de Oui-Oui.

DICTÉE Texte de la dictée page 22 du cahier

Une belle frayeur

64 Ne pas confondre : le participe présent et l'adjectif verbal

JE RETIENS

- **Le participe présent, invariable**, est une forme verbale terminée par « -ant ».
  Goûtez ces biscuits craquant sous la dent.
- **L'adjectif verbal**, terminé lui aussi par « -ant », s'accorde en genre et en nombre avec le nom auquel il se rapporte.
  Avez-vous goûté ces biscuits craquants ?

Astuce ! Pour ne pas confondre le participe présent et l'adjectif verbal, on remplace le nom masculin par un nom féminin et on lit la phrase en entier.

- *Goûtez ce biscuit craquant sous la dent.*
→ *Goûtez cette biscotte craquant sous la dent.*
- *Avez-vous goûté ces biscuits craquants ?*
→ *Avez-vous goûté ces biscottes craquantes ?*

Attention ! Des participes présents et des adjectifs verbaux peuvent avoir des orthographes différentes. En cas de doute, il faut consulter un dictionnaire.

- *en communiquant*	*des vases communicants*
- *en naviguant dans la baie*	*des personnels navigants*
- *en précédant le cortège*	*les numéros précédents*
- *en fatiguant son entourage*	*une marche fatigante*

JE M'ENTRAÎNE

Corrigés page 172

1) Complétez avec le participe présent ou l'adjectif verbal que vous accorderez.

(débuter)	En	la partie	des joueurs ....
(éclairer)	En	la scène	des fusées ....
(obéir)	En	aux consignes	des chiens ....
(amuser)	En	le public	des histoires ....
(défaillir)	En	de joie	une vue ....
(salir)	En	la table	des métiers ....

2) Récrivez les phrases en remplaçant les noms en couleur par ceux entre parenthèses.

Le regard (l'attitude) fuyant de Fabrice nous déroute.

....

L'acheteur (les personnes) prévoyant vérifie sa facture.

....

3) **Récrivez les phrases en mettant les noms en couleur au pluriel ; accordez.**

À l'arrivée du rallye, le pot d'échappement est brûlant.

....

Planant au-dessus de sa proie, l'aigle attend.

....

4) **Entourez la bonne orthographe.**

La porte coulissant / coulissante s'est bloquée ; il faudra la réparer.

Cette loupe, grossissant / grossissante les détails, nous rend service.

Ce scientifique avance des arguments convaincants / convainquants.

5) **Récrivez les phrases en remplaçant les mots en couleur par leur contraire ; accordez.**

L'entrée du musée des voitures ancienne est gratuite.

....

Vexée, Deborah est sortie sans se retourner.

....

DICTÉE Texte de la dictée **page 22** du cahier

La mine

65 Ne pas confondre : est – es – et / ai – aie(s) – ait – aient

JE RETIENS

- **est, es** : formes des 3e et 2e personnes du singulier de **l'auxiliaire être** au présent de l'indicatif. On écrit « est », « es » quand on peut les remplacer par les formes d'un autre temps simple de l'indicatif.

  José est (était) courageux. *Tu es (étais) courageux.*

- **et : conjonction de coordination** qui permet de relier deux groupes de mots ou deux parties d'une phrase. On peut remplacer « et » par « et puis ».

  José est courageux et (et puis) intrépide.

- **ai :** 1re personne du singulier d'**avoir** au présent de l'indicatif. On écrit « ai » quand on peut remplacer par une autre personne du présent de l'indicatif.

  J'ai du courage. *Tu as du courage.*

- **aie, aies, ait, aient :** formes du **verbe avoir** au présent du subjonctif. Pour identifier le mode **subjonctif**, il suffit de changer de personne.

  Il faut que j'aie (nous ayons) du courage.
  Il faut que tu aies (nous ayons) du courage.
  Il faut que le pompier ait (vous ayez) du courage.
  Il faut que les pompiers aient (vous ayez) du courage.

Attention ! « aie » est aussi la forme de la 2e personne du singulier de l'impératif : *Aie du courage !*

JE M'ENTRAÎNE

Corrigés page 172

1) Reliez chaque phrase au mot qui la complète.

Pourquoi n'... -tu pas à l'heure ? •	• ai
J'attends que Carole ... rangé son chariot. •	• es
Le médecin pense que j'... une bonne grippe. •	• ait
Quand le professeur ... absent, nous avons un remplaçant. •	• est

2) Entourez la bonne orthographe.

La Garonne et / est / es en crue et / est / es elle charrie des eaux boueuses.
Tu as / a / aies le choix entre une glace et / est / ai un chou à la crème.
Pour canoter, il es / et / est préférable que j'ai / aie / ait un gilet de sauvetage.

3) Complétez les phrases avec « et », « est » ou « es ».

Le gardien de but .... blessé .... tu .... désigné pour le remplacer.

Ce musée .... ouvert .... le public .... nombreux à s'y rendre.

4) Complétez les phrases avec « ai », « et », « est » ou « es ».

La cartouche d'encre .... vide .... vous ne pouvez rien imprimer.
Puisque j'.................. oublié mon stylo, tu .... gentil et tu m'en prêtes un.
La rue principale de ce village médiéval .... étroite .... mal pavée.
Si tu .... de bonne humeur, ton entourage .... ravi .... tout va bien.

5) Complétez les phrases avec « est », « es », « ai », « aies », « ait » ou « aient ».

Il .... bon que tu .... classé les comptes rendus des réunions.
Comme le quartier .... bien éclairé, je n'.............. pas besoin d'une lampe.
Il .... juste que ceux qui travaillent la nuit .... un jour de repos.
Il n'.................. pas exclu que j'.................. des regrets d'avoir choisi ce vêtement.

6) Complétez les phrases avec « avoir » au présent de l'indicatif ou du subjonctif.

Ce soir, il est possible qu'il y .... encore une boulangerie ouverte.
Bien que Rudy .... une raquette neuve, il n' .... pas gagné !
Je ne suis pas étonnée que tu .... la peau bronzée après les vacances.
Il est rare que les loups .... l'audace de s'approcher des bergeries.

DICTÉE Texte de la dictée page 23 du cahier

Un contrôle réussi

66 Ne pas confondre : sont – son

JE RETIENS

- **sont** : forme verbale de la 3e personne du pluriel du verbe **être** au présent de l'indicatif, peut être remplacée par une autre forme verbale de ce verbe.
  Tous les espoirs sont (seront) permis.
- **son** : **déterminant possessif** singulier placé devant un nom ou un adjectif, peut être remplacé par un autre déterminant possessif.
  Son espoir est déçu. ➔ Ton espoir est déçu.

Astuce ! La liaison fait parfois apparaître la différence.

- le « n » final de « son » : *son (n)âge – son (n)habit*
- le « t » final de « sont » : *Ils sont (t)âgés. – Ils sont (t)habillés.*

Attention ! Alors qu'il est masculin, « son », déterminant possessif, peut être placé devant des noms (ou des adjectifs) féminins débutant par une voyelle ou un « h » muet.

son arrivée – son habitude – son abondante chevelure – son heureuse décision

JE M'ENTRAÎNE

Corrigés page 173

1) Complétez les phrases en mettant le verbe au présent de l'indicatif :

être dans son fauteuil

Je .... Tu ....

Luc .... Nous ....

Vous .... Les élèves ....

2) Entourez la bonne orthographe.

Messan nous confie que dans son / sont pays les terres son / sont fertiles.
Le clown a déchiré son / sont pantalon en courant ; les enfants son / sont ravis.
Les faits son / sont troublants ; M. Sartet aurait-il perdu son / sont sang-froid ?

3) Complétez les phrases avec « sont » ou « son ».

Que deviendrait un violoniste sans .... archet ?

Les parents de Nils .... heureux de .... retour.

Pendant l'interclasse, Tiphaine range .... sac dans .... casier.

4) Transformez les phrases à la voix passive selon l'exemple.

Le donneur distribue les cartes. ➔ Les cartes sont distribuées par le donneur.

Le commissaire interroge les témoins de l'accident.

....

Les projecteurs du stade éclairent le terrain.

....

5) Complétez les phrases avec « sont » ou « son ».

Esther est ennuyée ; les rayons de .... armoire .... trop hauts.

Le routier vérifie l'arrimage de .... chargement ; les sangles .... tendues.

M. Tramoy est ravi ; les arbres de .... verger .... en fleurs.

Ses lunettes .... cassées, elle doit se rendre chez .... opticien.

6) Récrivez les phrases en remplaçant les noms en couleur par ceux entre parenthèses.

Mathieu est fier de sa dernière performance (classement).

....

Pierre nettoie sa palette (pinceau) et se place devant sa toile (tableau).

....

DICTÉE Texte de la dictée **page 23** du cahier

Un étourdi

67 Ne pas confondre : si – s'y / ni – n'y

JE RETIENS

- **si** : **adverbe** ou **conjonction de subordination**, peut être remplacé par un autre adverbe ou une autre conjonction.
  La température est si (tellement) basse que l'eau gèle.
  Nous sortirons si (parce que) la sirène retentit.
- **s'y** : peut se décomposer en « se y ». Ces deux mots sont toujours placés devant un verbe, car le « s' » fait partie d'un **verbe pronominal**.
Le « y » est **pronom adverbial** ou **personnel**.
  J'aime ce lac, on s'y baigne volontiers. → *On se baigne dans ce lac.*
- **ni** : **conjonction négative** qui relie deux éléments (noms ou propositions) : *La poule n'a ni dents ni oreilles.*

On peut parfois remplacer « ni » par « pas » : *La poule n'a pas de dents et pas d'oreilles.*

Attention ! Parfois la première conjonction « ni » est remplacée par une autre conjonction négative : *Cette chanson n'a rien d'original ni de mélodieux.*

- **n'y** : peut se décomposer en « ne y ». Le « n' » est la première partie d'une **négation** dont on peut trouver la suite dans le reste de la phrase.
Le « y » est **pronom adverbial** ou **personnel**.
  Sans ses lunettes, grand-père n'y voit rien.

JE M'ENTRAÎNE

Corrigés page 173

1) Entourez la bonne orthographe.

Dans cette boulangerie, on ni / n'y trouve que du pain de campagne.
Lorsque Natacha a un travail à faire, elle si / s'y met avec ardeur.
Je n'aime ni / n'y le café ni / n'y le thé ; je préfère le chocolat.
Ce texte est parfait, ni / n'y changez rien, ni / n'y un mot ni / n'y une phrase.
Tu viendras nous voir si / s'y tu as un moment de libre.

2) Complétez les phrases avec « ni » ou « n'y ».

Ce commerçant n'accepte .... les chèques .... les cartes bancaires.
.... le principal .... le professeur ne sont favorables à la sortie au parc.
Le fleuve est infesté de crocodiles ; les gazelles .... vont jamais.
On ne peut .... serrer .... desserrer ce boulon, il est trop rouillé.
Comme il .... a eu aucun arrêt de jeu, il .... aura pas de temps additionnel.
Dans certains pays, de nombreux enfants n'ont .... famille .... domicile.

3) Complétez les phrases avec « si » ou « s'y ».

Le code de ce cadenas est 243, ... mes souvenirs sont bons !

Il fait .... chaud depuis des mois que l'on finit par .... habituer.

Le sentier est .... escarpé qu'il serait imprudent de .... aventurer.

Connaissez-vous ce proverbe : « Qui .... frotte, ... pique » ?

4) Récrivez les phrases en transformant comme dans le modèle.

Ce décor me rappelle la Bretagne ; on se croirait en Bretagne. ➔ *On s'y croirait.*

La forêt est épaisse ; les explorateurs ne se risquent pas dans la forêt.

....

Gilles n'est pas surpris de notre refus ; il s'attendait un peu à notre refus.

....

5) Récrivez la phrase en changeant la personne mais en respectant les temps :

Tu ne connais ni l'Alsace ni les Vosges, tu ne t'y es jamais rendu.

Je ne ....

Mme Leray ne ....

Mes voisins ne ....

DICTÉE Texte de la dictée page 23 du cahier

Une pêche mystérieuse

Corrigés

Fiche 45 : Les écritures du son [j] (y, ill, ll, i)

1) la joie : **joyeux** – le persil : **persillé** – le gibier : **giboyeux** – l'effroi : **effrayant** – l'audace : **audacieux** – le péril : **périlleux** – la loi : **loyal** – la paille : **pailleux** – la pitié : **pitoyable**

2) l'outil : **outiller** – le relais : **relayer** – le gril : **griller** – le fusil : **fusiller** – la paie : **payer** – la monnaie : **monnayer** – l'essai : **essayer** – le détail : **détailler** – l'emploi : **employer**

3) un orei**ll**er – la marmai**ll**e – un mai**ll**ot – un cra**y**on – moui**ll**er – le survei**ll**ant – bro**y**er – un mai**ll**on – un rout**i**er – broui**ll**er – la prévo**y**ance – un cam**i**on – un lo**y**er – le pi**ll**age – des lenti**ll**es – abo**y**er

4) J'adore les grosei**ll**es, car elles n'ont pas de no**y**au ! Le portai**l** est coincé par un énorme cai**ll**ou. Tu devrais détai**ll**er ta démonstrat**i**on ; ce serait plus clair. Pour déverroui**ll**er cette serrure, tu disposes de tout un attirai**l** de clés.

5) le foyer – les rayons – la chenille – le poulailler

6) Les **écureuils** ont un pelage roux et adorent les noisettes. L'**abeille** s'oriente avec le **soleil** pour regagner sa ruche. Le jardinier finit le **travail** de la journée par la **taille** des haies. Sans **gouvernail**, ce bateau dérivera le long de la côte d'Opale.

Fiche 46 : La lettre « h »

1) la sympat**h**ie – un t**h**ermostat – un **h**oraire – le t**h**orax – une rizière – la co**h**ésion – une t**h**éorie – un **h**ématome – apat**h**ique – l'ét**h**ylène – exorciser – un r**h**umatisme

2) L'**hexagone** a six côtés et l'**octogone** en a huit. Au terme d'une partie **haletante**, nous avons gagné. On mesure la **température** à l'aide d'un **thermomètre**.

3)

noms	verbes	adjectifs masculins	adjectifs féminins
une hachure	**hachurer**	hachuré	**hachurée**
une adhésion	**adhérer**	adhésif	**adhésive**
l'authenticité	authentifier	**authentique**	**authentique**
le chahut	**chahuter**	**chahuteur**	chahuteuse

4) Des centaines de men**h**irs se dressent autour de Carnac. Cette allée est bordée de da**h**lias magnifiques. La performance de cet at**h**lète nous a tous éba**h**is. Tu choisis une boîte de t**h**on à l'**h**uile d'olive.

5) le rhinocéros – le décathlon – les cathédrales – le rythme

6) les herbes : **l'herbe** – les haricots : **le haricot** – les haies : **la haie** – les hachures : **la hachure** – les handicapés : **le handicapé** – les homonymes : **l'homonyme** – les hangars : **le hangar** – les hôpitaux : **l'hôpital**

Fiche 47 : Les noms terminés par le son [ɛ] (è)

1) un proj**et** – la for**êt** – une bananer**aie** – un débl**ai** – le gr**ès** – l'eff**et** – un croch**et** – un ben**êt** – une fut**aie** – un jock**ey**

2) un agneau : un **agnelet** – un coussin : un **coussinet**
un mur : un **muret** – un porc : un **porcelet**
un bâton : un **bâtonnet** – un blond : un **blondinet**

3) fouetter : un **fouet** – relayer : un **relais**
refléter : un **reflet** – balayer : un **balai**
décéder : un **décès** – essayer : un **essai**

4) un piquet – le poignet

5) Pour faire des ricoch**ets**, il faut prendre des pierres bien plates.
Ce film est sans intér**êt** ; vous pouvez éteindre le téléviseur.
Je remets mon tick**et** au guich**et** du stade.

6) un engrais – le brochet – une oliveraie – le hockey

Fiche 48 : La formation des mots : préfixes et suffixes

1) mots formés avec un préfixe
aboutir – démonter
difforme – élever
instable – un parachute

mots sans préfixe
l'abîme – le démon
dimanche – un élément
une intrigue – le paradis

2) Justin est un grand voyag**eur** ; il a fait le tour du monde. Le classement est maintenant offic**iel** ; Léo a gagné ! Avant de t'élancer, vérifie la fixa**tion** de ton surf. Le siège soc**ial** de cette entreprise se trouve à Belfort.

3) un spécial**iste** – alterna**tif** – la boulang**erie** – mord**iller** – un urban**iste** – attrac**tif** – la lot**erie** – bab**iller** – un humor**iste** – instruc**tif** – l'étourd**erie** – fend**iller**

4) La **dys**lexie est une maladie qui handicape certaines personnes.
Les logements qui se trouvent à la **péri**phérie des grandes villes.
Les supporters français agitent des drapeaux **tri**colores.
Le blé est la **mono**culture de quelques plaines fertiles de notre pays.

5) Les installations portu**aires** de Fos-sur-Mer accueillent de gros pétroliers.
Beaucoup d'élèves participent à la parution périod**ique** du journal du collège.
Les policiers recherchent un mystér**ieux** témoin du crime.
Le dress**age** des lions ou des tigres exige beaucoup de sang-froid.
Lors des examens, l'anonym**at** des copies est une garantie d'impartial**ité**.

Fiche 49 : Les adverbes

1) Pourquoi ce pont est-il **quelquefois** impraticable ?
Cette barre de fer est **complètement** rongée par la rouille.
Le mois de juin approche ; ce sera **bientôt** le jour du brevet.

2) Pour arriver à l'heure, il vaudrait **mieux** que vous accélériez le pas.
On dit que l'avenir appartient aux gens qui se lèvent **tôt**.
Dans les grandes villes, des journaux gratuits, on en trouve **partout**.

3) Comme j'adore les frites, je me sers **abondamment**. Ce nageur s'est éloigné **imprudemment** du rivage. En manœuvrant, le tracteur a **violemment** heurté le pilier.

4) Je vous accompagnerai **éventuellement** au parc d'attractions. Le chevalier se saisit **hardiment** de son épée et va au-devant du loup. **Puissamment** armées, les troupes de Napoléon Ier ont envahi l'Italie. Le chauffeur du bus était **précédemment** moniteur d'auto-école ! Le professeur te fait **pertinemment** observer tes erreurs. Le maire a fait **publiquement** l'éloge du doyen de la ville.

5) Bien soutenus par des tuteurs, ces arbres poussent droit.
On peut tracer des angles droits à l'aide d'une règle et d'un compas.
De forts soupçons pèsent sur l'accusé, car il n'a pas d'alibi.
Ces traiteurs ont fort à faire à l'approche des fêtes de fin d'année.

Corrigés

Fiche 50 : Les pronoms possessifs, démonstratifs, indéfinis

1) Vanessa noue ses cheveux, mais ses camarades laissent **les leurs** libres.
Votre raquette a un cordage neuf ; il faudrait que je fasse réparer **la mienne**.

2) Ce flacon contient de l'eau l'oxygénée et **celui-ci** de l'éther.
Si ma marraine m'offrait une bague, **cela** me ferait vraiment plaisir.
Ces ampoules n'éclairent que très peu ; **celles-ci** sont plus puissantes.

3) Ces vêtements sont beaux, mais **aucun** n'est à ma taille.
Ne faites jamais à **autrui** ce que vous ne voudriez pas qu'on vous fasse.
Nul n'oserait courir un marathon sans un entraînement régulier.

4) Ce gouffre est inexploré, alors que **celui-ci** a bien été aménagé.
Ces tableaux sont figuratifs ; **ceux** de Mondrian sont abstraits.
De tous ces arguments, **aucun** ne me convainc.
Lionel pense que ses résultats sont faux ; Alexis doit vérifier **les siens**.
Nombre de clients attendaient, mais **certains** n'ont pu être servis.

5) Comment allez-vous ? Comme **ci** comme **ça**.
Clément est si aimable qu'on ne lui refuse **rien**.
Nos adversaires ont des maillots bleus ; **les nôtres** sont blanc et noir.
Ces arbres ont perdu leurs feuilles, mais le chêne a encore **les siennes**.

6) M. Anzieu envie votre terrasse, car la sienne est orientée au nord.
Les sièges du salon sont en cuir ; ceux du jardin sont en osier.
Tu me donnes ton avis, mais à part ça, qu'as-tu à me dire ?

Fiche 51 : Les pronoms relatifs

1) Un coureur **dont** j'ai oublié le nom courait pieds nus.
Un incident **que** le metteur en scène n'a pas prévu retarde le tournage.
Voici un détail **auquel** nul n'attache d'importance.
Il faut retirer sa carte bancaire, après **quoi** on obtient ses billets.

2) L'annonce du sauvetage **que** diffusent les radios rassurera les familles.
M. André ne se souvient plus de l'endroit **où** il a pris ces photos.
Les mines dans **lesquelles** on a découvert de l'or vont se développer.

3) Les avions avec **lesquels** Mermoz volait étaient bien rudimentaires.
La pièce **où** l'on prépare le repas s'appelle ordinairement la cuisine.
On m'offre enfin le sac de sport **dont** j'avais envie depuis des mois.

4) Le surveillant de l'étude demande aux élèves **qui bavardent** de se taire.
Je vais peut-être effectuer le voyage **dont je rêve** : aller en Australie.
Les produits **que recommande ce catalogue** sont excellents.

5) Les marqueurs avec lesquels vous écrivez au tableau laissent des traces.
Le voilier dépasse la pointe, derrière laquelle il disparaît.

Fiche 52 : La voix active – La voix passive

1) Chaque matin, Ali est réveillé par l'alarme de son portable (voix passive).
L'avocat est intervenu pour défendre son client (voix active).
L'eau de la piscine a été filtrée pendant la nuit (voix passive).
La montre endommagée sera réparée par le bijoutier (voix passive).
L'accès à l'autoroute est possible par une route étroite (voix active).
La chorale est attentive aux gestes du chef de chœur (voix active).

2) Les éoliennes sont actionnées par **la force du vent**.
Florent est tutoyé par **ses amis**.
Le parc du château est entouré par **de hauts murs**.
L'air de la ville est pollué par **les gaz d'échappement**.

3) L'émission de variétés a été regardée par des millions de téléspectateurs.
L'irrigation des champs sera assurée par de puissantes pompes.
4) Des affiches de cinéma décoraient la chambre de Gloria.
Un professeur remplaçant dispensera le cours d'anglais.
5) Par exemple : En 52 avant J.-C., la Gaule a été envahie par **Jules César**.
Les délégués de classe sont élus par **l'ensemble de leurs camarades**.
La vieille tour du donjon est détruite par **la foudre**.

Fiche 53 : Le participe passé employé avec l'auxiliaire avoir

1) Tu as **sauvegardé** des documents importants.
Les informations que tu as **sauvegardées** doivent rester secrètes.
Comme l'information était importante, tu l'as **sauvegardée**.
2) Quelle boisson le consommateur a-t-il **commandée** ?
Paul a **mérité** les compliments que le professeur lui a **adressés**.
Pour se rendre à Dijon, l'autoroute que Mme Terzian a **prise** était gratuite.
3) Les biches s'approchaient lorsque tu les as *surprises*.
Régis est déçu ; la conférence ne l'a pas du tout *passionné*.
Les négociations ont *abouti* à la signature d'un traité de paix.
4) Les élèves que le CPE a **convoqué(e)s** se rendront au secrétariat.
Les radars que la gendarmerie a **installés** signalent les vitesses excessives.
Des bénévoles ont **ramassé** les détritus qu'ils ont **trouvés** sur la plage.
Les cigognes dont tu as **attendu** la venue sont **restées** en Afrique.
5) La clé que vous aviez perdue a été retrouvée par hasard.
Les chaussettes que vous aviez perdues ont été retrouvées par hasard.
Le portable que vous aviez perdu a été retrouvé par hasard.
6) Ces monuments, nous les **avons visités** souvent.
Leïla **a apprécié** les séjours qu'elle **a effectués**.
La moto que M. Varrini **a réparée** est comme neuve !
Ils **ont donné** des détails que l'enquêteur **a vérifiés**.

Fiche 54 : L'imparfait de l'indicatif : verbes du 3e groupe en « -oir » et « -oire »

1) Les anciens mineurs ne percev**aient** que de maigres salaires.
Je sav**ais** que les Normands av**aient** envahi l'Angleterre en 1066.
Autrefois, les épices val**aient** de petites fortunes.
2) Je *revoyais* d'anciens amis. Nous *revoyions* d'anciens amis. Tu *revoyais* d'anciens amis.
Vous ne *croyiez* plus au Père Noël. Ils ne *croyaient* plus au Père Noël. Il ne *croyait* plus au Père Noël.
3) Méticuleux, vous **prévoyiez** chaque détail.
La malheureuse orpheline **émouvait** les rares passants.
4) Je ne **pouvais** plus changer de vitesse sur mon vélo.
Savais-tu que certains moulins à eau **fournissaient** de l'électricité ?
5) Si nos ancêtres **pouvaient** revenir, ils seraient bien étonnés !
Je n'**entrevoyais** pas d'issue à cette querelle ridicule.
Parfois, Louis XIV **recevait** les courtisans dans sa chambre.
Tu ne **décevais** jamais ceux qui **croyaient** en toi.
6) Avant d'affronter les Romains, les Gaulois **buvaient** une potion magique.
Au Moyen Âge, on **croyait** que la Terre **était** plate.
Quand il y **avait** des invités, vous **deviez** faire la vaisselle.

Corrigés

Fiche 55 : L'imparfait de l'indicatif : verbes du 3e groupe en « -dre », « -re » et « -ir »

1) Les films violents nous déplais**aient**.
Vous ne répand**iez** jamais de fausses nouvelles.
Dans cette usine, on produis**ait** des moteurs.
Avec tes cubes, tu construis**ais** des châteaux.
En vous entendant, nous ri**ions** aux éclats.

2) Dès son enfance, on prédis**ait** un brillant avenir à Mozart.
Ne connaissant pas l'objet de vos querelles, je m'absten**ais** d'intervenir.
Vous éteign**iez** le début d'incendie avec un extincteur.
Par temps de pluie, nous ne sort**ions** jamais sans parapluie.
Tu séduis**ais** tes grands-parents lorsque tu récit**ais** de petits poèmes.
Les légionnaires romains combatt**aient** le plus souvent à pied.

3) Le chauffeur **faisait** souvent des détours pour éviter les encombrements.
Les malheureux lapins **s'enfuyaient** dès les premiers coups de fusil.

4) Degas *peignait* les danseuses du corps de ballet de l'Opéra.
Les Gaulois *craignaient* que le ciel leur tombe sur la tête.
Vous *vous interdisiez* toute parole blessante.
Avant de t'exposer au soleil, tu **t'enduisais** de crème.

5) Autrefois, on **résolvait** les problèmes sans calculatrice.
En qualité de témoin, tu **décrivais** l'incident avec précision.
Au Moyen Âge, les paysans **maudissaient** le passage des mercenaires.
Nous **nous inscrivions** à tous les tournois de tennis de table.

Fiche 56 : Le futur simple de l'indicatif : verbes du 3e groupe en « -oir » et « -oire »

1) Vous boirez un verre d'eau gazeuse.
Je me pourvoirai de provisions pour deux jours.
Tu concevras un projet de voyage à Rome.
Nous devrons canaliser notre énergie.
Elles pourront arriver à l'heure.
Il ne pleuvra pas avant dimanche.

2) Je ne **serai** pas en danger sur ce manège : être.
Vous ne **saurez** jamais qui vous a téléphoné : savoir.
Le jury **décernera** le premier prix à Didier : décerner.
Tu ne **décevras** pas les espoirs mis en toi : décevoir.
Le gouvernement **promulguera** plusieurs lois : promulguer.
Un spot publicitaire **promouvra** ce produit : promouvoir.

3) Nous **nous assiérons** (**assoirons**) autour de la table.
Au printemps, je **reverrai** les cigognes sur les toits alsaciens.
Pour éviter la panne, vous **prévoirez** un bidon de secours.
Le vélo passera si vite que tu ne l'**entreverras** qu'une seconde.
Un jour, les hommes **enverront** un vaisseau habité sur Mars.

4) Les marins apercevront une île, mais ils ne sauront pas son nom.
Nous apercevrons une île, mais nous ne saurons pas son nom.
J'apercevrai une île, mais je ne saurai pas son nom.
Tu apercevras une île, mais tu ne sauras pas son nom.

5) Il **faudra** que je consulte ma messagerie.
Dès sa naissance, ce jeune chaton **émouvra** toute la famille.
Quand je **travaillerai**, je **percevrai** un salaire.

Fiche 57 : Le passé simple de l'indicatif : verbes en « -i »

1) Ils entrouvrirent la porte du salon.
Tu remis les clés à ton voisin.
Je poursuivis mon chemin sans me retourner.
Nous émîmes une petite objection.
Elle réagit violemment devant une telle injustice.
Vous souscrivîtes une assurance pour votre scooter.

2) Avec une seule boule, j'**abattis** toutes les quilles.
Tes arguments étaient pertinents et tu nous **convainquis**.
M. Cardo **vendit** son ancienne voiture pour un bon prix.
Tous les habitants de l'immeuble **fleurirent** leur balcon.

3) Tu **choisis** un emplacement près de la sortie.
Trois minutes **suffirent** aux Palois pour égaliser.
Samedi dernier, je **regarnis** le réfrigérateur.
Vous **atteignîtes** la limite de vos forces.

4) Je *répondis* au téléphone. Ils *répondirent* au téléphone. Tu *répondis* au téléphone.
J'*admis* mon erreur. Elle *admit* son erreur. Ils *admirent* leur erreur.

5) La voiture **fit** un écart et **heurta** la glissière centrale.
Les compliments **furent** si élogieux que tu **rougis**.
Dans sa vie, Léonard de Vinci ne **peignit** que peu de tableaux.

Fiche 58 : Le passé simple de l'indicatif : verbes en « -u » et en « -in »

1) Tu **bus** de l'eau de source. Vous **bûtes** de l'eau de source. Elle **but** de l'eau de source.
Nous nous **résolûmes** à déménager. Je me **résolus** à déménager. Ils se **résolurent** à déménager.

2) Il **fallut** décharger la cargaison en quelques heures.
Le valeureux Du Guesclin **mourut** devant Châteauneuf-de-Randon.
Des barrières métalliques **continrent** les curieux loin du lieu de l'accident.
N'ayant rien à ajouter à vos propos, je me **tus**.

3) je disparais – je disparaissais – je disparus – nous concluons – nous concluions – nous conclûmes – tu déçois – tu décevais – tu déçus.

4) On ne **sut** pas ce qu'il **advint** de l'explorateur.
La sagesse **prévalut** et la querelle **prit** fin.
Les nuages **revinrent** par l'ouest et il **plut** à verse.

5) Pour effectuer ce problème, tu **dus** tracer un schéma.
J'ai **revu** avec plaisir la cité de Carcassonne.
Le chanteur **apparut vêtu** d'un costume blanc.

6) Tu ne **crus** pas un mot de cette histoire et tu **eus** raison.
Ce cycliste **connut** la gloire en devenant champion du monde.
J'**intervins** à temps et je **pus** éviter une coupure d'électricité.

Fiche 59 : Le passé antérieur et le futur antérieur

1)) Quand tu te fus assis, tu **allumas** le téléviseur.
Dès qu'Emmy eut entendu la sonnerie, elle **répondit**.
Quand il aura reçu le message, Valentin **répondra**.
Vous vous **reposerez** dès que vous aurez terminé.

2) Dès qu'il **eut dégagé** la neige, M. Rey put sortir sa voiture.
Quand M. Frantz **aura déménagé**, il louera son appartement.
Lorsque le coq **eut chanté**, il fallut se lever !

3) Quand le chauffeur **eut conduit** son véhicule au garage, il rentra.
Quand les convives **eurent achevé** l'entrée, on leur servit le poulet.
Vous refîtes les calculs dès que vous **eûtes admis** votre erreur.

4) Tout à l'heure, j'**aurai fini** mon travail et je pourrai jouer.
La fête foraine débutera dès que les manèges **se seront installés**.
Dès que le vent **se sera calmé**, les bateaux prendront la mer.
Quand tu **auras retenu** ton billet, tu te rendras à la gare.

5) Sitôt que les mannequins **se furent habillés**, ils défilèrent.
Lorsque les passagers **se seront assis**, l'autobus démarrera.
Aussitôt que tu **eus ferré** la truite, tu vis qu'elle était de belle taille.
Quand tu **auras perdu** trois fois de suite, tu arrêteras de jouer !

6) Aussitôt que tu *eus pris* la parole, le silence se fit dans la classe.
Dès que le bruit *aura cessé*, nous nous endormirons.
Dès que nous *eûmes ouvert* le portail, les chiens aboyèrent.
Dès que les ouvriers *eurent réparé* la motrice, le TGV put repartir.

Fiche 60 : Le présent du conditionnel : verbes du 3e groupe

1) Si je les cirais, j'entretiendr**ais** mes chaussures.
Il faudr**ait** que Baptiste soit plus sûr de lui.
S'il neigeait, les chasse-neige se mettr**aient** au travail.

2) Si le chocolat faisait maigrir, cela se **saurait** : présent du conditionnel.
Si vous visionnez ce film, peut-être vous **plaira**-t-il : futur simple.
Comme ces timbres sont déchirés, ils ne **valent** rien : présent de l'indicatif.
Comme il restait deux places, vous vous **assîtes** : passé simple.
Il **a** bien **fallu** que vous vous décidiez : passé composé.

3) Si nous fréquentions la salle de musculation, nous entretiendrions notre forme.
Si Yanis et Aubin fréquentaient la salle de musculation, ils entretiendraient leur forme.

4) Même si je connaissais la fin de l'histoire, je ne te **dirais** rien.
Que **deviendraient** les petits villages sans leur école ?
Avec de la chance, tu **verrais** ta boule renverser toutes les quilles.

5) Quand je changerai les rideaux, je **prendrai** une teinte plus claire.
Si tu n'y arrives pas seul, nous **interviendrons**.
S'ils n'étaient pas taillés, ces jeunes arbres **mourraient**.

6) Si tu avais une tâche à accomplir, tu la ferais.
Si vous filtriez l'eau, vous la boiriez sans crainte.

Fiche 61 : Le présent du subjonctif : être – avoir – verbes des 1er et 2e groupes

1) Il faut que vous vous douchiez. – Il faut qu'il se réjouisse. – Il faut que je règle le son.

2) Il est naturel que tu **réagisses** de cette manière.
Comme il va pleuvoir, il faut que je me **munisse** d'un parapluie.
Rien ne s'oppose à ce que vous **utilisiez** une scie électrique.

3) Il faut que tu saisisses un marteau et que tu plantes les clous.
Il faut que nous saisissions un marteau et que nous plantions les clous.

4) Il me tarde que l'avion **atterrisse** car j'ai mal au cœur.
Le médecin préfère que nous **restions** au chaud.
Il faut que les véhicules **ralentissent** dans la descente.

5) Le siège est confortable à condition que vous y **placiez** un coussin.
L'apiculteur s'attend à ce que la récolte de miel **soit** abondante.
Cette personne obligeante accepte que nous **campions** dans son pré.
Il serait bon que tu te **nourrisses** de fruits et de légumes.

6) Les météorologistes doutent que les vents **faiblissent**.
Il est possible que nous **ayons** raison.

Fiche 62 : Le présent de l'impératif

1) Tu ne passes pas. Skiez-vous ? Écris-tu ?

2) Vous **vous méfiez**. **Méfiez-vous**. – Tu **te soignes**. **Soigne-toi**. – Nous **nous couchons**. **Couchons-nous.**

3) Vos vêtements sont trempés ; **faites**-les sécher près du radiateur.
Sépare-toi de tes anciens jouets pour les donner.
Dites-moi ce que vous pensez de notre proposition.

4) Prends tout ton temps, relis l'énoncé et note les données.
Prenons tout notre temps, relisons l'énoncé et notons les données.
Prenez tout votre temps, relisez l'énoncé et notez les données.

5) Par temps de brouillard, **réduisez** votre vitesse et **soyez** vigilants.
N'**hésite** pas et **abonne-toi** à ce journal ; il t'intéressera.
Remercie ta tante pour le cadeau qu'elle t'a offert.

6) Un savoureux dessert. **Vérifie** qu'il ne manque aucun ingrédient. **Sépare** les jaunes d'œufs des blancs. **Mélange** les jaunes avec le sucre. **Bats** les blancs en neige. **Fais** bouillir le lait, **ajoutes-y** le beurre fondu. **N'oublie pas** la farine et la levure. **Verse** le tout dans un moule à cake. **Mets** le gâteau au four pendant une demi-heure.

Fiche 63 : Ne pas confondre : le participe passé et le verbe conjugué

1) Odile *encombre* son réfrigérateur : **garnit**.
Tu places un bouquet *odorant* dans la casserole : **garni**.
Les animaux *blessés* sont des ours : **aperçus**.
Le photographe a *observé* des ours : **aperçu**.

2) elle **conduit**, elle **conduisit**, elle **a conduit** – elle **répond**, elle **répondit**, elle **a répondu** – il **combat**, il **combattit**, il **a combattu**.

3) En apprenant ta réussite, tu **resplendis** de bonheur.
Dès le coup de gong, le boxeur a **bondi**.
Vaincu par le trac, ce comédien **se ressaisit**.
Le prix du billet d'avion **inclut** un repas **pris** à bord.

4) Le reportage sur les enfants esclaves a **ému** toute la classe.
Mehdi **reconnut** son erreur et il la **corrigea**.
L'an dernier, Tina **concourut** pour le prix de la meilleure camarade.
Tu n'as pas **cru** bon de t'inscrire à la chorale.

5) *Pourvue* de nombreux équipements, cette moto *plut* à M. Salin.
Lorsque la sonnerie *retentit*, tu *crus* à une alerte.
Il a *plu* une partie de la nuit et la prairie a *disparu* sous les eaux.
Dès qu'il *sut* déchiffrer, Joyce *lut* les aventures de Oui-Oui.

Fiche 64 : Ne pas confondre : le participe présent et l'adjectif verbal

1) En **débutant** la partie – des joueurs **débutants**
En **éclairant** la scène – des fusées **éclairantes**
En **obéissant** aux consignes – des chiens **obéissants**
En **amusant** le public – des histoires **amusantes**
En **défaillant** de joie – une vue **défaillante**
En **salissant** la table – des métiers **salissants**

2) L'attitude fuyante de Fabrice nous déroute.
Les personnes prévoyantes vérifient leur facture.

3) À l'arrivée du rallye, les pots d'échappement sont brûlants.
Planant au-dessus de leur proie, les aigles attendent.

4) La porte **coulissante** s'est bloquée ; il faudra la réparer.
Cette loupe, **grossissant** les détails, nous rend service.
Ce scientifique avance des arguments **convaincants**.

5) L'entrée du musée des voitures ancienne est **payante**.
Vexée, Deborah est sortie **en se retournant**.

Fiche 65 : Ne pas confondre : est – es – et / ai – aie(s) – ait – aient

1) Pourquoi n'**es**-tu pas à l'heure ?
J'attends que Carole **ait** rangé son chariot.
Le médecin pense que j'**ai** une bonne grippe.
Quand le professeur **est** absent, nous avons un remplaçant.

2) La Garonne **est** en crue **et** elle charrie des eaux boueuses.
Tu **as** le choix entre une glace **et** un chou à la crème.
Pour canoter, il **est** préférable que j'**aie** un gilet de sauvetage.

3) Le gardien de but **est** blessé **et** tu **es** désigné pour le remplacer.
Ce musée **est** ouvert **et** le public **est** nombreux à s'y rendre.

4) La cartouche d'encre **est** vide **et** vous ne pouvez rien imprimer.
Puisque j'**ai** oublié mon stylo, tu **es** gentil et tu m'en prêtes un.
La rue principale de ce village médiéval **est** étroite **et** mal pavée.
Si tu **es** de bonne humeur, ton entourage **est** ravi **et** tout va bien.

5) Il **est** bon que tu **aies** classé les comptes rendus des réunions.
Comme le quartier **est** bien éclairé, je n'**ai** pas besoin d'une lampe.
Il **est** juste que ceux qui travaillent la nuit **aient** un jour de repos.
Il n'**est** pas exclu que j'**aie** des regrets d'avoir choisi ce vêtement.

6) Ce soir, il est possible qu'il y **ait** encore une boulangerie ouverte.
Bien que Rudy **ait** une raquette neuve, il n'**a** pas gagné !
Je ne suis pas étonnée que tu **aies** la peau bronzée après les vacances.
Il est rare que les loups **aient** l'audace de s'approcher des bergeries.

Fiche 66 : Ne pas confondre : sont – son

1) Je suis dans mon fauteuil.
Tu es dans ton fauteuil.
Luc est dans son fauteuil.
Nous sommes dans notre fauteuil.
Vous êtes dans votre fauteuil.
Les élèves sont dans leur fauteuil.

2) Messan nous confie que dans **son** pays les terres **sont** fertiles.
Le clown a déchiré **son** pantalon en courant ; les enfants **sont** ravis.
Les faits **sont** troublants ; M. Sartet aurait-il perdu **son** sang-froid ?

3) Que deviendrait un violoniste sans **son** archet ?
Les parents de Nils **sont** heureux de **son** retour.
Pendant l'interclasse, Tiphaine range **son** sac dans **son** casier.

4) Les témoins de l'accident sont interrogés par le commissaire.
Le terrain est éclairé par les projecteurs du stade.

5) Esther est ennuyée ; les rayons de **son** armoire **sont** trop hauts.
Le routier vérifie l'arrimage de **son** chargement ; les sangles **sont** tendues.
M. Tramoy est ravi ; les arbres de **son** verger **sont** en fleurs.
Ses lunettes **sont** cassées, elle doit se rendre chez **son** opticien.

6) Mathieu est fier **de son dernier classement**.
Pierre nettoie **son pinceau** et se place devant **son tableau**.

Fiche 67 : Ne pas confondre : si – s'y / ni – n'y

1) Dans cette boulangerie, on **n'y** trouve que du pain de campagne.
Lorsque Natacha a un travail à faire, elle **s'y** met avec ardeur.
Je n'aime **ni** le café **ni** le thé ; je préfère le chocolat.
Ce texte est parfait, **n'y** changez rien, **ni** un mot **ni** une phrase.
Tu viendras nous voir **si** tu as un moment de libre.

2) Ce commerçant n'accepte **ni** les chèques **ni** les cartes bancaires.
Ni le principal **ni** le professeur ne sont favorables à la sortie au parc.
Le fleuve est infesté de crocodiles ; les gazelles **n'y** vont jamais.
On ne peut **ni** serrer **ni** desserrer ce boulon, il est trop rouillé.
Comme il **n'y** a eu aucun arrêt de jeu, il **n'y** aura pas de temps additionnel.
Dans certains pays, de nombreux enfants n'ont **ni** famille **ni** domicile.

3) Le code de ce cadenas est 243, **si** mes souvenirs sont bons !
Il fait **si** chaud depuis des mois que l'on finit par **s'y** habituer.
Le sentier est **si** escarpé qu'il serait imprudent de **s'y** aventurer.
Connaissez-vous ce proverbe : « Qui **s'y** frotte, **s'y** pique » ?

4) La forêt est épaisse ; les explorateurs ne **s'y** risquent pas.
Gilles n'est pas surpris de notre refus ; il **s'y** attendait un peu.

5) Je ne connais ni l'Alsace ni les Vosges, je ne m'y suis jamais rendu(e).
Mme Leray ne connaît ni l'Alsace ni les Vosges, elle ne s'y est jamais rendue.
Mes voisins ne connaissent ni l'Alsace ni les Vosges, ils ne s'y sont jamais rendus.

68 La lettre « x »

JE RETIENS

- La **lettre « x »** est la seule lettre de l'alphabet français à transcrire deux sons. Elle se prononce :

- [ks] : *l'extérieur – le luxe – l'expérience – une taxe*
- [gz] lorsque « x » débute le mot : *un xylophone – xénophobe – Xavier*
- [gz] dans les mots commençant par « ex- », si le « x » est suivi d'une voyelle ou d'un « h » : *un exercice – l'exigence – exhiber – exubérant*.

- Pour que le « x » se prononce [ks] dans les mots commençant par « ex- », il faut ajouter un « c » après le « x » : *un excès – exciter – excellent*.

Astuce ! Comme la lettre « x » équivaut à deux consonnes, il n'y a jamais d'accent sur le « e » qui la précède.

- Le son [ks] peut aussi être transcrit :

- par deux « c » devant « e » ou « i » : *un accident – succéder – accessible*
- par « ct » : *une action – la réaction – la perfection*

JE M'ENTRAÎNE

Corrigés page 220

1) Classez les mots qui contiennent un « x » selon leur prononciation.

expédier – un examen – exquis – un explorateur – un exode – un exploit – exigu – l'extérieur – un exemple – l'exactitude

« x » se prononce [ks]	« x » se prononce [gz]

2) Complétez les mots avec « x » ou « cc ».

su..........éder	le su..........ès	a..........élérer	into..........iquer
su..........inct	o..........ire	l'a..........ession	la gala..........ie
un a..........essoire	le la..........isme	o..........ydé	un to..........icomane

3) **Complétez les mots. Ils se terminent tous par le son [ks].**

faire preuve d'un réfle......... étonnant
rester perple......... devant un tableau
habiter un splendide duple.........
l'ongle de l'inde.........

4) **Complétez les phrases avec les mots formés à partir des lettres proposées.**

Louis apprend à jouer du (s-e-n-x-h-a-p-o-o) ....
En haute altitude, l'(g-n-x-y-o-è-e) .... se fait rare.
Les cordes vocales sont situées dans le (y-x-a-n-r-l) ....
La piscine se trouve à (é-m-i-i-r-t-o-p-x) .... de la salle de sport.

5) **Complétez, si nécessaire, avec la lettre « c ».**

ex......emplaire	ex......epter	ex......écuter	ex......orciser
ex......agérer	s'ex......iler	un ex......édent	ex......ister
ex......iger	ex......ellent	ex......essif	ex......entrique

6) **Définitions de mots croisés. Dans tous les noms, on trouve la lettre « x ».**

On dit que ce félin a les yeux perçants. → le l...........................
Un appareil pour éteindre les débuts d'incendie. → un e...........................
C'est un polygone de six côtés. → un h ....
Un sport où l'on combat avec ses poings. → la b...........................

DICTÉE Texte de la dictée page 24 du cahier

Un safari photo

69 Les noms terminés par le son [ɑ̃s] (ance ; ence)

JE RETIENS

- Les **noms féminins** terminés par le son [ɑ̃s] s'écrivent généralement avec deux terminaisons différentes, aussi fréquentes l'une que l'autre.

- **« -ance »** : *la chance – la puissance – la nuance*

Beaucoup de ces noms sont dérivés d'adjectifs qualificatifs ou d'adjectifs verbaux en « -ant » : *obéissant* → *l'obéissance* *confiant* → *la confiance*.

- **« -ence »** : *la fréquence – la négligence – la diligence*

Beaucoup de ces noms sont dérivés d'adjectifs qualificatifs en « -ent » :
fréquent → *la fréquence* *différent* → *la différence*

Exceptions à cette règle : *exigeant* → *l'exigence* et *existant* → *l'existence*

Astuce ! On peut trouver la terminaison correcte en pensant à un mot de la même famille : *avancer* → *l'avance* mais *un absent* → *l'absence*.

- Quelques noms ont des terminaisons particulières.

- **« -anse »** : *la danse – l'anse – la panse – la transe*
- **« -ense »** : *la défense – l'offense – la dépense – la dispense*

Attention ! Un seul nom terminé par le son [ɑ̃s] est masculin : *le silence*.

JE M'ENTRAÎNE

Corrigés page 220

1) Écrivez les noms terminés par le son [ɑ̃s] dérivés des adjectifs suivants.

bienfaisant → la ....
constant → la ....
excellent → l'.........................
patient → la ....
clément → la ....
ignorant → l'...............................

2) Entourez la bonne orthographe.

Devant le maire, les mariés échangent leurs alliances / alliences.
On ignore dans quelles circonstances / circonstences ce navire s'est échoué.
La compétance / compétence de ce dentiste n'est pas à mettre en doute.

3) Écrivez les noms terminés par le son [ɑ̃s] dérivés de ces verbes.

exiger → l'..............................
offenser → l'..........................
agencer → l'...........................
ignorer → l'............................
assurer → l'.................................
se méfier → la ....
résider → la ....
semer → la ....

4) Complétez les noms terminés par le son [ɑ̃s].

Le professeur d'EPS nous demande d'effectuer une course d'endur..............

Assisterez-vous à la sé............. de 15 heures ou à celle de 18 heures ?

Tu te rends à l'intend............. pour payer la demi-pension.

On ne voit pas où est la cohér............. entre votre discours et vos actes.

5) Complétez les phrases avec des noms terminés par le son [ɑ̃s].

Cette année, il y a des cerises en ab..................... ; nous allons nous régaler.

Le train en pro....................... de Limoges entrera en gare dans deux minutes.

L'espion a reçu un coup sur la tête ; il a perdu co..............................

6) Définitions de mots croisés. Tous les noms se terminent par le son [ɑ̃s].

Un instrument de mesure des poids. → une b....................

Entre l'enfance et l'âge adulte. → l'a.........................

On la verse dans les réservoirs des automobiles. → l'e.........................

Le médecin la délivre, on la présente au pharmacien. → l'o.........................

DICTÉE *Texte de la dictée* **page 24** *du cahier*

Un pays de rêve

70 Les homophones lexicaux

JE RETIENS

- **Les homophones** sont des mots dont la prononciation est identique, mais dont l'orthographe et la signification sont différentes. Seuls le contexte ou la consultation d'un dictionnaire permettent de lever les ambiguïtés.

  l'épreuve de saut en hauteur — *Il n'y a pas de sot métier.*
  porter un seau d'eau — *parler sous le sceau du secret*

- **Certains homophones** ne se distinguent que par la présence d'un accent.

  un fruit mûr — *s'appuyer contre le mur*
  ouvrir une boîte de chocolat — *boiter légèrement*

- **Les homophones** peuvent être de natures grammaticales différentes.
  - nom : *Le temps est au beau fixe.*
  - verbe : *Je tends la main à mon ami.*
  - adverbe : *Il a tant plu que la rivière déborde.*

- Quelques mots homophones sont difficiles à distinguer car ils appartiennent à la même famille : *honorer un martyr* mais *souffrir le martyre*.

Astuce ! À l'oral, il faut s'en remettre au sens pour distinguer les homophones.

Kandinsky fut un précurseur de l'art abstrait.
Le charcutier découpe une tranche de lard.

JE M'ENTRAÎNE

Corrigés page 220

1) Dans chaque phrase, entourez les mots homophones.

Pendant le cours de français, on entend des bruits dans la cour.
Le maire de la commune reçoit des mères de familles nombreuses.
Qui a mis un ver de terre dans ce verre de menthe à l'eau ?

2) Reliez chaque phrase au mot qui la complète.

Yann fait les … pas en attendant ses amis. •	• sent
M. Marty … la moutarde lui monter au nez ; il est en colère. •	• sans
Il y a beaucoup de bruit ; … est trop, je sors. •	• cent
Si tu te rends dans la vieille ville … plan, tu te perdras ! •	• c'en

3) Entourez la bonne orthographe.

Étendu sur le flanc / flan, le cerf ne bouge plus.
M. Richon habite un ancien mas / mât provençal.
Lise est censée / sensée nous attendre devant l'entrée du théâtre.

4) Complétez les phrases avec des homophones des noms suivants.
(la) voie – (la) chair – (la) fête – (un) repère

Le bateau pirate a regagné son .... dans l'île de la Tortue.

Une étoile lumineuse se trouve au .... du sapin de Noël.

Le principal fait l'appel d'une .... forte.

Dans ce restaurant, avez-vous fait bonne .... ?

5) Complétez les phrases avec des homophones des groupes de mots suivants.
à l'aine – un dix – les taux – les lecteurs

Oscar a couru à perdre .... pour arriver à l'heure.

Le mécanicien place la pièce à limer dans l'................................ .

Sorti de l'isoloir, l'.................................... glisse son bulletin dans l'urne.

Le détective est à la recherche d' .... matériels.

6) Complétez chaque couple de phrases avec deux homophones.

Surpris en infraction, ce conducteur paiera une ....

L'............................. est une graine largement utilisée en pâtisserie.

Le chant du .... est particulièrement agréable.

Le capitaine du bateau est .... ; tout est calme à bord.

DICTÉE Texte de la dictée **page 24** du cahier

Un pays de chasseurs

71 Les mots d'origine latine et grecque

JE RETIENS

- Si 80 % des mots du français sont **d'origine latine**, ils ont le plus souvent été déformés : le nom « *eau* », par exemple, vient du latin « *aqua* ». Néanmoins, cette origine se retrouve dans certains mots : *un aquarium – aquatique.*
- Environ 300 mots et expressions ont conservé leur forme latine et sont employés avec autant d'aisance et de fréquence que les mots français : *un agenda – un omnibus – un tibia – un junior.*
- Beaucoup se terminent par « -um » : *un ultimatum – le podium – un album.*
- Ils sont parfois légèrement déformés ou peuvent prendre des accents alors qu'il n'y en a pas en latin : *un alinéa – un déficit – un mémento.*
- Les mots **d'origine grecque** sont nombreux, mais la plupart sont d'usage restreint car ils appartiennent, généralement, à des lexiques spécialisés, scientifiques ou techniques :
  un microscope – le larynx – la philosophie – l'orthographe – une hémorragie.

Attention ! Il faut se méfier des rapprochements de sens qui ne correspondent pas toujours à des rapprochements étymologiques.

- le nom *auvent* n'a rien à voir avec « le vent ».
- l'adjectif *forcené* ne vient pas du nom « force ».
- le nom *pinceau* n'appartient pas à la famille étymologique de « la peinture ».

JE M'ENTRAÎNE

Corrigés page 221

1) Associez chaque mot français au mot latin dont il est issu.

le facteur •	• facere
facile •	• calor
une audition •	• vulnus
vulgaire •	• piscis
vulnérable •	• audire
la chaleur •	• factor
une piscine •	• vulgus

2) Les mots suivants ont-ils la même origine latine ? Mettez « vrai » ou « faux ».

le cœur / un accord	→	huile / olive	→ ....
une pédale / un bipède	→	étroit / strict	→ ....
ouvrable / ouvrir	→	le péage / payer	→ ....
loyal / légal	→	décimer / détruire	→ ....

3) Complétez les expressions ou les mots latins de ces phrases.

M. Renan cherche un emploi ; il envoie un cu................ vi................ .

Mozart n'a pu achever son re................ avant de mourir.

Mme Ludin a écrit un po................-scr................ au bas de la lettre.

A pr................, voilà une tenue de sport qui me convient.

Ces deux concurrents ont terminé la course ex ae................ .

4) Ces mots abrégés viennent du latin ou du grec. Trouvez leur forme complète.

un stylo	➜ un	un micro	➜ un ....
un pneu	➜ un	une moto	➜ une ....
une cata	➜ une	la clim	➜ la ....
la météo	➜ la	sympa	➜ ....
un vélo	➜ un	un psy	➜ un ....

5) Trouvez les mots d'origine latine ou grecque correspondant à ces définitions.

Exemplaire donné gratuitement à titre de publicité. ➜ un s........................

Sourire menaçant exprimant un sentiment cruel. ➜ un r........................

Un gaz indispensable à la vie. ➜ l'o........................

Certains provoquent de graves maladies. ➜ les v........................

DICTÉE *Texte de la dictée* ***page 25*** *du cahier*

Texte de la dictée page 25 du cahier

Un coup de foudre

72 Les mots d'origine étrangère

JE RETIENS

● En français, les emprunts à d'autres langues sont habituels. Peu à peu certains d'entre eux sont francisés et leur origine est parfois difficile à retrouver.

- origine arabe : *une merguez – une razzia – un chiffre*
- origine anglaise : *un short – un tandem – kidnapper*
- origine allemande : *un bivouac – un képi – l'accordéon*
- origine scandinave : *un drakkar – un fjord – un édredon*
- origine tchèque : *un pistolet – une calèche – un robot*
- origine néerlandaise : *le vacarme – un boulevard – la bière*
- origine italienne : *un balcon – un pantalon – une caresse*
- origine espagnole : *un camarade – l'armada – la vanille*
- origine russe : *un mammouth – un cosaque – une isba*
- origine japonaise : *le karaté – un kamikaze – un tsunami*
- origine africaine : *un baobab – un chimpanzé – un zèbre*

● D'autres mots viennent des langues et dialectes du territoire français : *la cigale* (provençal) – *le bocage* (normand) –*un bijou* (breton) – *le maquis* (corse) – *le mascaret* (gascon) – *la kermesse* (flamand) – *un coron* (wallon), etc.

Astuce ! Ces noms peuvent garder le pluriel de leur langue, mais le pluriel français s'impose en général : *un rugbyman, des rugbymen* ou *des rugbymans.*

● Il faut penser qu'il existe peut-être un mot français avant d'utiliser certains mots anglo-saxons : *un entretien* plutôt qu'*une interview*.

JE M'ENTRAÎNE

Corrigés page 221

1) Reliez chaque phrase au mot d'origine étrangère qui la complète.

Les pilotes disputent le ... des Cévennes. ●	● chewing-gum
Après la brasse, Kévin apprendra le ... . ●	● rallye
Chaque samedi, Stéphanie fait du ... . ●	● surf
Sur les pistes de ski, les jeunes pratiquent le ... . ●	● zappe
Le ... de ce film est l'adaptation d'un roman. ●	● crawl
Pierre ... sans cesse d'une émission à l'autre. ●	● scénario
Anxieux, Farid mastique sans relâche son ... . ●	● shopping

2) Entourez la bonne orthographe.

Ce faquir / fakir marche sur des braises et dort sur des clous.
Le paquebot Titanic a coulé après avoir heurté un icebergue / iceberg.
Un blizard / blizzard glacial soulève des paquets de neige.

3) Récrivez les phrases en remplaçant le nom d'origine étrangère par un nom français.

Marion Cotillard est une star du cinéma français.

……………………………………………………………………………………………

Ne pas faire de fautes d'orthographe, c'est un véritable challenge.

……………………………………………………………………………………………

Ce goal n'a pas encaissé un seul but de la partie.

……………………………………………………………………………………………

4) Complétez les phrases avec des noms d'origine anglaise terminés par « -ing ».

M. Chardon tient à son s…………………… ; il est toujours bien habillé.
M. Vignal ne peut se garer : le p…………………… est complet.
Valérie sort son sèche-cheveux pour se faire un b…………………… .
L'architecte a établi le p…………… des travaux de construction de l'immeuble.

5) Donnez les noms d'origine étrangère correspondant à ces définitions.

Une musique née aux États-Unis, chez les Noirs. → le j ……………………
La tenue de combat des judokas. → un k ……………………
Une affiche destinée à la décoration. → un p ……………………
Au cirque, il fait rire le public. → le c ……………………

DICTÉE Texte de la dictée page 25 du cahier

Un séjour à New York

73 Les paronymes – Les barbarismes

JE RETIENS

- Certains mots ont des formes écrites et des prononciations proches : on dit que ce sont **des paronymes**.
- Pour choisir le terme correct, il faut bien examiner le sens de la phrase.

  Je ne voudrais pas être importun, mais je dois entrer dans cette salle.

– « importun » : qui déplaît, qui gêne par sa présence.

  Pascal est arrivé au moment opportun.

– « opportun » : qui convient, qui se produit fort à propos.

- Quand on déforme un mot, on commet **un barbarisme**.

  Les employés de cette entreprise sont bien rémunérés.

et non :

  Les employés de cette entreprise sont bien ~~rénumérés~~.

Remarque ! Dans la Grèce antique, un *barbare* était un étranger qui déformait la langue de la cité lorsqu'il s'exprimait.

- Les humoristes utilisent parfois les paronymes pour nous faire sourire.

Mon voisin a gagné une somme gastronomique au loto ! (au lieu de *somme astronomique*)

JE M'ENTRAÎNE

Corrigés page 222

1) Entourez le bon terme dans chaque phrase.

Nous évitons de prendre le métro aux heures d'affluence / influence.
L'affluence / influence de la musique américaine est importante.
Les cambrioleurs sont entrés par infraction / effraction.
Cette voiture, mal garée, est en infraction / effraction.
M. Gaillard se délasse / délace dans son fauteuil.
Après le match, Raphaël délasse / délace ses chaussures.

2) Retrouvez les mots qui correspondent à ces définitions.

Homme qui étudie les astres pour prédire l'avenir. ➜ un as......................

Savant qui étudie les mouvements des astres. ➜ un as..........................

Celle du volcan est souvent catastrophique. ➜ une ....ption

Une invasion soudaine et violente. ➜ une .... ption

3) Changez une lettre du mot entre parenthèses pour avoir le mot manquant.

Ces côtes sont malheureusement (infectées) .... de requins.

Mme Darlet (induit) .... le papier peint de colle.

Les villages sont évacués en (provision) .... de l'ouragan.

Le professeur fait (illusion) .... à un texte que je n'ai pas lu.

4) Dans chaque phrase, un mot est déformé. Copiez-la en corrigeant ce mot.

Les chevaux, carapaçonnés de cuir noir, entrent en piste.

....

Certaines personnes sont prédisposées aux infractus.

....

La victime fut assommée à l'aide d'un objet contordant.

....

5) Récrivez la phrase en rectifiant les fautes de frappe.

Alors qu'elle mordait paisiblement, Léa est réveillée en surseau par un fruit de chaize en prévenance du prunier. Elle terre trait port le bras de sa sœur et tousse un cric.

....

....

....

DICTÉE Texte de la dictée **page 25** du cahier

Un repas entre amies

74 Des difficultés orthographiques

JE RETIENS

- Dans certaines familles, des mots contiennent une consonne double et d'autres une consonne simple. On note également des modifications d'accents et même des anomalies. Il faut toujours vérifier dans **un dictionnaire**.

la sonnerie mais *la sonorisation*
la grâce mais *gracieux*
ceindre, *la ceinture* mais *un cintre*

- Le nom qui marque la **nationalité** ou qui désigne les habitants d'un lieu est un nom propre ; il prend une majuscule.

Les Français et les Italiens sont des Latins.

- Le nom qui désigne une **langue**, un produit d'origine, ainsi que l'adjectif qualificatif s'écrivent sans majuscule.

Le français et l'italien sont des langues latines.

- Pour éviter les incorrections dans la conjugaison de verbes ou dans l'emploi de certaines tournures, il faut consulter les **tableaux de conjugaison**, les dictionnaires ou les livres de grammaire.

On ne dit pas : « *Ils ~~croyent~~ bien faire* » mais « *Ils croient bien faire* ».

JE M'ENTRAÎNE

Corrigés page 222

1) Entourez la bonne orthographe.

Ce jongleur rattrape les huit balles sans difficulté ; je suis stupéfié / stupéfait.
J'ai en assez d'avoir les oreilles rebattues / rabattues par les mêmes histoires.
Aujourd'hui, la mer est agitée, voire / voir houleuse.

2) Choisissez le bon terme pour compléter les phrases suivantes.

À l'époque romantique, les femmes portaient des Anglaises / anglaises.
Les Anglaises / anglaises adorent boire le thé avec quelques amies.
Pendant la guerre de 14-18, de violents combats ont eu lieu en Champagne / champagne.
Pourquoi les coureurs automobiles s'arrosent-ils de Champagne / champagne ?

3) Complétez les phrases avec des mots de même famille que ceux entre parenthèses.

Cette salle est trop (sonner) .... ; on ne s'entend pas.
Sur une route (le verglas) ...., il faut rouler lentement.
Les (une mamelle) .... mettent au monde des petits vivants.

4) Récrivez les phrases en remplaçant les formes incorrectes.

Malgré que cette piste soit fermée, des skieurs imprudents l'empruntent.

La clé USB que je vous avais prêtée, rendez-moi-la ; j'en ai besoin.

5) Choisissez et entourez le bon terme dans les phrases suivantes.

La Brie / brie est une région où les terres sont fertiles.

Le Brie / brie est un fromage à pâte molle.

Les déesses Grecques / grecques ont inspiré de nombreux peintres.

Les Grecques / grecques d'un certain âge sont souvent vêtues de noir.

6) Récrivez les phrases en remplaçant les formes verbales incorrectes.

Après son opération, Mme Delmas a recouvert tous ses moyens.

Si le brocanteur baisse son prix, l'affaire se concluera probablement.

DICTÉE Texte de la dictée **page 26** du cahier

La marée noire

75 Les accords dans le groupe nominal

JE RETIENS

- **Un groupe nominal** est constitué d'un nom (ou d'un pronom) principal. C'est lui qui entraîne **l'accord, en genre et en nombre**, des déterminants, des adjectifs qualificatifs ou des participes passés employés comme épithètes.

Alex porte une nouvelle veste bariolée.

- **Le complément du nom** est un mot, ou un groupe de mots, qui apporte une précision sur le nom (ou le pronom). Il est introduit par une préposition et placé après le nom, avec lequel il ne s'accorde pas.

Alex porte une veste de sport bariolée. (*de sport* = complément du nom « veste »)

- **La proposition subordonnée relative** est introduite par un pronom relatif qui a pour antécédent le nom principal ; il en porte donc le genre et le nombre.

Alex porte une veste qui attire tout de suite l'attention.

- **L'adverbe**, invariable, modifie le sens d'un adjectif à l'intérieur du groupe nominal : *Alex porte une veste de sport plutôt bariolée.*

Attention ! Les adjectifs qualificatifs et les participes passés peuvent être mis **en apposition**, c'est-à-dire être séparés du nom par une ou des virgules.

Plutôt bariolée, la nouvelle veste de Thomas attire l'attention.

JE M'ENTRAÎNE

Corrigés page 222

1) Dans ces phrases, entourez les noms principaux des groupes nominaux.

Les troupes de Napoléon parcouraient des kilomètres à pied.
Les maraîchers de la vallée de la Loire se spécialisent dans la culture des asperges.
Il n'est pas possible de vendre les vêtements de travail qui présentent des défauts.

2) Recopiez ces groupes nominaux en mettant le nom principal au pluriel. Accordez.

un simple bol de café ....

une grave erreur de jugement ....

un coup de sifflet strident ....

3) Recopiez ces groupes nominaux en mettant le nom principal au singulier. Accordez.

des voitures à pédales démodées ....

d'odorants bouquets de roses ....

d'immenses forêts de sapins ....

4) Écrivez, si nécessaire, les noms au pluriel.

un recueil de document......
un bouquet de rose......
des sacs de farine......
un patin à roulette......
un tuyau d'arrosage......
un jeu de société......
des sacs de bonbon......
un exercice à trou......

5) Copiez les phrases en remplaçant les noms en couleur par ceux entre parenthèses.

Dans ce village (bourgade) isolé, la vie (travaux) quotidienne est bien difficile.

....

L'infirmière entoure le malade de ses soins (présence) affectueux et attentifs.

....

6) Complétez les phrases avec les noms suivants que vous accorderez.

fraise – piste – poire – client – passant – passage

Les .... odorantes attirent les nombreuses .... du marché.
Une .... juteuse est difficile à peler, mais quelle saveur !
Les .... prudents traversent toujours sur les .... protégés.
Noyées dans le brouillard, les .... sont impraticables.

DICTÉE Texte de la dictée **page 26** du cahier

Dracula

76 L'accord du verbe : cas particuliers

JE RETIENS

- Après « **plus d'un** », le verbe se met au singulier ; après « **moins de** », le verbe se met au pluriel.

  Plus d'un boxeur a défié le champion du monde.
  Moins de trois boxeurs ont défié le champion du monde.

- Quand le sujet du verbe est **un adverbe de quantité** (beaucoup, trop, peu, etc.), le verbe s'accorde avec le complément de cet adverbe.

  Peu de trains circulent en ce jour férié.

- Quand le verbe a pour sujet un **pronom** comme « tout » ou « rien », qui reprend plusieurs noms, il s'accorde avec ce pronom.

  La musique, le cinéma, le théâtre, tout me plaît.

- Lorsque le sujet du verbe est un collectif (la plupart, une foule, la majorité de, etc.) suivi de son complément, le verbe peut s'accorder au singulier ou au pluriel.

  La majorité des collégiens possède(nt) une tablette.

Astuce ! Il arrive que deux sujets soient de personnes différentes. Dans ce cas :

- la 1re personne l'emporte sur la 2e et sur la 3e : *Toi et moi sommes à l'heure.*
- la 2e personne l'emporte sur la 3e : *Sandy et toi êtes à l'heure.*

JE M'ENTRAÎNE Corrigés page 223

1) Entourez les noms principaux des groupes sujets.

Le chêne, pas plus que le hêtre, ne conserve ses feuilles en hiver.
Dès les premières gouttes, la place et les rues se vident.
La moitié des pages de ce livre étaient illisibles.
Une dizaine de mécaniciens s'activent autour de la Formule 1.

2) Écrivez les terminaisons des verbes au présent de l'indicatif.

Le regard d'Armelle et le son de sa voix trahi..................... son émotion.
Plus d'un marin redout..................... les quarantièmes rugissants.
L'atterrissage de centaines d'avions indispos..................... les riverains.
Laurence et moi suiv..................... les conseils du professeur.

3) Entourez la bonne orthographe.

Vous et moi sommes / êtes du même avis.
Moins de trois minutes suffit / suffisent pour cuire cet œuf.
Florian et toi portent / portez les mêmes vêtements.
La mer est houleuse, personne n'ose / n'osent se baigner.

4) Écrivez les verbes entre parenthèses au présent de l'indicatif.

Rien ne (valoir) .... la sérénité que vous (apporter) .... vos amis.

L'or aussi bien que l'argent (être) .... des métaux précieux.

L'Espagne comme la France (appartenir) .... à l'Europe.

Il (falloir) .... des trésors de patience pour monter ce meuble !

5) Écrivez les terminaisons des verbes au futur simple de l'indicatif.

La paix et non la guerre règne.................. bientôt dans cette région.

Sans ordonnance, le pharmacien ne délivr.................. pas ce médicament.

Les alpinistes sont nombreux, mais combien arrive.................. au sommet ?

L'une ou l'autre équipe marque.................. un but avant la fin du match.

Ni Sarah ni toi ne regarde.................. ce film de science-fiction.

DICTÉE Texte de la dictée **page 26** du cahier

Un chevrier malheureux

77 Le participe passé employé avec l'auxiliaire avoir (cas particuliers)

JE RETIENS

- En règle générale, le participe passé employé avec l'auxiliaire **avoir** s'accorde avec le complément d'objet direct seulement si celui-ci est placé avant le participe passé. Cependant, il existe un certain nombre de cas particuliers.
- Le participe passé employé avec l'auxiliaire **avoir** est invariable dans les cas suivants :

- Lorsque le complément d'objet direct du verbe est le pronom **« en »**.
  Les spaghettis étaient délicieux, Ivan en a mangé une pleine assiette.
- Lorsque le pronom neutre **« le »** (« l' ») est complément d'objet direct.
  Déguster des spaghettis, Ivan l'a espéré durant toute la semaine !
- Lorsque le complément d'objet direct est le pronom démonstratif **« ce »**.
  Des spaghettis à la bolognaise, voilà ce qu'Ivan a mangé.
- Lorsque le participe passé « fait » est suivi d'un **infinitif**.
  Comme les spaghettis étaient froids, Ivan les a fait réchauffer.
- Lorsque le participe passé est celui d'un **verbe impersonnel**.
  Ces spaghettis, il les aurait fallu bien moins épicés.

JE M'ENTRAÎNE

Corrigés page 223

1) Complétez les phrases avec les participes passés suivants, que vous accorderez.
scié – préparé – rabotée – demandé

L'autorisation de sortie, à qui l'avez-vous .... ?

As-tu mangé les biscuits que j'avais .... pour toi ?

Le menuisier a .... les planches, puis il les a ....

2) Entourez la bonne orthographe.

Les jumelles que tu n'as pas oublié / oubliées te permettront d'observer les aigles.

M. Monier brûle les branchages qu'il a fait / faits couper par son fils.

Savez-vous ce que les professeurs ont déclarés / déclaré au conseil de classe ?

3) Complétez ces phrases en mettant les verbes au passé composé.

J'(étendre) .... les draps que j'(sortir) .... de la machine.

Des enquêtes difficiles, ce commissaire en (résoudre) .... plus d'une.

Les jurés (délibérer) .... et ils (rendre) .... leur verdict.

Les rivières (déborder) .... comme on l'(prévoir) ....

4) Complétez ces phrases avec des participes passés et accordez.

L'omelette que tu as (vouloir) .... devra être (réchauffer) ....

Je t'ai (rendre) .... les documents que tu m'avais (prêter) ....

Eva a (prendre) .... autant de parts de tarte qu'elle a (vouloir) ....

5) Récrivez la phrase en changeant le sujet.

Le château que l'architecte a restauré est ouvert au public.

Les bâtiments historiques ....

La tour ....

Les fermettes ....

6) Remplacez les noms en couleur par ceux entre parenthèses et accordez.

Le ponton (passerelle) était mal fixé ; les ouvriers l'ont consolidé.

....

Ce câble (corde) est moins résistant que je ne l'avais prévu.

....

Ce conseil (recommandations) était pertinent, tu as bien fait de l'écouter.

....

DICTÉE Texte de la dictée **page 27** du cahier

Un correspondant

78 Le participe passé des verbes pronominaux

JE RETIENS

- Le **participe passé** des verbes qui n'existent que sous la forme **pronominale** s'accorde toujours en genre et en nombre avec le sujet du verbe.

  À la vue du sang, les âmes sensibles se sont évanouies.

- Les **verbes pronominaux transitifs indirects** n'ont pas de complément d'objet direct ; leur participe passé est donc invariable.

  Les éclairs se sont succédé toute la nuit.

- Le **participe passé** des verbes **occasionnellement pronominaux** s'accorde si le pronom réfléchi est complément d'objet direct.

Karine s'est brûlée. ➔ Karine a brûlé elle-même (« s' ») ➔ accord

- Si le verbe a un autre complément d'objet direct que le pronom réfléchi, ce dernier devient complément d'attribution et ne compte plus pour l'accord. Dans ce cas, le participe passé s'accorde avec le complément d'objet direct seulement si celui-ci est placé avant le verbe (règle habituelle).

- *Karine s'est brûlé les doigts.* ➔ pas d'accord
- *Karine soigne les doigts qu'elle s'est brûlés.* ➔ accord

Attention ! Les verbes pronominaux *se faire* et *se laisser* suivis d'un infinitif sont invariables : *L'actrice s'est fait attendre quelques minutes.*

JE M'ENTRAÎNE

Corrigés page 224

1) Accordez les participes passés des verbes entre parenthèses.

Les chevaliers se sont (battre) .... jusqu'à ce que mort s'ensuive.

Toute la famille Renzo s'est (réjouir) .... à l'idée de déménager.

Les deux véhicules se sont (frôler) .... , sans dommage heureusement.

2) Entourez la bonne orthographe.

Au premier coup de fusil, les perdrix se sont envolées / envolé.

Liliane s'est fait / faite couper les cheveux.

Paul et Denis se sont connu / connus à l'école maternelle.

3) Complétez le participe passé dans chaque phrase.

Mes amies dégustent l'omelette qu'elles se sont préparé................. .

Ma sœur déguste le dessert qu'elle s'est préparé.................. .

Hervé déguste les macarons qu'il s'est préparé.................. .

4) Écrivez les verbes au passé composé en veillant aux accords.

Dès le premier regard, ces deux personnes (se plaire) ....

Malgré le vent, la montgolfière (se poser) .... en douceur.

Ameline (chuter) .... et (s'égratigner) .... le genou.

À l'issue de la partie, les deux joueurs (se serrer) .... la main.

5) Accordez les participes passés des verbes entre parenthèses.

Les locataires se sont (donner) .... du mal pour nettoyer le local à vélos.

Pour se tenir éveillée, Mme Dray s'est (préparer) .... un café.

Ces jeunes recrues se sont (engager) .... dans la marine pour cinq ans.

Mes voisins se sont (rendre) .... service.

6) Complétez les phrases avec les participes passés des verbes suivants que vous accorderez : *affoler – imiter – effacer – réfugier – tracer – fabriquer.*

Au fil des jours, les tags .... sur les murs se sont ....

Les papiers que l'espion s'est .... sont mal ....

................................, les chatons se sont .... sous le lit.

DICTÉE Texte de la dictée page 27 du cahier

Un après-midi de détente

79 Les temps composés du conditionnel

JE RETIENS

- **Le conditionnel passé** indique qu'un fait situé dans le passé sera accompli dans un moment à venir. *Nous nous doutions que tu aurais fait ton choix avant lui.*
- **Le conditionnel passé 1re forme** est composé du présent du conditionnel de l'auxiliaire *être* ou *avoir* et du participe passé du verbe conjugué.

- lire : *j'aurais lu* *nous aurions lu*
- partir : *tu serais parti(e)* *vous seriez parti(e)s*

- Si le verbe de la proposition subordonnée, introduite par la conjonction « si », est au plus-que-parfait de l'indicatif, le verbe de la proposition principale est au **conditionnel passé** : *Si tu avais vu ce film, tu l'aurais apprécié.*
- On donne parfois au **plus-que-parfait du subjonctif** (voir fiche 81) le nom de **conditionnel passé 2e forme**. Ce temps est composé d'une forme particulière des auxiliaires *être* ou *avoir* et du participe passé du verbe conjugué.

- lire : *j'eusse lu* *nous eussions lu*
- partir : *tu fusses parti(e)* *vous fussiez parti(e)s*

Remarque ! Le conditionnel passé 2e forme et le plus-que-parfait du subjonctif sont des temps littéraires, que l'on rencontre surtout à l'écrit.

JE M'ENTRAÎNE

Corrigés page 224

1) Reliez chaque phrase au verbe qui la complète.

Si tu m'avais laissé un message, je t'... . •	• serions allées
S'il avait fait beau, nous ... à la plage. •	• serait entré
Si le rideau s'était levé, le comédien ... en scène. •	• aurais répondu

2) Entourez la bonne orthographe.

S'il avait plu, les champs en auraient / auront profité.

Vous auriez / seriez dû mieux refermer votre réservoir d'essence.

J'aurai / aurais parié que ce judoka parviendrait à remporter son combat.

3) Écrivez la phrase en changeant le sujet.

Vous auriez souhaité une réduction sur le prix de ces chaussures.

Tu ....

Les clients ....

4) Récrivez les phrases en mettant les verbes au conditionnel passé 1re forme.

On annonce qu'un astronome (découvrir) une nouvelle galaxie.

....

Si tu avais pu choisir, tu (apprendre) à jouer du piano plutôt que du violon.

....

5) Écrivez la phrase en changeant les sujets, mais en conservant les temps.

Si nous avions consulté la carte, nous ne nous serions pas égarés.

Si j'.. .

Si Bastien ....

6) Récrivez les phrases en mettant les verbes au conditionnel passé 2e forme.

Si elles avaient été mieux entretenues, les digues (ne pas céder).

....

S'il n'avait pas fait une chute, ce cheval (devancer) tous ses concurrents.

....

DICTÉE Texte de la dictée page 27 du cahier

Une retraite paisible

80 Le présent du subjonctif : verbes du 3e groupe

JE RETIENS

- **Au présent du subjonctif**, tous les verbes du 3e groupe prennent les mêmes terminaisons, mais, pour certains, le radical est modifié.
- Il faut retenir ces formes fréquentes pour éviter les barbarismes.

savoir :	*Il faut que tu saches.*	*Il faut que vous sachiez.*
faire :	*Il faut qu'elle fasse.*	*Il faut qu'ils fassent.*
prévoir :	*Il faut que je prévoie.*	*Il faut que nous prévoyions.*
venir/tenir :	*Il faut que tu viennes.*	*Il faut que vous teniez.*
mourir :	*Il faut qu'elle meure.*	*Il faut qu'ils meurent.*
s'asseoir :	*Il faut que tu t'assoies.*	*Il faut que vous vous asseyiez.*
craindre :	*Il faut qu'elle craigne.*	*Il faut qu'ils craignent.*
connaître :	*Il faut que tu connaisses.*	*Il faut que vous connaissiez.*
vouloir :	*Il faut qu'elle veuille.*	*Il faut qu'ils veuillent.*
prendre :	*Il faut que je prenne.*	*Il faut que nous prenions.*
pouvoir :	*Il faut que tu puisses.*	*Il faut que vous puissiez.*

Attention ! Les conjonctions **que** et **quoi** peuvent se trouver en tête de phrase dans des exclamations marquant l'étonnement, l'indignation, le refus. Le verbe est alors au subjonctif : *Quoi que vous fassiez, que personne ne sorte !*

JE M'ENTRAÎNE

Corrigés page 224

1) Transformez les phrases selon l'exemple.

J'écris. → Il faut que j'écrive.

Vous relisez. → Il faut que vous ....

Nous descendons. → Il faut que nous ....

Tu comprends. → Il faut que tu ....

2) Entourez la bonne orthographe.

Il est rare que les enfants croyent / croient encore au Père Noël.

Il se peut que je dois / doive refaire cet exercice ; il y aurait une erreur.

Rien ne s'oppose à ce que tu dises / dis la vérité.

3) Complétez les phrases en mettant les verbes au présent du subjonctif :

tondre la pelouse, et répandre de l'engrais

Il faut que tu .... la pelouse, et que tu .... de l'engrais.

Il faut que nous .... la pelouse, et que nous .... de l'engrais.

4) Écrivez les verbes entre parenthèses au présent du subjonctif.

Pour faire passer ta toux, il faut que tu (boire) .... du sirop.
Quoi qu'il (entreprendre) .... , Sylvain y met beaucoup d'ardeur.
D'ici, il est possible que nous (apercevoir) .... l'île de Sein.

5) Complétez les phrases avec les verbes suivants conjugués au présent du subjonctif : *prévenir – enfreindre – traduire – détruire***.**

Il serait bon que tu .... la vie scolaire de ton absence.
La prudence exige que vous .... ce nid de frelons.
Il est exclu que les participants au concours .... le règlement.
Théo ne comprendra rien à ce texte à moins qu'il le ....

6) Modifiez la proposition principale et effectuez les changements nécessaires.

Il est vrai que vous ne pouvez pas m'aider.

Je regrette que ....

Nous sommes sûrs que tu connais le nom de cette plante.

Il est possible que ....

Le professeur considère que je suis parfaitement les consignes.

Le professeur doute que ....

DICTÉE Texte de la dictée **page 28** du cahier

Sauver la planète

81 L'imparfait et les temps composés du subjonctif

JE RETIENS

- **L'imparfait du subjonctif** s'emploie lorsque le verbe de la proposition principale est à un temps passé de l'indicatif ou au conditionnel.
Il fallait (faudrait) que ce jeune garçon s'endormît. → imparfait du subjonctif
- **L'imparfait du subjonctif** se forme avec la même voyelle que celle qu'on trouve dans la terminaison du passé simple.
  Il faudrait que j'eusse un vêtement plus chaud. (passé simple : *j'eus*)
  Il fallait qu'elle réagît plus rapidement. (passé simple : *il réagit*)

Remarque ! L'**imparfait du subjonctif** ne se rencontre que dans les textes littéraires, essentiellement à la 3e personne du singulier.

- On emploie le **passé du subjonctif** si le verbe de la proposition principale est au présent ou au futur et si on veut exprimer un fait passé par rapport à elle ou par rapport à tel moment à venir. Il est formé du présent du subjonctif de l'auxiliaire et du participe passé du verbe conjugué.
  Il n'est pas possible que le temps ait changé aussi rapidement.
  Je regretterai vivement que mes amis soient partis sans me saluer.
- On emploie le **plus-que-parfait** du subjonctif si le verbe de la proposition principale est au passé et si on veut exprimer un fait passé par rapport à elle. Il est formé de l'imparfait du subjonctif de l'auxiliaire et du participe passé du verbe conjugué.
  J'ai vivement regretté que mes amis fussent partis sans me saluer.

Remarque ! Aujourd'hui on peut remplacer l'imparfait du subjonctif par le présent du subjonctif, et le plus-que-parfait par le passé.

JE M'ENTRAÎNE

Corrigés page 225

1) Entourez la bonne orthographe.

Pour gagner le trophée, il faudrait que le patineur se fût / fut entraîné plus.
On s'attendait à ce que le feu s'éteignît / s'éteignisse de lui-même.
M. Giroud souhaitait que Leïla prit / prît soin de son chat en son absence.

2) Écrivez les verbes entre parenthèses au passé du subjonctif.

Il faut que vous (achever) .... votre travail avant de jouer.
Le gâteau restera au four jusqu'à ce qu'il (prendre) .... une belle couleur.
Il semble qu'il (geler) .... cette nuit sur le plateau du Vercors.

3) **Écrivez les verbes entre parenthèses à l'imparfait du subjonctif.**

Je craignais que le coq au vin (cuire) .... trop vite.

Il était vital que le caravanier (boire) .... une gorgée d'eau.

Vous auriez voulu que Léa (venir) .... vous présenter des excuses.

4) **Récrivez la phrase en changeant les sujets, mais en respectant les temps.**

Quoiqu'ils aient pris la bonne clé, ils ne peuvent pas ouvrir le portail.

Quoique j' ....

Quoique vous ....

Quoique Marco ....

5) **Écrivez les verbes au passé simple ou à l'imparfait du subjonctif.**

Dès le début, on (savoir) .... que les dégâts seraient considérables.

Jamais Alix ne vous accompagnera, (devoir) .... -il le regretter.

Comme la fête avait été longue, Cyprien (dormir) .... jusqu'à midi.

J'avais donné mon adresse à Frida afin qu'elle (pouvoir) .... m'écrire.

DICTÉE Texte de la dictée **page 28** du cahier

Don Quichotte

82 Particularités de verbes du 1er groupe : verbes en « -eler » et « -eter »

JE RETIENS

- La plupart des verbes en « **-eler** » et « **-eter** » doublent le « l » ou le « t » devant les terminaisons débutant par un « e » muet.

- présent de l'indicatif : *Cette musique vous ensorcelle.*
- futur simple de l'indicatif : *Tu jetteras tes vieux jouets.*
- présent du conditionnel : *Nous feuilletterions ce journal.*
- présent du subjonctif : *Il faut que tu étiquettes tes cahiers.*
- présent de l'impératif : *Épelle tous les mots.*

- Quelques verbes en « **-eler** » et « **-eter** » prennent un accent grave sur le « e » qui précède le « l » ou le « t ».

- présent de l'indicatif : *Je pèle les pommes.*
- futur simple de l'indicatif : *Il gèlera cette nuit.*
- présent du conditionnel : *Vous achèteriez volontiers ce bijou.*
- présent du subjonctif : *Il faut qu'on démantèle cette cabane.*
- présent de l'impératif : *Ne furète pas partout.*

- Liste des principaux verbes qui prennent un accent grave : *peler – geler (et ses composés) – écarteler – marteler – celer (et ses composés) – modeler – démanteler – acheter – crocheter – ciseler – haleter – fureter*.

JE M'ENTRAÎNE

Corrigés page 225

1) Écrivez les verbes entre parenthèses au présent de l'indicatif.

Le sous-sol de la Bolivie (receler) .... des réserves de lithium.

Tu (décacheter) .... l'enveloppe dans laquelle se trouve ton bulletin.

Pourquoi les paparazzis (harceler) .... -ils cette actrice ?

Après la course, le lad (dételer) .... le sulky du cheval vainqueur.

2) Entourez la bonne orthographe.

La police démantellera / démantèlera un réseau de trafiquants.

Avant de sortir, Marianne muselle / musèle toujours son chien.

Comme Samuel a perdu ses clés, le serrurier crochète / crochette la serrure.

Ne harcèle / harcelle pas tes parents de questions stupides.

3) Écrivez les verbes entre parenthèses au présent du conditionnel.

S'il avait le temps, M. Guy (carreler) .... les murs de la cuisine.

Si les prises étaient abondantes, le pêcheur les (congeler) ....

S'il faisait une découverte, ce chimiste la (breveter) ....

Avec des engins plus puissants, on (niveler) .... rapidement le terrain.

4) Écrivez les verbes entre parenthèses au présent du subjonctif.

Il est possible que, victime d'un uppercut, le boxeur (chanceler) ....

Il faut que j'(appeler) .... le centre qui débloquera mon téléphone.

Il est possible qu'Alex (projeter) .... un séjour près de Londres.

Il est inévitable que vous (peler) .... si vous ne vous protégez pas du soleil.

5) Écrivez les verbes entre parenthèses au présent de l'impératif.

(Jeter) .... un regard sur cette photographie et tu me reconnaîtras.

Ne (grommeler) .... pas, personne ne comprendra tes paroles.

(Empaqueter) .... cet objet avec soin, sinon il se brisera.

Ne (rejeter) .... pas cette proposition ; elle est avantageuse.

DICTÉE Texte de la dictée **page 28** du cahier

Changement d'adresse

83 Présent de l'indicatif ou présent du subjonctif ?

JE RETIENS

- Au présent de l'indicatif et au présent du subjonctif les formes du singulier sont homophones pour certains verbes du 3e groupe.

  On sait que tu cours vite. *On doute que tu coures vite.*

- Pour ne pas les confondre, il faut :

- se rapporter au sens de l'action
- ou remplacer la personne par une du pluriel :

On sait que vous courez vite. → indicatif
On doute que vous couriez vite. → subjonctif

- ou employer un autre verbe du 3e groupe pour lequel on entend la différence :

On sait que vous faites vite. → indicatif
On doute que vous fassiez vite. → subjonctif

Attention ! Aux deux premières personnes du pluriel du présent du subjonctif, il ne faut pas oublier le « i » de la terminaison pour les verbes du 1er groupe en « -yer », « -ier », « -iller », « -gner » (et pour quelques verbes du 3e groupe).

Il faut que nous pliions les feuilles en quatre.
Il est rare que nous voyions des vipères.

JE M'ENTRAÎNE Corrigés page 226

1) Entourez la bonne forme verbale.

Nous savons que ce billet à prix réduit exclut / exclue tout échange.
Le public craint que l'arbitre exclut / exclue ce joueur auteur d'une brutalité.
Surpris par la sirène d'alarme, le voleur s'enfuie / s'enfuit à toutes jambes.
Pour peu qu'il s'enfuie / s'enfuit à temps, le gnou échappera à la lionne.

2) Entourez la bonne orthographe.

Il faut que nous copions / copiions l'ensemble du résumé.
Il serait préférable que vous nettoyez / nettoyiez les pinceaux après usage.
Après que tu as / aies corrigé ton texte, tu l'imprimes.

3) Reliez chaque phrase au verbe qui la complète.

J'affirme que tu … trop rapidement ce document important. •	• encourt
Ton papa regrette que tu … les derniers mètres en marchant. •	• parcours
Il est juste que le voleur de bijoux … une condamnation. •	• parcoures
Comme il viole l'accord de paix, ce pays … des représailles. •	• encoure

4) Entourez la bonne orthographe.

On voit qu'Ophélie écrit / écrive aussi bien de la main gauche que de la droite.

Il n'est pas question que nous nous baignons / baignions dans cette eau froide.

Nous sommes sûrs que vous connaissez / connaissiez le titre de cette chanson.

Je ne peux pas croire que tu rougis / rougisses aussi facilement.

5) Mettez les verbes suivants au présent de l'indicatif ou du subjonctif.

Quoi qu'il (dire) ...., Hervé a toujours l'air sérieux.

Le moniteur souhaite que les cavaliers (savoir) .... seller leur monture.

Il est rare que le TGV (prendre) .... du retard.

Tout le monde pense que M. Divon (agir) .... sans réfléchir.

6) Complétez les phrases avec les verbes suivants au présent de l'indicatif ou du subjonctif : *garantir – travailler – extraire – entrevoir.*

Vos parents seraient contents que vous .... sérieusement.

Il est surprenant que l'on .... du pétrole dans cette région désertique.

Dès que le capitaine .... une anse protégée, il s'y dirige.

Il paraît que le fabricant .... cet appareil pendant cinq ans.

DICTÉE Texte de la dictée page 29 du cahier

Conseils à un futur enseignant

84 Ne pas confondre : eus – eut – eût / fus – fut – fût

JE RETIENS

Les verbes **avoir** et **être** ont des formes homophones à l'indicatif, au conditionnel et au subjonctif.

- Il faut écrire « eut », « eus » ou « fut », « fus » quand on peut remplacer ces formes par « eurent » ou « furent » au pluriel. C'est le passé simple ou le passé antérieur.

  Dès qu'elle fut dans la cuisine, Gaëlle prépara le repas.
  Dès qu'ils furent dans la cuisine, ils préparèrent le repas.

- Il faut écrire « eût » ou « fût » quand on peut remplacer ces formes par « ayons » ou « soyons» en changeant de personne et de temps. C'est le conditionnel passé 2e forme, l'imparfait ou le plus-que-parfait du subjonctif.

  Il serait bon que Gaëlle eût égoutté les haricots avant de les réchauffer.
  Il serait bon que nous ayons égoutté les haricots avant de les réchauffer.

Attention ! Il existe un autre homophone de « eut » et « eût », c'est le participe passé de **avoir** : « eu ».

Pour le distinguer, on essaie de changer de verbe, on entend alors la différence.

Lorsqu'il a eu / pris froid, Karl a mis une parka.

JE M'ENTRAÎNE

Corrigés page 226

1) Reliez chaque phrase à la forme verbale qui convient.

Max n'... pas souffert du froid s'il avait emporté un duvet.	• •	eut
Dès que tu ... reçu le message, tu répondis.	• •	eus
Lorsque Martin ... relu le problème, il prit sa calculatrice.	• •	eût

2) Entourez la bonne orthographe.

Lorsqu'il fut / fût au sommet du gratte-ciel, Marco eut / eût le vertige.
Comment se faisait-il que la famille Palet n'eut / eût jamais été recensée ?
Quand il eut / eût verrouillé la porte d'entrée, Benoît sortit tranquille.
Si le conducteur avait vu l'obstacle, il eut / eût certainement freiné.

3) Complétez les phrases avec « eu », « eus », « eut » ou « eût ».

S'il avait coché les bons numéros, Henry .... décroché le gros lot.
Rémi n'...................... pas le temps de prendre un chariot, car il était pressé.
Ce vêtement t'allait à merveille, tu n'...................... pas à regretter ton achat.
Yannick a .... l'adresse de Mathieu en consultant Internet.

4) Complétez les phrases avec « fut » ou « fût ».

Il était surprenant que ce restaurant .... fermé un samedi soir.

Mme Traille .... heureuse d'apprendre que son contrat était prolongé.

Le patron pêcheur demanda que la cargaison .... déchargée sans tarder.

M. Stroki .... bien la seule personne du groupe à comprendre le guide.

5) Complétez les phrases avec « eus », « eut », « eût » ou « fus », « fut », « fût ».

Lorsque tu .... terminé ton travail, tu sortis.

Dès que la rose .... éclose, je la cueillis.

Il était temps que Tristan .... plus de responsabilité dans cette association.

Dès qu'elle .... accouché, Mme Garcia choisit le prénom de sa fille.

Le chasseur avait peur que le buffle .... encore vivant.

6) Récrivez les phrases en mettant les verbes aux temps qui conviennent.

Le caissier attend que la cliente ait composé son code confidentiel.

Le caissier attendait ....

Le vendeur me fait un rabais bien que la période des soldes soit dépassée.

Le vendeur me fit ....

DICTÉE Texte de la dictée page 29 du cahier

Un bricoleur

85 Ne pas confondre : quand – quant – qu'en

JE RETIENS

- **quand** : **conjonction de subordination**, peut être remplacé par **lorsque**.
  Quand (Lorsque) j'aurai un moment de libre, je classerai mes photos.
- **quand** : **adverbe**, peut être remplacé par **à quel moment**.
  Quand (À quel moment) serez-vous en vacances ?
- **quant** : **préposition**, peut être remplacé par **en ce qui concerne, pour (ma) part** : *Léo parle espagnol, quant à moi (pour ma part), j'apprends l'allemand.*
- **qu'en** : peut se décomposer en « que en ».

Le « qu' » est une **conjonction de subordination** élidée, un **pronom interrogatif** élidé ou la deuxième partie d'une locution adverbiale de restriction. Le « en » est un **pronom personnel** ou une **préposition**.

Le plombier pensait qu'en une heure il aurait terminé.
Ce problème n'est simple qu'en apparence.

Attention ! Lorsqu'on doit choisir entre « quand » et « quant », la liaison peut nous induire en erreur. En effet, lorsque « quand » est suivi d'une voyelle, la liaison est en « t ».

Quand (t)il marche vite… *Quand (t)arrivent les premiers froids…*

JE M'ENTRAÎNE

Corrigés page 227

1) Reliez les phrases aux mots qui les complètent.

Mes amis aiment le rap, … à moi je préfère la techno. •	• quand
Pour éviter les encombrements, certains ne se déplacent … vélo. •	• quant
Le soir, … les ombres deviennent inquiétantes, tu as peur. •	• qu'en

2) Complétez les phrases avec « quand » ou « qu'en ».

Ces légumes semblent frais ; ……………… pensez-vous ?

……………… ce chalet sera-t-il à vendre ?

Hugo porte des gants ……………… il fait la vaisselle.

Depuis ……………… France on trie les déchets, il y a moins de pollution.

3) Entourez la bonne orthographe.

Il n'y a qu'en / quand s'exerçant qu'on progresse en musique.

Je copie mon résumé, quand / quant à la poésie je l'apprendrai plus tard.

Les travaux du bâtiment sont qu'en / quand même moins pénibles qu'autrefois.

4) Complétez les phrases avec « quand », « quant » ou « qu'en ».

.... il y a de la houle, les nageurs sont rares ; .... aux surfeurs, ils se réjouissent.
M. Louvet ne part en voyage .... emportant le strict nécessaire.
.... viendrez-vous nous aider à résoudre ce problème ?
Le ministre ne répond pas aux questions et se réfugie dans son .... à-soi.

5) Remettez les mots dans l'ordre pour former des phrases correctes. Attention à la ponctuation.

cerises – qu'en – quand – les – mûres – que – les – nous – n'est – ce – juin – seront – cueillerons

....

l'agriculteur – bénéfice – récolte – de – pourra – quand – qu'en – colza – tirer – il – sa – ne – un – vendra

....

6) Récrivez les phrases en supprimant la répétition.

Ce numéro de clown m'a plu, mais que dit Morgane de ce numéro de clown ?

....

Ces élèves ont tous des tablettes, mais que feront-ils de leurs tablettes ?

....

DICTÉE Texte de la dictée **page 29** du cahier

La canne à sucre

86 Ne pas confondre : quel(s) – quelle(s) – qu'elle(s)

JE RETIENS

- **quel** : **adjectif interrogatif** ou **exclamatif**, peut être épithète ou attribut. Il s'accorde donc avec le nom qu'il accompagne.

Dans quel groupe êtes-vous ? → masculin singulier
Dans quelle classe êtes-vous ? → féminin singulier
Quels sont ces bruits ? → masculin pluriel
Quelles belles villas ! → féminin pluriel

- **qu'elle(s)** : contraction de « que elle(s) », un pronom relatif ou une conjonction de subordination, suivis d'un pronom personnel féminin.

La cliente est décidée, voici le modèle qu'elle a choisi.
Éléa et Maria sont satisfaites ; les notes qu'elles ont obtenues sont bonnes.

Astuce ! En remplaçant le pronom personnel féminin par le pronom personnel masculin, on entend la différence.

Le client est décidé, voici le modèle qu'il a choisi.
Lucas et Peter sont satisfaits ; les notes qu'ils ont obtenues sont excellentes.

Remarque ! Le pronom relatif **lequel** s'accorde en genre et en nombre avec son antécédent.

Voici les ramequins dans lesquels le serveur apportera les hors-d'œuvre.

JE M'ENTRAÎNE

Corrigés page 227

1) Reliez les phrases aux mots qui les complètent.

Avec … chaussures marchez-vous ? •	• qu'elles
La bataille de Waterloo, … déroute ! •	• quelle
Les clientes paient les articles … ont choisis. •	• quelles

2) Entourez la bonne orthographe.

Oriane, je ne savais pas quelle / qu'elle avait une sœur jumelle.
Le chasse-neige passera qu'elle / quelle que soit la hauteur des congères.
Comme la voiture est en panne, il faut quelle / qu'elle soit remorquée.

3) Transformez les phrases selon le modèle.

La mer se calme. → *Il est temps qu'elle se calme.*

Les pompiers arrivent vite. → Il faut ....

La prévision se réalise. → Il se peut ....

4) Complétez les phrases avec « quel(s) », « quelle(s) » ou « qu'elle(s) ».

.... sont les principaux pays producteurs de pétrole ?

Hier, c'était la fête de la musique ; .... belle soirée nous avons passée.

Admirez avec .... grâce et .... sang-froid ce funambule se déplace.

.... mouche l'a piquée pour .... se mette ainsi en colère ?

5) Récrivez les phrases en mettant les noms en couleur au pluriel. Accordez.

À votre avis, quelle est la langue la plus parlée au monde ?

....

Le match est indécis ; on ne peut pas dire quel sera le vainqueur.

....

6) Récrivez ces phrases en remplaçant les noms par ceux entre parenthèses. Accordez.

Samuel (Véronique) est essoufflé parce qu'il a pris l'escalier.

....

Quelles sont les montagnes (volcans) que nous apercevons au loin ?

....

DICTÉE Texte de la dictée **page 30** du cahier

La rentrée

87 Ne pas confondre : quelque(s) – quel(s) que – quelle(s) que

JE RETIENS

- **quelque(s) : déterminant indéfini** s'écrit en un mot et s'accorde en nombre.
  Il me parle de quelque chose. *Il me dit quelques mots.*
- **quel(les) que** : s'écrit en deux mots, un **adjectif indéfini attribut** et une **conjonction de subordination.**
  Quel que soit le problème, tu le résoudras.

Quel s'accorde avec le sujet qui se trouve après le verbe **être** (ou *devoir être, pouvoir être*).
Quelle que soit ta décision, nous la respecterons.

- **quelque : adverbe** lorsqu'il se trouve placé devant un adjectif ; il est alors invariable. On peut le remplacer par un autre adverbe.
  Quelque / Aussi mystérieux que soient ces documents, leur secret sera percé.

Astuce ! Pour ne pas confondre l'adverbe et le déterminant placé devant un adjectif, on essaie de supprimer l'adjectif ; si la suppression est possible, **quelque** est lié au nom, donc il s'accorde.
Quelques (illustres) savants font progresser la science.

Remarque ! Retenons l'orthographe de quelques expressions : *en quelque sorte – quelque part – quelque chose – quelque peine à – quelque peu.*

JE M'ENTRAÎNE

Corrigés page 228

1) Reliez les phrases aux mots qui la complètent.

À Fort Alamo, ... Américains ont résisté à l'armée mexicaine. •	• quels que
L'avion décollera, ... soient les conditions météorologiques. •	• quelques
M. Nallet achètera ce logiciel, ... soit le prix. •	• quel que
Cette voiture ancienne se trouve dans ... garage isolé. •	• quelle que
... soient les travaux, il faudra réparer ce moulin à vent. •	• quelles que
... soit l'heure du départ du train, tu auras le temps. •	• quelque

2) Entourez la bonne orthographe.

Les livres que tu m'as rendus sont quelque / quels que peu abîmés.
Quelle que / Quelque soit l'origine de la fuite, le plombier la trouvera.
Il y a quelques / quelque cinq ans que Cyril n'a pas vu son oncle.
Quel que / Quelque soit le programme de ce soir, je ne le regarderai pas.

3) Complétez les phrases avec « quelque » ou « quel que ».

.... attachants que soient ces lionceaux, ils sont dangereux.

.... soit le temps, Émeric fait une heure de jogging chaque jour.

Tu as perdu ta montre, mais elle doit bien être .... part.

La côte apparaissait .... peu lointaine ; le nageur était découragé.

4) Complétez les phrases avec « quelques » ou « quelles que ».

.... soient les émissions qu'ils regardent, les enfants sont attentifs.

Dans .... cathédrales romanes, on peut admirer des fresques.

.... soient les questions, M. Chalier a réponse à toutes.

.... mesures m'ont suffi pour identifier cette mélodie.

5) Complétez les phrases avec « quelque(s) », « quel(s) que » ou « quelle(s) que ».

Ce candidat sera sans doute tombé dans .... piège tendu par le jury.

.... soient les bienfaits de ce médicament, il est réservé aux adultes.

.... légumes que vous consommiez, ce sera bon pour votre santé.

.... perfectionnés que soient ces portables, ils sont fragiles.

DICTÉE *Texte de la dictée **page 30** du cahier*

Deux amies

88 Ne pas confondre : se (s') / ce (c')

JE RETIENS

- **se (s') : pronom personnel réfléchi** fait partie d'un verbe pronominal.
On peut le remplacer par un autre pronom personnel réfléchi en conjuguant le verbe.
  il se nourrit ➔ je me nourris *elle s'avance ➔ tu t'avances*
- **ce : déterminant démonstratif** placé devant un nom ou un adjectif.
On peut le remplacer par un article : *ce (le) magasin – ce (le) grand magasin.*
- **ce (c') : pronom démonstratif** souvent placé devant les verbes *être, devoir, pouvoir,* ou un pronom relatif.
  Ce sont des produits de qualité. *C'est un produit de qualité.*
  Ce peut (doit) être un produit de qualité. *Me reposer, voici ce dont j'ai besoin.*

Astuce ! Devant **qui, que, dont,** pronoms relatifs, on écrit toujours « ce » :
J'ignore ce qui se passe ici. Je ne sais pas ce que tu veux.

Attention ! Le déterminant démonstratif « ce » est parfois renforcé par une particule adverbiale placée après le nom, et reliée à lui par un trait d'union.
Ce matin-là, il pleuvait.

JE M'ENTRAÎNE

Corrigés page 228

1) Complétez en plaçant « ce » devant les noms et « se (s') » devant les verbes.

...... couloir	...... réfugier	...... rejoindre	...... menhir
...... revoir	...... sorcier	...... plaindre	...... nourrir
...... asseoir	...... qualifier	...... détendre	...... saphir

2) Conjuguez les verbes de ces expressions au présent de l'indicatif :

se sortir de ce mauvais pas	*s'attendrir devant ce chaton*
Je	Tu ....
Ils	Nous ....
Vous	Elle ....

3) Entourez la bonne orthographe.

Des baigneurs ce / se dorent encore sur ce / se sable chaud alors qu'il est midi ; ce / se n'est pas raisonnable de c' / s'exposer ainsi aux rayons ultraviolets. Ce / Se soir, ces inconscients risquent de c' / s'en souvenir en soignant leurs coups de soleil.

4) Complétez les phrases avec « ce (c') » ou « se (s') ».

Le base-ball, ...est un sport pour lequel les Américains .... passionnent.

Nous sommes satisfaits, car .... voyage ....est déroulé sans incident.

Il faut .... méfier, car la date de consommation de .... plat est dépassée.

5) Récrivez les phrases en utilisant les noms entre parenthèses. Accordez.

Tu (Adeline) te bats contre un nuage de moustiques.

....

Nous (les voyageurs) ne nous penchons pas à la portière.

....

6) Complétez ce texte avec « ce (c') » ou « se (s') ».

À minuit, dans .... château, ...est l'heure à laquelle sortent les fantômes. On dit qu'ils .... promènent dans les couloirs vêtus de draps blancs en secouant leurs chaînes ; mais ....est probablement une légende qui ....est transmise de génération en génération, car personne ne peut affirmer qu'il a vu .... spectacle insolite.

DICTÉE Texte de la dictée **page 30** du cahier

Un espion étourdi

89 Ne pas confondre : sent – s'en – sans – c'en

JE RETIENS

- **sent, sens** : formes du verbe **sentir** aux trois personnes du singulier du présent de l'indicatif. On écrit **sent** ou **sens** quand on peut remplacer par une autre forme du verbe *sentir*.

  Ce lutteur ne sent (sentait) plus sa force.
  Je ne sens (sentirai) plus ma force.

- **s'en** : contraction de « se en » ; « s' » est la forme élidée du **pronom personnel réfléchi** « se », et « en » un **pronom adverbial**. On écrit « s'en » quand on peut remplacer par « t'en » en changeant de personne.

  Ce lutteur est fort, il ne s'en aperçoit pas.
  Tu es fort, tu ne t'en aperçois pas.

- **sans** : **préposition** qui marque l'absence, le manque, la privation. Elle est souvent le contraire de « avec ». On écrit « sans » quand on peut remplacer par « avec », ou « sinon », « pour », « en », pour certaines expressions.

  C'est un immeuble sans (avec) ascenseur.
  Gérald sort de l'eau sans trembler (en tremblant).

- **c'en** : contraction de « ce en » ; « c' » est la forme élidée du **pronom démonstratif** « ce » et « en » **un pronom adverbial attribut**.

  Vous faites du bruit, c'en est trop.

JE M'ENTRAÎNE

Corrigés page 229

1) Reliez les phrases aux mots qui les complètent.

Chaque hiver, les oies sauvages ... vont en Afrique du Nord. •	• s'en
Djamel est parti ... s'apercevoir qu'il avait oublié son sac de sport. •	• sent
Après la course, je ne ... plus mes jambes. •	• sens
Les Lillois ont marqué ; ..... est fait des espoirs de victoire des Niçois. •	• sans
Le muguet cueilli dans les bois ..... très bon. •	• c'en

2) Conjuguez les verbes au présent de l'indicatif :

sentir une odeur de brûlé	*s'en remettre au hasard*
La cuisinière	Je ....
Tu	Les parieurs ....
Vous	Nous ....

3) **Entourez la bonne orthographe.**

Albin a su nager sans / s'en bouée dès l'âge de six ans.

Myriam ira voir ses amies de Béziers, celles-ci s'en / sans réjouissent.

À la vue du dragon, le chevalier sent / c'en une boule lui nouer la gorge.

Voilà le printemps ; sans / c'en est fini de l'hiver.

4) **Complétez les phrases avec « sans » ou « s'en ».**

Le capitaine Haddock a un ruban adhésif collé au doigt, il ne peut .... défaire.

Il est interdit de piloter une moto .... casque ; c'est dangereux.

Hélène a sorti l'aspirateur et elle .... sert pour dépoussiérer la moquette.

Il vaut mieux ne pas poster une lettre .... l'affranchir !

5) **Complétez les phrases avec « sans », « s'en », « sent » ou « sens ».**

On ne peut pas regarder ce mélodrame .... verser une petite larme.

Tu .... que la discussion risque de mal tourner ; alors tu te calmes.

Le plombier possède une perceuse puissante ; il .... sert souvent.

Il ne se .... pas le courage de remonter ce casse-tête.

.... paix et .... justice, il n'y a pas de vie sociale possible.

DICTÉE Texte de la dictée **page 31** du cahier

La vie des villages d'antan

90 Ne pas confondre : met – mets – m'est – mais

JE RETIENS

- **met, mets** : formes du verbe **mettre** aux trois personnes du singulier du présent de l'indicatif ; « mets » est aussi la 2e personne du singulier de l'impératif présent. On écrit **met** ou **mets** quand on peut remplacer par une autre forme du verbe *mettre*.

  Betty met (mettait) son bonnet.
  Je mets (mettrai) mon bonnet.
  Mets (Mettez) ton (votre) bonnet.

- **m'est** : contraction de « me est » ; « m' » est la forme élidée du **pronom personnel** « me », et « est » la forme du verbe **être** à la 3e personne du singulier du présent de l'indicatif. On écrit « m'est » quand on peut remplacer par « t'est » en changeant de pronom personnel.

  Le cadeau m'est (t'est) offert par ma sœur.

- **mais** : **conjonction de coordination.** Elle peut souvent être remplacée par « et pourtant ».

  Le téléphone sonne mais (et pourtant) je ne l'entends pas.

Remarque ! Il existe deux noms homophones de ces formes : « mets » et « mai ».

Le canard aux olives est un mets succulent.
Le premier jour du mois de mai, on offre des brins de muguet.

JE M'ENTRAÎNE Corrigés page 229

1) Reliez les phrases aux mots qui les complètent.

M. Clerc ... une pièce dans l'horodateur. •	• mets
Ce bruit ... insupportable ; baissez le son. •	• met
Cette machine à laver n'est pas neuve, ... elle fonctionne bien. •	• m'est
Quand il fait froid, tu ... ton anorak fourré. •	• mais

2) Complétez les phrases en écrivant les verbes au présent de l'indicatif :
ne pas mettre sa clé sous le paillasson, mais la cacher soigneusement

Lionel ....

Mes amis ....

Vous ....

Tu ....

3) Entourez la bonne orthographe.

Ce tableau n'est pas très grand, mais / met il vaut une fortune.
Cette idée m'est / mets venue tout à fait par hasard.
Pour recevoir mes amis, je met / mets les petits plats dans les grands.
Ne te mets / m'est pas si près du radiateur, tu auras trop chaud.

4) Complétez les phrases avec « mets », « met » ou « mais ».

Mme Farkas .... de l'argent de côté pour acheter une voiture.

Je .... la casserole sur le gaz et j'attends que l'eau boue.

Tu .... de l'ardeur dans tout ce que tu entreprends.

J'allumerais bien le couloir, ... l'ampoule est grillée.

5) Complétez les phrases avec « met », « mets », « m'est », « mais » ou « mai ».

Le mois de .... compte de nombreux jours fériés.

Ton message .... bien parvenu ; je l'ai lu aussitôt.

Le caviar est un .... recherché, ... sa production est en baisse.

Pour passer le gué, tu .... les pieds sur les cailloux.

Laurent Redon .... en scène une pièce de théâtre inédite.

DICTÉE Texte de la dictée page 31 du cahier

À l'infirmerie

Corrigés

Fiche 68 : La lettre « x »

1) « x » se prononce [ks] : **expédier – exquis – un explorateur – un exploit – l'extérieur**
« x » se prononce [gz] : **un examen – exigu – l'exactitude – un exode – un exemple**

2)

su**cc**éder	le su**cc**ès	a**cc**élérer	into**x**iquer
su**cc**inct	o**cc**ire	l'a**cc**ession	la gala**x**ie
un a**cc**essoire	le la**x**isme	o**x**ydé	un to**x**icomane

3) faire preuve d'un réfle**xe** étonnant — habiter un splendide duple**x**
rester perple**xe** devant un tableau — l'ongle de l'inde**x**

4) Louis apprend à jouer du **saxophone**.
En haute altitude, l'**oxygène** se fait rare.
Les cordes vocales sont situées dans le **larynx**.
La piscine se trouve à **proximité** de la salle de sport.

5)

exemplaire	ex**c**epter	exécuter	exorciser
exagérer	s'exiler	un ex**c**édent	exister
exiger	ex**c**ellent	ex**c**essif	ex**c**entrique

6) le lynx – un extincteur – un hexagone – la boxe.

Fiche 69 : Les noms terminés par le son [ɑ̃s] (ance ; ence)

1) bienfaisant : la **bienfaisance** – patient : la **patience** – constant : la **constance** – clément : la **clémence** – excellent : l'**excellence** – ignorant : l'**ignorance**.

2) Devant le maire, les mariés échangent leurs **alliances**.
On ignore dans quelles **circonstances** ce navire s'est échoué.
La **compétence** de ce dentiste n'est pas à mettre en doute.

3) exiger : l'**exigence** – assurer : l'**assurance** – offenser : l'**offense** – se méfier : la **méfiance** – agencer : l'**agence** – résider : la **résidence** – ignorer : l'**ignorance** – semer : la **semence**.

4) Le professeur d'EPS nous demande d'effectuer une course d'endur**ance**.
Assisterez-vous à la sé**ance** de 15 heures ou à celle de 18 heures ?
Tu te rends à l'intend**ance** pour payer la demi-pension.
On ne voit pas où est la cohér**ence** entre votre discours et vos actes.

5) Cette année, il y a des cerises en ab**ondance** ; nous allons nous régaler.
Le train en pro**venance** de Limoges entrera en gare dans deux minutes.
L'espion a reçu un coup sur la tête ; il a perdu co**nnaissance**.

6) une balance – l'adolescence – l'essence – l'ordonnance.

Fiche 70 : Les homophones lexicaux

1) Pendant le **cours** de français, on entend des bruits dans la **cour**.
Le **maire** de la commune reçoit des **mères** de familles nombreuses.
Qui a mis un **ver** de terre dans ce **verre** de menthe à l'eau ?

2) Yann fait les **cent** pas en attendant ses amis.
M. Marty **sent** la moutarde lui monter au nez ; il est en colère.
Il y a beaucoup de bruit ; **c'en** est trop, je sors.
Si tu te rends dans la vieille ville **sans** plan, tu te perdras !

3) Étendu sur le **flanc**, le cerf ne bouge plus.
M. Richon habite un ancien **mas** provençal.
Lise est **censée** nous attendre devant l'entrée du théâtre.

4) Le bateau pirate a regagné son **repaire** dans l'île de la Tortue.
Une étoile lumineuse se trouve au **faîte** du sapin de Noël.
Le principal fait l'appel d'une **voix** forte.
Dans ce restaurant, avez-vous fait bonne **chère** ?

5) Oscar a couru à perdre **haleine** pour arriver à l'heure.
Le mécanicien place la pièce à limer dans l'**étau**.
Sorti de l'isoloir, l'**électeur** glisse son bulletin dans l'urne.
Le détective est à la recherche d'**indices** matériels.

6) Surpris en infraction, ce conducteur paiera une **amende**
L'**amande** est une graine largement utilisée en pâtisserie.
Le chant du **serin** est particulièrement agréable.
Le capitaine du bateau est **serein** ; tout est calme à bord.

Fiche 71 : Les mots d'origine latine et grecque

1) le facteur : factor – facile : facere – une audition : audire – vulgaire : vulgus – vulnérable : vulnus – la chaleur : calor – une piscine : piscis.

2) le cœur / un accord : VRAI – huile / olive : FAUX – une pédale / un bipède : VRAI – étroit / strict : VRAI – ouvrable / ouvrir : FAUX – le péage / payer : FAUX – loyal / légal : VRAI – décimer / détruire : FAUX.

3) M. Renan cherche un emploi ; il envoie un cu**rriculum** vi**tae**.
Mozart n'a pu achever son re**quiem** avant de mourir.
Mme Ludin a écrit un po**st**-scri**ptum** au bas de la lettre.
A pr**iori**, voilà une tenue de sport qui me convient.
Ces deux concurrents ont terminé la course ex ae**quo**.

4) un stylo : un **stylographe** – un micro : un **microphone** – un pneu : un **pneumatique** – une moto : une **motocyclette** – une cata : une **catastrophe** – la clim : la **climatisation** – la météo : la **météorologie** – sympa : **sympathique** – un vélo : un **vélocipède** – un psy : un **psychologue**.

5) un spécimen – un rictus – l'oxygène – les virus.

Fiche 72 : Les mots d'origine étrangère

1) Les pilotes disputent le **rallye** des Cévennes.
Après la brasse, Kévin apprendra le **crawl**.
Chaque samedi, Stéphanie fait du **shopping**.
Sur les pistes de ski, les jeunes pratiquent le **surf**.
Le **scénario** de ce film est l'adaptation d'un roman.
Pierre **zappe** sans cesse d'une émission à l'autre.
Anxieux, Farid mastique sans relâche son **chewing-gum**.

2) Ce **fakir** marche sur des braises et dort sur des clous.
Le paquebot *Titanic* a coulé après avoir heurté un **iceberg**.
Un **blizzard** glacial soulève des paquets de neige.

3) Marion Cotillard est une **vedette** du cinéma français.
Ne pas faire de fautes d'orthographe, c'est un véritable **défi**.
Ce **gardien de but** n'a pas encaissé un seul but de la partie.

4) M. Chardon tient à son **standing** ; il est toujours bien habillé.
M. Vignal ne peut se garer : le **parking** est complet.
Valérie sort son sèche-cheveux pour se faire un **brushing**.
L'architecte a établi le **planning** des travaux de construction de l'immeuble.

5) le jazz – un kimono – un poster – le clown.

Corrigés

Fiche 73 : Les paronymes – Les barbarismes

1) Nous évitons de prendre le métro aux heures d'**affluence**.
L'**influence** de la musique américaine est importante.
Les cambrioleurs sont entrés par **effraction**.
Cette voiture, mal garée, est en **infraction**.
M. Gaillard se **délasse** dans son fauteuil.
Après le match, Raphaël **délace** ses chaussures.

2) un astrologue – un astronome – une éruption – une irruption.

3) Ces côtes sont malheureusement **infestées** de requins.
Mme Darlet **enduit** le papier peint de colle.
Les villages sont évacués en **prévision** de l'ouragan.
Le professeur fait **allusion** à un texte que je n'ai pas lu.

4) Les chevaux, **caparaçonnés** de cuir noir, entrent en piste.
Certaines personnes sont prédisposées aux **infarctus**.
La victime fut assommée à l'aide d'un objet **contondant**.

5) Alors qu'elle **dormait** paisiblement, Léa est réveillée en **sursaut** par un **bruit** de **chaise** en **provenance** du **grenier**. Elle **serre très fort** le bras de sa sœur et **pousse** un **cri**.

Fiche 74 : Des difficultés orthographiques

1) Ce jongleur rattrape les huit balles sans difficulté ; je suis **stupéfait**.
J'ai en assez d'avoir les oreilles **rebattues** par les mêmes histoires.
Aujourd'hui, la mer est agitée, **voire** houleuse.

2) À l'époque romantique, les femmes portaient des **anglaises**.
Les **Anglaises** adorent boire le thé avec quelques amies.
Pendant la guerre de 14-18, de violents combats ont eu lieu en **Champagne**.
Pourquoi les coureurs automobiles s'arrosent-ils de **champagne** ?

3) Cette salle est trop **sonore** ; on ne s'entend pas.
Sur une route **verglacée**, il faut rouler lentement.
Les **mammifères** mettent au monde des petits vivants.

4) **Bien que** cette piste soit fermée, des skieurs imprudents l'empruntent.
La clé USB que je vous avais prêtée, **rendez-la-moi** ; j'en ai besoin.

5) La **Brie** est une région où les terres sont fertiles.
Le **brie** est un fromage à pâte molle.
Les déesses **grecques** ont inspiré de nombreux peintres.
Les **Grecques** d'un certain âge sont souvent vêtues de noir.

6) Après son opération, Mme Delmas a **recouvré** tous ses moyens.
Si le brocanteur baisse son prix, l'affaire se **conclura** probablement.

Fiche 75 : Les accords dans le groupe nominal

1) Les **troupes** de Napoléon parcouraient des **kilomètres** à pied.
Les **maraîchers** de la vallée de la Loire se spécialisent dans la **culture** des asperges.
Il n'est pas possible de vendre les **vêtements** de travail qui présentent des défauts.

2) un simple bol de café : de simples bols de café – une grave erreur de jugement : de graves erreurs de jugement – un coup de sifflet strident : des coups de sifflet stridents.

3) des voitures à pédales démodées : une voiture à pédales démodée – d'odorants bouquets de roses : un odorant bouquet de roses – d'immenses forêts de sapins : une immense forêt de sapins.

4) un recueil de documents – un tuyau d'arrosage – un bouquet de roses – un jeu de société – des sacs de farine – des sacs de bonbons – un patin à roulettes – un exercice à trous.

5) Dans cette bourgade isolée, les travaux quotidiens sont bien difficiles.
L'infirmière entoure le malade de sa présence affectueuse et attentive.

6) Les *fraises* odorantes attirent les nombreuses *clientes* du marché.
Une *poire* juteuse est difficile à peler, mais quelle saveur !
Les *passants* prudents traversent toujours sur les *passages* protégés.
Noyées dans le brouillard, les *pistes* sont impraticables.

Fiche 76 : L'accord du verbe : cas particuliers

1) Le **chêne**, pas plus que le hêtre, ne conserve ses feuilles en hiver.
Dès les premières gouttes, la **place** et les **rues** se vident.
La moitié des **pages** de ce livre étaient illisibles.
Une dizaine de **mécaniciens** s'activent autour de la Formule 1.

2) Le regard d'Armelle et le son de sa voix trahi**ssent** son émotion.
Plus d'un marin redout**e** les quarantièmes rugissants.
L'atterrissage de centaines d'avions indispos**e** les riverains.
Laurence et moi suiv**ons** les conseils du professeur.

3) Vous et moi **sommes** du même avis.
Moins de trois minutes **suffisent** pour cuire cet œuf.
Florian et toi **portez** les mêmes vêtements.
La mer est houleuse, personne **n'ose** se baigner.

4) Rien ne **vaut** la sérénité que vous **apportent** vos amis.
L'or aussi bien que l'argent **sont** des métaux précieux.
L'Espagne comme la France **appartiennent** à l'Europe.
Il **faut** des trésors de patience pour monter ce meuble !

5) La paix et non la guerre règner**a** bientôt dans cette région.
Sans ordonnance, le pharmacien ne délivr**era** pas ce médicament.
Les alpinistes sont nombreux, mais combien arriver**ont** au sommet ?
L'une ou l'autre équipe marquer**a** un but avant la fin du match.
Ni Sarah ni toi ne regarder**ez** ce film de science-fiction.

Fiche 77 : Le participe passé employé avec l'auxiliaire avoir (cas particuliers)

1) L'autorisation de sortie, à qui l'avez-vous **demandée** ?
As-tu mangé les biscuits que j'avais **préparés** pour toi ?
Le menuisier a **scié** les planches, puis il les a **rabotées**.

2) Les jumelles que tu n'as pas **oubliées** te permettront d'observer les aigles.
M. Monier brûle les branchages qu'il a **fait** couper par son fils.
Savez-vous ce que les professeurs ont **déclaré** au conseil de classe ?

3) J'**ai étendu** les draps que j'**ai sortis** de la machine.
Des enquêtes difficiles, ce commissaire en **a résolu** plus d'une.
Les jurés **ont délibéré** et ils **ont rendu** leur verdict.
Les rivières **ont débordé** comme on l'**a prévu**.

4) L'omelette que tu as **voulue** devra être **réchauffée**.
Je t'ai **rendu** les documents que tu m'avais **prêtés**.
Eva a **pris** autant de parts de tarte qu'elle a **voulu**.

5) Les bâtiments historiques que l'architecte a restaurés sont ouverts au public.
La tour que l'architecte a restaurée est ouverte au public.
Les fermettes que l'architecte a restaurées sont ouvertes au public.

6) La passerelle était mal fixée ; les ouvriers l'ont consolidée.
Cette corde est moins résistante que je ne l'avais prévu.
Ces recommandations étaient pertinentes, tu as bien fait de les écouter.

Fiche 78 : Le participe passé des verbes pronominaux

1) Les chevaliers se sont **battus** jusqu'à ce que mort s'ensuive.
Toute la famille Renzo s'est **réjouie** à l'idée de déménager.
Les deux véhicules se sont **frôlés**, sans dommage heureusement.

2) Au premier coup de fusil, les perdrix se sont **envolées**.
Liliane s'est **fait** couper les cheveux.
Paul et Denis se sont **connus** à l'école maternelle.

3) Mes amies dégustent l'omelette qu'elles se sont **préparée**.
Ma sœur déguste le dessert qu'elle s'est **préparé**.
Hervé déguste les macarons qu'il s'est **préparés**.

4) Dès le premier regard, ces deux personnes **se sont plu**.
Malgré le vent, la montgolfière **s'est posée** en douceur.
Ameline **a chuté** et **s'est égratigné** le genou.
À l'issue de la partie, les deux joueurs **se sont serré** la main.

5) Les locataires se sont **donné** du mal pour nettoyer le local à vélos.
Pour se tenir éveillée, Mme Dray s'est **préparé** un café.
Ces jeunes recrues se sont **engagées** dans la marine pour cinq ans.
Mes voisins se sont **rendu** service.

6) Au fil des jours, les tags *tracés* sur les murs se sont *effacés*.
Les papiers que l'espion s'est *fabriqués* sont mal *imités*.
Affolés, les chatons se sont *réfugiés* sous le lit.

Fiche 79 : Les temps composés du conditionnel

1) Si tu m'avais laissé un message, je t'**aurais répondu**.
S'il avait fait beau, nous **serions allées** à la plage.
Si le rideau s'était levé, le comédien **serait entré** en scène.

2) S'il avait plu, les champs en **auraient** profité.
Vous **auriez** dû mieux refermer votre réservoir d'essence.
J'**aurais** parié que ce judoka parviendrait à remporter son combat.

3) Tu aurais souhaité une réduction sur le prix de ces chaussures.
Les clients auraient souhaité une réduction sur le prix de ces chaussures.

4) On annonce qu'un astronome **aurait découvert** une nouvelle galaxie.
Si tu avais pu choisir, tu **aurais appris** à jouer du piano plutôt que du violon.

5) Si j'avais consulté la carte, je ne me serais pas égaré(e).
Si Bastien avait consulté la carte, il ne se serait pas égaré.

6) Si elles avaient été mieux entretenues, les digues **n'eussent pas cédé**.
S'il n'avait pas fait une chute, ce cheval **eût devancé** tous ses concurrents.

Fiche 80 : Le présent du subjonctif : verbes du 3e groupe

1) Il faut que vous **relisiez**.
Il faut que nous **descendions**.
Il faut que tu **comprennes**.

2) Il est rare que les enfants **croient** encore au Père Noël.
Il se peut que je **doive** refaire cet exercice ; il y aurait une erreur.
Rien ne s'oppose à ce que tu **dises** la vérité.

3) Il faut que tu **tondes** la pelouse, et que tu **répandes** de l'engrais.
Il faut que nous **tondions** la pelouse, et que nous **répandions** de l'engrais.

4) Pour faire passer ta toux, il faut que tu **boives** du sirop.
Quoi qu'il **entreprenne**, Sylvain y met beaucoup d'ardeur.
D'ici, il est possible que nous **apercevions** l'île de Sein.

5) Il serait bon que tu **préviennes** la vie scolaire de ton absence.
La prudence exige que vous **détruisiez** ce nid de frelons.
Il est exclu que les participants au concours **enfreignent** le règlement.
Théo ne comprendra rien à ce texte à moins qu'il le **traduise**.

6) Je regrette que vous ne puissiez pas m'aider.
Il est possible que tu connaisses le nom de cette plante.
Le professeur doute que je suive parfaitement les consignes.

Fiche 81 : L'imparfait et les temps composés du subjonctif

1) Pour gagner le trophée, il faudrait que le patineur se **fût** entraîné plus.
On s'attendait à ce que le feu **s'éteignît** de lui-même.
M. Giroud souhaitait que Leïla **prît** soin de son chat en son absence.

2) Il faut que vous **ayez achevé** votre travail avant de jouer.
Le gâteau restera au four jusqu'à ce qu'il **ait pris** une belle couleur.
Il semble qu'il **ait gelé** cette nuit sur le plateau du Vercors.

3) Je craignais que le coq au vin **cuisît** trop vite.
Il était vital que le caravanier **bût** une gorgée d'eau.
Vous auriez voulu que Léa **vînt** vous présenter des excuses.

4) Quoique j'aie pris la bonne clé, je ne peux pas ouvrir le portail.
Quoique vous ayez pris la bonne clé, vous ne pouvez pas ouvrir le portail.
Quoique Marco ait pris la bonne clé, il ne peut pas ouvrir le portail.

5) Dès le début, on **sut** que les dégâts seraient considérables.
Jamais Alix ne vous accompagnera, **dût**-il le regretter.
Comme la fête avait été longue, Cyprien **dormit** jusqu'à midi.
J'avais donné mon adresse à Frida afin qu'elle **pût** m'écrire.

Fiche 82 : Particularités de verbes du 1er groupe : verbes en « -eler » et « -eter »

1) Le sous-sol de la Bolivie **recèle** des réserves de lithium.
Tu **décachettes** l'enveloppe dans laquelle se trouve ton bulletin.
Pourquoi les paparazzis **harcellent**-ils cette actrice ?
Après la course, le lad **dételle** le sulky du cheval vainqueur.

2) La police **démantèlera** un réseau de trafiquants.
Avant de sortir, Marianne **muselle** toujours son chien.
Comme Samuel a perdu ses clés, le serrurier **crochète** la serrure.
Ne **harcelle** pas tes parents de questions stupides.

3) S'il avait le temps, M. Guy **carrellerait** les murs de la cuisine.
Si les prises étaient abondantes, le pêcheur les **congèlerait**.
S'il faisait une découverte, ce chimiste la **brevetterait**.
Avec des engins plus puissants, on **nivellerait** rapidement le terrain.

4) Il est possible que, victime d'un uppercut, le boxeur **chancelle**.
Il faut que j'**appelle** le centre qui débloquera mon téléphone.
Il est possible qu'Alex **projette** un séjour près de Londres.
Il est inévitable que vous **peliez** si vous ne vous protégez pas du soleil.

5) **Jette** un regard sur cette photographie et tu me reconnaîtras.
Ne **grommelle** pas, personne ne comprendra tes paroles.
Empaquette cet objet avec soin, sinon il se brisera.
Ne **rejette** pas cette proposition ; elle est avantageuse.

Fiche 83 : Présent de l'indicatif ou présent du subjonctif ?

1) Nous savons que ce billet à prix réduit **exclut** tout échange.
Le public craint que l'arbitre **exclue** ce joueur auteur d'une brutalité.
Surpris par la sirène d'alarme, le voleur **s'enfuit** à toutes jambes.
Pour peu qu'il **s'enfuie** à temps, le gnou échappera à la lionne.

2) Il faut que nous **copiions** l'ensemble du résumé.
Il serait préférable que vous **nettoyiez** les pinceaux après usage.
Après que tu **as** corrigé ton texte, tu l'imprimes.

3) J'affirme que tu **parcours** trop rapidement ce document important.
Ton papa regrette que tu **parcoures** les derniers mètres en marchant.
Il est juste que le voleur de bijoux **encoure** une condamnation.
Comme il viole l'accord de paix, ce pays **encourt** des représailles.

4) On voit qu'Ophélie **écrit** aussi bien de la main gauche que de la droite.
Il n'est pas question que nous nous **baignions** dans cette eau froide.
Nous sommes sûrs que vous **connaissez** le titre de cette chanson.
Je ne peux pas croire que tu **rougisses** aussi facilement.

5) Quoi qu'il **dise**, Hervé a toujours l'air sérieux.
Le moniteur souhaite que les cavaliers **sachent** seller leur monture.
Il est rare que le TGV **prenne** du retard.
Tout le monde pense que M. Divon **agit** sans réfléchir.

6) Vos parents seraient contents que vous **travailliez** sérieusement.
Il est surprenant que l'on **extraie** du pétrole dans cette région désertique.
Dès que le capitaine **entrevoit** une anse protégée, il s'y dirige.
Il paraît que le fabricant **garantit** cet appareil pendant cinq ans.

Fiche 84 : Ne pas confondre : eus – eut – eût / fus – fut – fût

1) Max n'**eût** pas souffert du froid s'il avait emporté un duvet.
Dès que tu **eus** reçu le message, tu répondis.
Lorsque Martin **eut** relu le problème, il prit sa calculatrice.

2) Lorsqu'il **fut** au sommet du gratte-ciel, Marco **eut** le vertige.
Comment se faisait-il que la famille Palet n'**eût** jamais été recensée ?
Quand il **eut** verrouillé la porte d'entrée, Benoît sortit tranquille.
Si le conducteur avait vu l'obstacle, il **eût** certainement freiné.

3) S'il avait coché les bons numéros, Henry **eût** décroché le gros lot.
Rémi n'**eut** pas le temps de prendre un chariot, car il était pressé.
Ce vêtement t'allait à merveille, tu n'**eus** pas à regretter ton achat.
Yannick a **eu** l'adresse de Mathieu en consultant Internet.

4) Il était surprenant que ce restaurant **fût** fermé un samedi soir.
Mme Traille **fut** heureuse d'apprendre que son contrat était prolongé.

Le patron pêcheur demanda que la cargaison **fût** déchargée sans tarder.
M. Stroki **fut** bien la seule personne du groupe à comprendre le guide.

5) Lorsque tu **eus** terminé ton travail, tu sortis.
Dès que la rose **fut** éclose, je la cueillis.
Il était temps que Tristan **eût** plus de responsabilité dans cette association.
Dès qu'elle **eut** accouché, Mme Garcia choisit le prénom de sa fille.
Le chasseur avait peur que le buffle **fût** encore vivant.

6) Le caissier attendait que la cliente eût composé son code confidentiel.
Le vendeur me fit un rabais bien que la période des soldes fût dépassée.

Fiche 85 : Ne pas confondre : quand – quant – qu'en

1) Mes amis aiment le rap, **quant** à moi je préfère la techno.
Pour éviter les encombrements, certains ne se déplacent **qu'en** vélo.
Le soir, **quand** les ombres deviennent inquiétantes, tu as peur.

2) Ces légumes semblent frais ; **qu'en** pensez-vous ?
Quand ce chalet sera-t-il à vendre ?
Hugo porte des gants **quand** il fait la vaisselle.
Depuis **qu'en** France on trie les déchets, il y a moins de pollution.

3) Il n'y a **qu'en** s'exerçant qu'on progresse en musique.
Je copie mon résumé, **quant** à la poésie je l'apprendrai plus tard.
Les travaux du bâtiment sont **quand** même moins pénibles qu'autrefois.

4) **Quand** il y a de la houle, les nageurs sont rares ; **quant** aux surfeurs, ils se réjouissent.
M. Louvet ne part en voyage **qu'en** emportant le strict nécessaire.
Quand viendrez-vous nous aider à résoudre ce problème ?
Le ministre ne répond pas aux questions et se réfugie dans son **quant**-à-soi.

5) Ce n'est qu'en juin, quand les cerises seront mûres, que nous les cueillerons.
Quand il vendra sa récolte de colza, l'agriculteur ne pourra qu'en tirer un bénéfice.

6) Ce numéro de clown m'a plu, mais qu'en dit Morgane ?
Ces élèves ont tous des tablettes, mais qu'en feront-ils ?

Fiche 86 : Ne pas confondre : quel(s) – quelle(s) – qu'elle(s)

1) Avec **quelles** chaussures marchez-vous ?
La bataille de Waterloo, **quelle** déroute !
Les clientes paient les articles **qu'elles** ont choisis.

2) Oriane, je ne savais pas **qu'elle** avait une sœur jumelle.
Le chasse-neige passera **quelle** que soit la hauteur des congères.
Comme la voiture est en panne, il faut **qu'elle** soit remorquée.

3) Il faut qu'ils arrivent vite.
Il se peut qu'elle se réalise.

4) **Quels** sont les principaux pays producteurs de pétrole ?
Hier, c'était la fête de la musique ; **quelle** belle soirée nous avons passée !
Admirez avec **quelle** grâce et **quel** sang-froid ce funambule se déplace.
Quelle mouche l'a piquée pour **qu'elle** se mette ainsi en colère ?

5) À votre avis, quelles sont les langues les plus parlées au monde ?
Le match est indécis ; on ne peut pas dire quels seront les vainqueurs.

6) Véronique est essoufflée parce qu'elle a pris l'escalier.
Quels sont les volcans que nous apercevons au loin ?

Corrigés

Fiche 87 : Ne pas confondre : quelque(s) – quel(s) que – quelle(s) que

1) À Fort Alamo, **quelques** Américains ont résisté à l'armée mexicaine.
L'avion décollera, **quelles que** soient les conditions météorologiques.
M. Nallet achètera ce logiciel, **quel que** soit le prix.
Cette voiture ancienne se trouve dans **quelque** garage isolé.
Quels que soient les travaux, il faudra réparer ce moulin à vent.
Quelle que soit l'heure du départ du train, tu auras le temps.

2) Les livres que tu m'as rendus sont **quelque** peu abîmés.
Quelle que soit l'origine de la fuite, le plombier la trouvera.
Il y a **quelque** cinq ans que Cyril n'a pas vu son oncle.
Quel que soit le programme de ce soir, je ne le regarderai pas.

3) *Quelque* attachants que soient ces lionceaux, ils sont dangereux.
Quel que soit le temps, Émeric fait une heure de jogging chaque jour.
Tu as perdu ta montre, mais elle doit bien être *quelque* part.
La côte apparaissait *quelque* peu lointaine ; le nageur était découragé.

4) **Quelles que** soient les émissions qu'ils regardent, les enfants sont attentifs.
Dans **quelques** cathédrales romanes, on peut admirer des fresques.
Quelles que soient les questions, M. Chalier a réponse à toutes.
Quelques mesures m'ont suffi pour identifier cette mélodie.

5) Ce candidat sera sans doute tombé dans **quelque** piège tendu par le jury.
Quels que soient les bienfaits de ce médicament, il est réservé aux adultes.
Quelques légumes que vous consommiez, ce sera bon pour votre santé.
Quelque perfectionnés que soient ces portables, ils sont fragiles.

Fiche 88 : Ne pas confondre : se (s') / ce (c')

1)

ce couloir	**se** réfugier	**se** rejoindre	**ce** menhir
se revoir	**ce** sorcier	**se** plaindre	**se** nourrir
s'asseoir	**se** qualifier	**se** détendre	**ce** saphir

2) Je me sors de ce mauvais pas. Ils se sortent de ce mauvais pas.
Vous vous sortez de ce mauvais pas. Tu t'attendris devant ce chaton.
Nous nous attendrissons devant ce chaton. Elle s'attendrit devant ce chaton.

3) Des baigneurs **se** dorent encore sur **ce** sable chaud alors qu'il est midi ; **ce** n'est pas raisonnable de **s'**exposer ainsi aux rayons ultraviolets. **Ce** soir, ces inconscients risquent de **s'**en souvenir en soignant leurs coups de soleil.

4) Le base-ball, **c'**est un sport pour lequel les Américains **se** passionnent.
Nous sommes satisfaits, car **ce** voyage **s'**est déroulé sans incident.
Il faut **se** méfier, car la date de consommation de **ce** plat est dépassée.

5) Adeline se bat contre un nuage de moustiques.
Les voyageurs ne se penchent pas à la portière.

6) À minuit, dans **ce** château, **c'**est l'heure à laquelle sortent les fantômes. On dit qu'ils **se** promènent dans les couloirs vêtus de draps blancs en secouant leurs chaînes ; mais **c'**est probablement une légende qui **s'**est transmise de génération en génération, car personne ne peut affirmer qu'il a vu **ce** spectacle insolite.

Fiche 89 : Ne pas confondre : sent – s'en – sans – c'en

1) Chaque hiver, les oies sauvages **s'en** vont en Afrique du Nord.
Djamel est parti **sans** s'apercevoir qu'il avait oublié son sac de sport.
Après la course, je ne **sens** plus mes jambes.
Les Lillois ont marqué ; **c'en** est fait des espoirs de victoire des Niçois.
Le muguet cueilli dans les bois **sent** très bon.

2) La cuisinière sent une odeur de brûlé. Tu sens une odeur de brûlé.
Vous sentez une odeur de brûlé. Je m'en remets au hasard.
Les parieurs s'en remettent au hasard. Nous nous en remettons au hasard.

3) Albin a su nager **sans** bouée dès l'âge de six ans.
Myriam ira voir ses amies de Béziers, celles-ci **s'en** réjouissent.
À la vue du dragon, le chevalier **sent** une boule lui nouer la gorge.
Voilà le printemps ; **c'en** est fini de l'hiver.

4) Le capitaine Haddock a un ruban adhésif collé au doigt, il ne peut **s'en** défaire.
Il est interdit de piloter une moto **sans** casque ; c'est dangereux.
Hélène a sorti l'aspirateur et elle **s'en** sert pour dépoussiérer la moquette.
Il vaut mieux ne pas poster une lettre **sans** l'affranchir !

5) On ne peut pas regarder ce mélodrame **sans** verser une petite larme.
Tu **sens** que la discussion risque de mal tourner ; alors tu te calmes.
Le plombier possède une perceuse puissante ; il **s'en** sert souvent.
Il ne se **sent** pas le courage de remonter ce casse-tête.
Sans paix et **sans** justice, il n'y a pas de vie sociale possible.

Fiche 90 : Ne pas confondre : met – mets – m'est – mais

1) M. Clerc **met** une pièce dans l'horodateur.
Ce bruit **m'est** insupportable ; baissez le son.
Cette machine à laver n'est pas neuve, **mais** elle fonctionne bien.
Quand il fait froid, tu **mets** ton anorak fourré.

2) Lionel ne met pas sa clé sous le paillasson, mais il la cache soigneusement.
Mes amis ne mettent pas leur clé sous le paillasson, mais ils la cachent soigneusement.
Vous ne mettez pas votre clé sous le paillasson, mais vous la cachez soigneusement.
Tu ne mets pas ta clé sous le paillasson, mais tu la caches soigneusement.

3) Ce tableau n'est pas très grand, **mais** il vaut une fortune.
Cette idée **m'est** venue tout à fait par hasard.
Pour recevoir mes amis, je **mets** les petits plats dans les grands.
Ne te **mets** pas si près du radiateur, tu auras trop chaud.

4) Mme Farkas **met** de l'argent de côté pour acheter une voiture.
Je **mets** la casserole sur le gaz et j'attends que l'eau boue.
Tu **mets** de l'ardeur dans tout ce que tu entreprends.
J'allumerais bien le couloir, **mais** l'ampoule est grillée.

5) Le mois de **mai** compte de nombreux jours fériés.
Ton message **m'est** bien parvenu ; je l'ai lu aussitôt.
Le caviar est un **mets** recherché, **mais** sa production est en baisse.
Pour passer le gué, tu **mets** les pieds sur les cailloux.
Laurent Redon **met** en scène une pièce de théâtre inédite.

Préparation au brevet n° 1

JE M'ENTRAÎNE *Corrigés page 250*

1) Écrivez les verbes entre parenthèses au passé simple.

Le coureur (sentir) .... une douleur au mollet droit.

N'ayant rien à ajouter, le conférencier (se taire) ....

La mi-temps (survenir) .... alors que le score était nul.

2) Complétez les noms par « -euil », « -eil » ou « -eille », « -euille »

le sol...........	le cerf...........	une ab...........	un appar...........
un portef...........	le d...........	la corb...........	un s...........
une merv...........	une tr...........	une gros...........	un faut...........

3) Accordez les adjectifs entre parenthèses.

(verni) des meubles .... des chaussures ....

(gras) un aliment .... une poêle ....

(heureux) un homme .... une femme ....

4) Complétez les phrases avec « ses » ou « ces ».

J'hésite entre tous .... desserts, aussi appétissants les uns que les autres.

Mélanie prend soin de .... cheveux.

Mamie est une excellente cuisinière ; .... desserts sont savoureux.

.... fossiles datent probablement de l'ère secondaire.

5) Complétez ces noms terminés par le son [e].

la gaiet......	la jet......	la maturit......	la chauss......
l'amiti......	le goût......	le pât......	la pât......
le comit......	la beaut......	la mont......	un trait......
la cécit......	un invit......	un orang......	une embard......

6) Complétez les phrases avec « c'était » ou « s'était ».

La fusée .... écrasée au sol ; .... une lourde perte.

Karine .... endormie de bonne heure.

.... à regret que tu avais quitté tes amis.

Le tracteur .... embourbé dans un chemin.

.... la première fois que cet ascenseur était en panne.

JE RÉCRIS

Corrigés **page 250**

Récrivez le texte en mettant les verbes en couleur au futur simple de l'indicatif.

Cet été, nous séjournons dans les îles Féroé. Nous pêchons le saumon et nous allons au bord des falaises vertigineuses où nous voyons des macareux. En cette saison, les fleurs envahissent les prairies ; nous les cueillons pour confectionner de splendides bouquets.

L'été prochain, ……………………………………………………………………………

……………………………………………………………………………………………

……………………………………………………………………………………………

……………………………………………………………………………………………

……………………………………………………………………………………………

……………………………………………………………………………………………

DICTÉE

Texte de la dictée **page 31** du cahier

La charcutière

Préparation au brevet n° 2

JE M'ENTRAÎNE *Corrigés page 250*

1) Complétez ces noms avec « -oire » ou « -oir ».

un audit..............	un nich..............	un mouch..............	la préhist..............
un plonge..............	un territ..............	un pourb..............	le désesp..............
une traject..............	une mâch..............	un peign..............	un esp..............

2) Complétez ces mots avec une consonne simple ou double : « r » ou « rr », « n » ou « nn », « l » ou « ll » puis « t » ou « tt ».

cou.........ir	nou.........ir	pou.........ir	mou.........ir
ho.........ête	ho.........orer	l'ho.........eur	ho.........orable
une co.........onne	une co.........ine	inco.........able	une co.........onie
une caro.........e	un coco.........ier	la belo.........e	une gro.........e

3) Complétez ces noms par la lettre muette qui convient ; vous la justifierez en écrivant un mot de la même famille dans lequel on entend cette lettre.

un ran...... ➔	un écla...... ➔ ....
une den...... ➔	un placar...... ➔ ....
un fusi...... ➔	le galo...... ➔ ....

4) Écrivez les adverbes correspondant à ces adjectifs.

suffisant ➔	innocent ➔ ....
imprudent ➔	vaillant ➔ ....
brillant ➔	étonnant ➔ ....

5) Accordez les adjectifs entre parenthèses.

(bleu) des chaussettes	des rubans ....
(public) une place	des jardins ....
(net) des prix	une réponse ....

6) Complétez les phrases avec « eu », « eut » ou « eût ».

Quand Olivier .... décidé de s'orienter vers le dessin, son père l'encouragea.

J'ai .... le plaisir d'assister à une représentation théâtrale.

Lorsque Christine .... fermé les volets, elle s'endormit aussitôt.

Mme Creste craignait que sa chienne .... des puces.

JE RÉCRIS Corrigés page 251

Récrivez ce texte, sans en modifier le sens, mais en débutant différemment.

Au début du match, les joueurs agenais avaient des maillots blancs. Mais, après quelques mêlées, ils étaient marron, couverts de boue : la faute à la météo, car le terrain était plein d'eau.

À la fin de la partie, ...

....

....

....

....

....

DICTÉE Texte de la dictée page 32 du cahier

Les saltimbanques

Préparation au brevet n° 3

JE M'ENTRAÎNE Corrigés page 251

1) Complétez les phrases avec « -é », « -er » ou « ez ».

La monitrice du centre aér............ a décid............ d'organis............ un jeu de piste.
Adrien s'est bless............ en tombant ; il a du mal à support............ la douleur.
En Touraine, vous visit............ de superbes châteaux.
Apeur............, ce chat abandonn............ a d'abord refus............ de mang............ .

2) Complétez les phrases avec « là », « la », « l'a » ou « l'as ».

Après avoir lu .... notice de sa tablette, Louis .... mise en charge.
Je ne trouve plus ma calculatrice ; est-ce toi qui .... ?
D'habitude, à cette heure-.............., ... porte du gymnase est fermée.
.... où on .... accrochée, ... gravure n'est pas mise en valeur.

3) Complétez ces mots terminés par deux lettres muettes.

l'aspe......	le remor......	exa......	succin......
le pou......	un doi......	le tréfon......	un cor......
le printem......	distin......	un auroc......	le respe......

4) Complétez les phrases avec « n'y » ou « ni ».

Je ne connais .... la Suède .... la Finlande ; je .... suis jamais allé.
Quand il faut prêter sa moto, M. Dayan .... consent qu'avec réticence.
S'il faut se lever tôt pour la randonnée, Kévin .... voit aucun inconvénient.

5) Complétez les phrases avec « peu », « peut » ou « peux ».

Ce commerçant ne .... livrer que .... de marchandises ; son stock est épuisé.
Grâce à ce moteur de recherche, tu .... accéder à des informations variées.
Je ne .... imaginer ce que .... être la vie dans un igloo au Groenland.
Cet homme .... mieux gérer son budget ; il fera un .... d'économies.

6) Complétez les phrases avec « c'est », « s'est » ou « sait ».

Comme Léo .... jouer du saxophone, il intègre l'orchestre du collège.
Accueillir ses amis avec le sourire, ... la moindre des politesses.
Ivan ne .... quel thème choisir pour son exposé ; .... ennuyeux.
Comment .... passé ton dernier week-end à Grenoble ?

JE RÉCRIS Corrigés page 251

Récrivez ce texte en le mettant à la voix passive.

Des gravillons répandus sur la chaussée ont sans doute provoqué la chute de ce cycliste. Le choc a tordu le guidon. En attendant l'arrivée des pompiers, des passants obligeants ont porté les premiers secours à ce coureur malchanceux. Pour apaiser la douleur, l'un d'eux a placé une poche de glace sur son coude vraisemblablement fracturé.

....

....

....

....

....

....

DICTÉE Texte de la dictée page 32 du cahier

Le bonheur

Préparation au brevet n° 4

JE M'ENTRAÎNE Corrigés page 251

1) Complétez, éventuellement, les mots avec un accent circonflexe.

la relache	un crane	la température	enteté
une bache	une buche	palir	la tole
de la mache	une ruche	la treve	la zone

2) Complétez les verbes avec une consonne simple ou une consonne double.

brû...........er	reco...........aître	a...........raver	ruisse...........er
ba...........re	ava...........er	a...........onger	a...........ercevoir
circu...........er	embe...........ir	a...........eler	coi...........er

3) Complétez ces formes verbales avec « é » ou « er ».

Pour admir.............. les étoiles, il faut que le ciel soit dégag................ .

Tu as utilis.............. un couteau électrique pour découp.............. le rôti.

Les autruches ne se laissent pas facilement captur................ .

Il a fallu dépass.............. la zone rocheuse pour ramass.............. des coquillages.

Alix s'est allong............. sur le canapé et il a essay............. de se repos.............. .

4) Complétez les phrases avec « près », « prêt » ou « prêts ».

Le mineur a placé sa lampe .... de sa tête.

Les secouristes se tiennent .... à intervenir.

.... pour le tournage, le comédien quitte sa loge.

Les volleyeurs sont .... du filet, ... à renvoyer le ballon.

5) Complétez les noms terminés par le son [u] (ou).

le cl......	un rem......	un cach......	un l......
la r......	un ép......	un ég......	un rag......
le c......	un voy......	un écr......	le gen......
le b......	le courr......	un hib......	le saind......

6) Complétez les noms terminés par le son [as].

la f......	la br......	un atl......	la gl......
un vasist......	une imp......	la pl......	la cul......
la disgr......	une dédic......	la cuir......	un pal......

JE RÉCRIS *Corrigés* **page 252**

Récrivez ce texte en remplaçant « Medhi » par « Fanny et Dorothée ».

Medhi a suivi de près les recommandations de ses professeurs et il part sans crainte au collège Rameau pour y passer les épreuves du brevet. Il est prêt à répondre à toutes les questions. Il est confiant car il a mis toutes les chances de son côté. D'ailleurs les résultats du contrôle continu en témoignent : ses notes sont excellentes.

....

....

....

....

....

....

DICTÉE Texte de la dictée **page 32** du cahier

Un mineur

Préparation au brevet n° 5

JE M'ENTRAÎNE Corrigés page 252

1) Écrivez les verbes entre parenthèses au présent de l'indicatif.

Sandrine (appeler) .... ses parents pour les rassurer.
Mes amis (tenir) .... à m'accompagner au parc d'attractions.
Pour préparer la tarte, tu (décongeler) .... d'abord la pâte.
Je (sentir) .... des picotements dans mon bras gauche.
Lucas (revenir) .... sans cesse sur sa victoire au cross.

2) Compétez ces noms terminés par le son [ɛ] (è).

un intér......	un proc......	un entrem......	le gen......
un bal......	un asp......	le harn......	un pon......
un extr......	un carn......	le miner......	un abc......
le rel......	le qu......	un laqu......	le siffl......

3) Complétez les phrases avec « se (s') » ou « ce (c') ».

.... pays .... retrouve sous des trombes d'eau ; ....est une catastrophe.
Pour tracer .... cercle, il faut .... munir d'un compas.
.... sculpteur .... spécialise dans les œuvres monumentales.
Laissé à l'abandon, ... bâtiment ....est rapidement dégradé.

4) Complétez ces noms terminés par le son [ɑ̃s] (ance).

la prud......	une off......	l'assur......	une confid......
la d......	la malch......	l'excell......	l'endur......
la déf......	la transpar......	l'alli......	la tr......

5) Accordez les participes passés des verbes entre parenthèses.

Cette idée lui paraissant meilleure, Didier l'a (mettre) .... en application.
Le carrossier remplace les ailes que l'automobiliste a (enfoncer) ....
Les invités dévorent la tarte que Mélanie a (préparer) .... pour eux.
Les amis, à qui j'ai (raconter) .... l'histoire, ont (rire) ....

6) Complétez les phrases avec « quand », « quant » ou « qu'en ».

Depuis .... France l'école est obligatoire, l'illettrisme a reculé.
L'ours survit en captivité ; .... au panda, il ne se reproduit qu'en liberté.
Maintenant que tu as goûté ces lasagnes, ... dis-tu ?
Nous repasserons le linge .... il sera sec.

JE RÉCRIS Corrigés page 252

Récrivez ce texte en mettant les verbes au futur de l'indicatif.

Aujourd'hui, j'accompagne ma sœur au centre équestre. Nous nous dirigeons immédiatement vers nos montures. Céline caresse le museau de la sienne et je m'approche de Bouba, mon cheval préféré. Le moniteur veille au bon harnachement des chevaux et nous sautons en selle. Il nous apprend le pas, puis le trot enlevé. À la fin de la séance, nous nettoyons les chevaux.

Demain matin, ...

....

....

....

....

....

DICTÉE Texte de la dictée page 33 du cahier

Une amitié

Préparation au brevet n° 6

JE M'ENTRAÎNE *Corrigés page 253*

1) Complétez ces mots dans lesquels on entend le son [f].

une pro.........ession	la ....iloso.........ie	une gau.........re	une s.........ère
une mou.........le	le sou.........le	le bu.........et	un gra.........iti
un ty.........on	un sporti.........	un béné.........ice	une bou.........ée

2) Complétez les phrases avec « tant », « t'en », « tend », « tends » ou « temps ».

Pour un morceau de sucre, le chien .... la patte à son maître.

Lorsque tu circules à vélo, avant de tourner, tu .... le bras.

Je voudrais .... avoir l'âge de passer mon permis de conduire.

Le résultat n'est pas parfait, mais tu .... satisfais.

Stevy ne perd jamais son .... ; il a toujours quelque chose à faire.

3) Complétez les mots avec « x », « « ex », « cc » ou « exc ».

.........alté	.........acerber	un a.........essoire	in.........orable
un parado.........e	une co.........inelle	a.........éder	.........user
.........aspérant	.........torquer	un ....tincteur	va.........iner

4) Complétez les phrases avec le participe présent ou l'adjectif verbal des verbes entre parenthèses.

Avez-vous déjà rencontré une personne (parler) .... le chinois ?

Des éclairs (éblouir) .... illuminent le ciel d'orage.

En (voir) .... une araignée, Maryline est prise de panique.

Au bal masqué, certains portaient des tenues (provoquer) ....

5) Complétez ces mots dans lesquels on entend les sons [s] ou [z].

un re............u	fluore............ent	une éclair............ie	la gen............iane
la lu............erne	il lan............ait	une dou............aine	au............itôt
la méde............ine	le ha............ard	une entor............e	la ....ience

6) Complétez les phrases avec le participe passé des verbes entre parenthèses.

La brèche (apparaître) .... dans la digue a été (colmater) ....

Avant d'avaler ces aliments, tu les as soigneusement (mâcher) ....

Les bougies que le mécanicien a (changer) .... sont de qualité.

J'ai (lire) .... les livres que tu m'as (prêter) ....

JE RÉCRIS Corrigés page 253

Récrivez ce texte en remplaçant « vase » par « potiche ».

Quand on lui offre des fleurs, Rachel n'a jamais le vase qui convient. Celui-ci est trop bas, celui-là est trop haut, le vase que lui a offert sa grand-mère est trop rond ; quant à celui qu'elle a rapporté de son voyage en Italie, il est blanc alors que les fleurs sont aussi blanches !

DICTÉE Texte de la dictée page 33 du cahier

Une vocation tardive

Préparation au brevet n° 7

JE M'ENTRAÎNE Corrigés page 253

1) Complétez les mots avec « -ent » ou « -ant ».

av............	rudem............	le ch............	un régim............
en suiv............	un gé............	le cim............	épuis............
aut............	un sifflem......	indéc............	en pivot............

2) Conjuguez les verbes entre parenthèses au passé composé.

Le chevreuil (partir) .... se cacher dans les fourrés.
M. Tarrot (sortir) .... son stylo pour signer le chèque.
Tu (prendre) .... le TGV pour te rendre à Bordeaux.
L'ouragan (détruire) .... les maisons les plus fragiles.
Lucas (admettre) .... s'être trompé d'heure.

3) Accordez les adjectifs comme il convient.

Justin est malade ; il a les yeux (cerné) ....
Les spectatrices, (installé) .... près de la scène, applaudissent.
M. Varlet conduit sa voiture (neuf) .... avec prudence.
À peine (entrevu) ...., la Lune disparut derrière les nuages.

4) Complétez les phrases avec « plus tôt » ou « plutôt ».

Ce commerçant examinera les échantillons au ....
.... que de quitter sa ferme, M. Perrin se reconvertit dans l'élevage.
.... tu auras terminé ton travail, mieux ce sera.
Au Maroc, on récolte les tomates .... qu'en Provence.

5) Complétez les mots avec « app- » ou « ap- ».

............rouver	............uyer	............aiser	............orter
l'............endicite	l'............étit	un ....iculteur	un ....renti
s'............itoyer	............rocher	une ....ostrophe	............roximatif

6) Complétez ces mots dans lesquels on entend le son [ɛ̃] (in).

une c............ture	le s............gulier	...........portant	un grat............
un c............tre	un s............dicat	............vendu	un lycé............
un c............turon	une s............phonie	............perméable	un fr............

JE RÉCRIS Corrigés page 254

Récrivez le texte suivant en mettant les verbes au passé simple.

Le 14 juillet 1789, les Parisiens se sont révoltés et se sont dirigés en masse vers la Bastille, symbole d'injustice et d'abus du pouvoir royal. Aux cris de « Vive la Nation », ils ont pris rapidement possession de cette forteresse. On a procédé à la libération de quelques prisonniers et une explosion de violence incontrôlée a abouti à l'exécution sommaire du gouverneur.

DICTÉE Texte de la dictée page 34 du cahier

La leçon de chant

Préparation au brevet n° 8

JE M'ENTRAÎNE Corrigés page 254

1) Écrivez les verbes entre parenthèses au présent de l'indicatif.

Comme tu es allergique, tu n'(acheter) .... jamais d'amandes grillées.
Pour bien me faire comprendre, j'(épeler) .... chaque mot.
Ce matin, il (geler) .... à pierre fendre !
Vous (projeter) .... une visite des marais salants de Guérande.

2) Complétez, si nécessaire, ces noms avec des lettres muettes.

un tron......	un stentor......	un balai......	un espri......
un cordon......	le remor......	un relai......	un fusi......
un hangar......	un spor......	un essai......	un permi......

3) Récrivez les phrases en mettant les verbes en couleur à l'imparfait de l'indicatif.

Sur les chaussées enneigées, ce conducteur prudent ralentit.

....

Le sergent obéit aux ordres du capitaine.

....

4) Écrivez les verbes entre parenthèses au passé simple.

Lorsque Mandy (entendre) .... cette chanson, elle (pleurer) ....
À la tombée de la nuit, Pascal (apercevoir) .... un faisan égaré.
Avant de brancher son ordinateur, Juliette (lire) .... la notice.
Lors de la finale, ce judoka (commettre) .... une faute fatale.

5) Entourez la bonne orthographe.

La chanteuse doit annuler son récital : elle n'a plus de voie / voix.
Le père / paire de l'explorateur Jean-Baptiste Charcot fut un célèbre médecin.
Surpris, Nourdine se tourna vert / vers la personne qui l'interpellait.

6) Complétez ces noms terminés par le son [sjɔ̃] (sion).

l'ac...........	la réfle...........	l'évolu...........	une réduc...........
la mi...........	la conne...........	une expédi...........	une conver...........
la succe...........	une rédac...........	la permi...........	une excep...........

JE RÉCRIS *Corrigés* **page 254**

Corrigés page 254

Récrivez le texte en débutant par « Si j'étais… », et accordez.

Lorsque je serai une tornade, explique Jordan à ses camarades, j'emporterai dans un tourbillon les cheminées qui crachent une fumée noire. Je raserai les pylônes disgracieux, puis j'aspirerai tous les produits dangereux qui recouvrent les champs. On me surnommera la tornade écologique.

Si j'étais une ……………………………………………………………………………………

……………………………………………………………………………………………………

……………………………………………………………………………………………………

……………………………………………………………………………………………………

……………………………………………………………………………………………………

DICTÉE *Texte de la dictée* **page 34** *du cahier*

Un garçon rêveur

Préparation au brevet n° 9

JE M'ENTRAÎNE Corrigés page 254

1) Complétez, si nécessaire, les mots avec la lettre « h ».

une ......abitude	une ......attitude	l'......aleine	une ......allusion
un ......achat	un ......aillon	un ......amiral	un ......amac
......éroïque	un ......érable	un ......ippodrome	......usuel

2) Complétez les phrases avec « on », « ont » ou « on n' ».

Ces joueurs .... de la chance ; ils .... gagné !

Aujourd'hui, ... écrit plus avec des plumes d'oie !

Lorsqu'................ est heureux, ... rit et .... chante.

.... constate que les travaux .... pris du retard.

3) Complétez les mots avec « é », « è » ou « ê ».

le r......gne	pr......senter	lui-m......me	la fum......e
une pi......ce	un r......ve	la for......t	le gruy......re
t......l......phoner	la s......ance	un v......tement	r......pondre

4) Entourez la bonne orthographe.

Combien y a-t-il d'os dans le cors / corps humain ?

La rue est trop étroite ; les véhicules ne peuvent pas faire / fer demi-tour.

Quel est le seul doit / doigt qui n'a que deux phalanges ?

5) Complétez ces mots avec « ac- » ou « acc- ».

l'...........ueil	l'...........adémie	un ....usé	un ....ordéon
un ....arien	...........abler	un ....ompte	...........omplir
...........umuler	l'...........upuncture	un ....oudoir	une ....almie

6) Complétez les phrases avec « é », « er » ou « ez ».

Si vous voul........... régal........... vos amies, prépar............-leur une île flottante.

Surtout ne vous laiss........... pas abus........... par des paroles flatteuses.

Serais-tu capable de rest........... en équilibre sur cette poutre ?

Après avoir déchiffr........... le message, l'agent secret l'a déchir........... .

JE RÉCRIS Corrigés page 255

Récrivez le texte en mettant les verbes en couleur à l'imparfait de l'indicatif, au passé simple ou au présent du conditionnel, selon le sens.

Paula et Sabine décident d'aller à la fête foraine. Les manèges sont en place depuis plusieurs jours et elles savent ceux qui auront leur préférence. Paula monte d'abord dans le train fantôme et elle hurle lorsqu'une branche en plastique lui frôle la joue. Sabine, plus calme, essaie d'attraper une montre avec de grosses pinces, mais elle renonce bien vite.

....

....

....

....

....

....

DICTÉE Texte de la dictée page 34 du cahier

L'éducation des enfants

Préparation au brevet n° 10

JE M'ENTRAÎNE Corrigés page 255

1) Accordez les participes passés des verbes entre parenthèses.

Les lettres, que la directrice a (signer) ...., partiront ce soir.

La tour qu'a (déplacer) .... le joueur d'échecs protègera son roi.

Les palombes, dont j'ai (attendre) .... la venue, sont là.

2) Récrivez la phrase en changeant le sujet en couleur.

Ce film était un des plus étranges que Thibault eût regardé.

Ce film était un des plus étranges que vous ....

Ce film était un des plus étranges que tu ....

Ce film était un des plus étranges que les spectateurs ....

3) Entourez la bonne orthographe.

Dans cette salle / sale de cinéma, les sièges sont très confortables.

As-tu déjà goûté à la confiture de murs / mûres ?

La sole / sol est un poisson à la chère / chaire très savoureuse.

4) Complétez les phrases avec « ou » ou « où ».

Le jour .... tu fêteras tes seize ans, j'espère que tu m'inviteras.

Les tulipes .... les jacinthes sont des fleurs de printemps.

Savez-vous .... réside le président de la République ?

5) Conjuguez le verbe en couleur au passé simple :

arriver au troisième étage

J'..................... au troisième étage. Nous .... au troisième étage.

Tu .... au troisième étage. Vous .... au troisième étage.

Elle .... au troisième étage. Ils .... au troisième étage.

6) Complétez ces noms terminés par le son [e].

un pi.........	une qualit.........	un pât.........	le courri.........
le pass.........	un casi.........	un senti.........	la mar.........
un trépi.........	une mont.........	l'obscurit.........	un figui.........

JE RÉCRIS Corrigés page 255

Récrivez le texte suivant en mettant les verbes en couleur à l'imparfait de l'indicatif ou au passé simple, selon le sens.

Aujourd'hui, Yvon participe à une régate sur le lac du Bourget. Dès le départ, il fonce vers la première bouée. Comme il fait la course en tête, il se voit déjà brandissant la coupe destinée au vainqueur. Mais il ne se méfie pas du voilier bleu qui le menace à bâbord et qui réussit à le devancer sur la ligne d'arrivée.

Hier après-midi, Yvon ....

....

....

....

....

....

DICTÉE Texte de la dictée page 35 du cahier

À l'auberge

Corrigés

Préparation au brevet n° 1

1) Le coureur **sentit** une douleur au mollet droit.
N'ayant rien à ajouter, le conférencier **se tut**.
La mi-temps **survint** alors que le score était nul.

2) le sol**eil** – le cerf**euil** – une ab**eille** – un appar**eil** – un portef**euille** – le d**euil** – la corb**eille** – un s**euil** – une merv**eille** – une tr**eille** – une gros**eille** – un faut**euil**

3) des meubles **vernis** – des chaussures **vernies**
un aliment **gras** – une poêle **grasse**
un homme **heureux** – une femme **heureuse**

4) J'hésite entre tous **ces** desserts, aussi appétissants les uns que les autres.
Mélanie prend soin de **ses** cheveux.
Mamie est une excellente cuisinière ; **ses** desserts sont savoureux.
Ces fossiles datent probablement de l'ère secondaire.

5)

la gaiet**é**	la jet**ée**	la maturit**é**	la chauss**ée**
l'amiti**é**	le goût**er**	le pât**é**	la pât**ée**
le comit**é**	la beaut**é**	la mont**ée**	un trait**é**
la cécit**é**	un invit**é**	un orang**er**	une embard**ée**

6) La fusée **s'était** écrasée au sol ; **c'était** une lourde perte.
Karine **s'était** endormie de bonne heure.
C'était à regret que tu avais quitté tes amis.
Le tracteur **s'était** embourbé dans un chemin.
C'était la première fois que cet ascenseur était en panne.

Je récris : L'été prochain, nous **séjournerons** dans les îles Féroé. Nous **pêcherons** le saumon et nous **irons** au bord des falaises vertigineuses où nous **verrons** des macareux. En cette saison, les fleurs **envahiront** les prairies ; nous les **cueillerons** pour confectionner de splendides bouquets.

Préparation au brevet n° 2

1)

un audit**oire**	un nich**oir**	un mouch**oir**	la préhist**oire**
un plonge**oir**	un territ**oire**	un pourb**oire**	le désesp**oir**
une traject**oire**	une mâch**oire**	un peign**oir**	un esp**oir**

2)

cou**r**ir	nou**rr**ir	pou**rr**ir	mou**r**ir
ho**nn**ête	ho**n**orer	l'ho**nn**eur	ho**n**orable
une co**l**onne	une co**ll**ine	inco**ll**able	une co**l**onie
une caro**tt**e	un coco**t**ier	la belo**t**e	une gro**tt**e

3) un ran**g** : **ranger** – un écla**t** : **éclater** – une den**t** : **le dentiste** – un placar**d** : **placarder** – un fusi**l** : **la fusillade** – le galo**p** : **galoper**

4) suffisant : **suffisamment** – innocent : **innocemment**
imprudent : **imprudemment** – vaillant : **vaillamment**
brillant : **brillamment** – étonnant : **étonnamment**

5) des chaussettes **bleues** – des rubans **bleus** – une place **publique** – des jardins **publics** – des prix **nets** – une réponse **nette**

6) Quand Olivier **eut** décidé de s'orienter vers le dessin, son père l'encouragea.
J'ai **eu** le plaisir d'assister à une représentation théâtrale.
Lorsque Christine **eut** fermé les volets, elle s'endormit aussitôt.
Mme Creste craignait que sa chienne **eût** des puces.

Corrigés

Je récris : À la fin de la partie, les maillots des joueurs agenais étaient couverts de boue alors qu'ils étaient blancs au coup d'envoi. En effet, comme il avait beaucoup plu, dès les premières mêlées, les maillots ont rapidement pris une couleur marron.

Préparation au brevet n° 3

1) La monitrice du centre aér**é** a décid**é** d'organis**er** un jeu de piste.
Adrien s'est bless**é** en tombant ; il a du mal à support**er** la douleur.
En Touraine, vous visit**ez** de superbes châteaux.
Apeur**é**, ce chat abandonn**é** a d'abord refus**é** de mang**er**.

2) Après avoir lu **la** notice de sa tablette, Louis **l'a** mise en charge.
Je ne trouve plus ma calculatrice ; est-ce toi qui **l'as** ?
D'habitude, à cette heure-**là**, **la** porte du gymnase est fermée.
Là où on **l'a** accrochée, **la** gravure n'est pas mise en valeur.

3)

l'aspe**ct**	le remor**ds**	exa**ct**	succin**ct**
le pou**ls**	un doi**gt**	le tréfon**ds**	un cor**ps**
le printem**ps**	distin**ct**	un auroc**hs**	le respe**ct**

4) Je ne connais **ni** la Suède **ni** la Finlande ; je **n'y** suis jamais allé.
Quand il faut prêter sa moto, M. Dayan **n'y** consent qu'avec réticence.
S'il faut se lever tôt pour la randonnée, Kévin **n'y** voit aucun inconvénient.

5) Ce commerçant ne **peut** livrer que **peu** de marchandises ; son stock est épuisé.
Grâce à ce moteur de recherche, tu **peux** accéder à des informations variées.
Je ne **peux** imaginer ce que **peut** être la vie dans un igloo au Groenland.
Cet homme **peut** mieux gérer son budget ; il fera un **peu** d'économies.

6) Comme Léo **sait** jouer du saxophone, il intègre l'orchestre du collège.
Accueillir ses amis avec le sourire, **c'est** la moindre des politesses.
Ivan ne **sait** quel thème choisir pour son exposé ; **c'est** ennuyeux.
Comment **s'est** passé ton dernier week-end à Grenoble ?

Je récris : La chute de ce cycliste a sans doute été provoquée par des gravillons répandus sur la chaussée. Le guidon a été tordu par le choc. En attendant l'arrivée des pompiers, les premiers secours ont été portés à ce coureur malchanceux par des passants obligeants. Pour apaiser la douleur, une poche de glace a été placée par l'un d'eux sur le coude vraisemblablement fracturé.

Préparation au brevet n° 4

1)

la rel**â**che	un cr**â**ne	la température	ent**ê**té
une b**â**che	une b**û**che	p**â**lir	la t**ô**le
de la m**â**che	une ruche	la tr**ê**ve	la zone

2)

brû**l**er	reco**nn**aître	a**gg**raver	ruisse**l**er
ba**tt**re	ava**l**er	a**ll**onger	a**p**ercevoir
circu**l**er	embe**ll**ir	a**pp**eler (ou a**tt**eler)	coi**ff**er

3) Pour admir**er** les étoiles, il faut que le ciel soit dégag**é**.
Tu as utilis**é** un couteau électrique pour découp**er** le rôti.
Les autruches ne se laissent pas facilement captur**er**.
Il a fallu dépass**er** la zone rocheuse pour ramass**er** des coquillages.
Alix s'est allong**é** sur le canapé et il a essay**é** de se repos**er**.

Corrigés

4) Le mineur a placé sa lampe **près** de sa tête. Les secouristes se tiennent **prêts** à intervenir. **Prêt** pour le tournage, le comédien quitte sa loge. Les volleyeurs sont **près** du filet, **prêts** à renvoyer le ballon.

5)

le cl**ou**	un rem**ous**	un cach**ou**	un l**oup**
la r**oue**	un ép**oux**	un ég**out**	un rag**oût**
le c**ou**	un voy**ou**	un écr**ou**	le gen**ou**
le b**out**	le courr**oux**	un hib**ou**	le saind**oux**

6)

la f**ace**	la br**asse**	un atl**as**	la gl**ace**
un vasist**as**	une imp**asse**	la pl**ace**	la cul**asse**
la disgr**âce**	une dédic**ace**	la cuir**asse**	un pal**ace**

Je récris : Fanny et Dorothée ont suivi de près les recommandations de leurs professeurs et elles sont parties sans crainte au collège Rameau pour y passer les épreuves du brevet. Elles sont prêtes à répondre à toutes les questions. Elles sont confiantes car elles ont mis toutes les chances de leur côté. D'ailleurs les résultats du contrôle continu en témoignent : leurs notes sont excellentes.

Préparation au brevet n° 5

1) Sandrine **appelle** ses parents pour les rassurer. Mes amis **tiennent** à m'accompagner au parc d'attractions. Pour préparer la tarte, tu **décongèles** d'abord la pâte. Je **sens** des picotements dans mon bras gauche. Lucas **revient** sans cesse sur sa victoire au cross.

2)

un intér**êt**	un proc**ès**	un entrem**ets**	le gen**êt**
un bal**ai**	un asp**ect**	le harn**ais**	un pon**ey**
un extr**ait**	un carn**et**	le miner**ai**	un abc**ès**
le rel**ais**	le qu**ai**	un laqu**ais**	le siffl**et**

3) **Ce** pays **se** retrouve sous des trombes d'eau ; **c'**est une catastrophe.
Pour tracer **ce** cercle, il faut **se** munir d'un compas.
Ce sculpteur **se** spécialise dans les œuvres monumentales.
Laissé à l'abandon, **ce** bâtiment **s'**est rapidement dégradé.

4)

la prud**ence**	une off**ense**	l'assur**ance**	une confid**ence**
la d**anse**	la malch**ance**	l'excell**ence**	l'endur**ance**
la déf**ense**	la transpar**ence**	l'alli**ance**	la tr**anse**

5) Cette idée lui paraissant meilleure, Didier l'a **mise** en application.
Le carrossier remplace les ailes que l'automobiliste a **enfoncées**.
Les invités dévorent la tarte que Mélanie a **préparée** pour eux.
Les amis, à qui j'ai **raconté** l'histoire, ont **ri**.

6) Depuis **qu'en** France l'école est obligatoire, l'illettrisme a reculé.
L'ours survit en captivité ; **quant** au panda, il ne se reproduit qu'en liberté.
Maintenant que tu as goûté ces lasagnes, **qu'en** dis-tu ?
Nous repasserons le linge **quand** il sera sec.

Je récris : Demain matin, j'accompagnerai ma sœur au centre équestre. Nous nous dirigerons immédiatement vers nos montures. Céline caressera le museau de la sienne et je m'approcherai de Bouba, mon cheval préféré. Le moniteur veillera au bon harnachement des chevaux et nous sauterons en selle. Il nous apprendra le pas, puis le trot enlevé. À la fin de la séance, nous nettoierons les chevaux.

Préparation au brevet n° 6

1) une pro**f**ession | la **ph**iloso**ph**ie | une gau**f**re | une s**ph**ère
une mou**f**le | le sou**ff**le | le bu**ff**et | un gra**ff**iti
un ty**ph**on | un sporti**f** | un béné**f**ice | une bou**ff**ée

2) Pour un morceau de sucre, le chien **tend** la patte à son maître.
Lorsque tu circules à vélo, avant de tourner, tu **tends** le bras.
Je voudrais **tant** avoir l'âge de passer mon permis de conduire.
Le résultat n'est pas parfait, mais tu **t'en** satisfais.
Stevy ne perd jamais son **temps** ; il a toujours quelque chose à faire.

3) **ex**alté | **ex**acerber | un a**cc**essoire | in**ex**orable
un parado**xe** | une co**cc**inelle | a**cc**éder | **exc**user
exaspérant | **ex**torquer | un **ex**tincteur | va**cc**iner

4) Avez-vous déjà rencontré une personne **parlant** le chinois ?
Des éclairs **éblouissants** illuminent le ciel d'orage.
En **voyant** une araignée, Maryline est prise de panique.
Au bal masqué, certains portaient des tenues **provocantes**.

5) un re**ç**u | fluore**sc**ent | une éclair**c**ie | la gen**t**iane
la lu**z**erne | il lan**ç**ait | une dou**z**aine | au**ss**itôt
la méde**c**ine | le ha**s**ard | une entor**s**e | la **sc**ience

6) La brèche, **apparue** dans la digue, a été **colmatée**.
Avant d'avaler ces aliments, tu les as soigneusement **mâchés**.
Les bougies que le mécanicien a **changées**, sont de bonne qualité.
J'ai **lu** les livres que tu m'as **prêtés**.

Je récris : Quand on lui offre des fleurs, Rachel n'a jamais la potiche qui convient. Celle-ci est trop basse, celle-là est trop haute, la potiche que lui a offerte sa grand-mère est trop ronde ; quant à celle qu'elle a rapportée de son voyage en Italie, elle est blanche alors que les fleurs sont aussi blanches !

Préparation au brevet n° 7

1) av**ant** | rudem**ent** | le ch**ant** | un régim**ent**
en suiv**ant** | un gé**ant** | le cim**ent** | épuis**ant**
aut**ant** | un sifflem**ent** | indéc**ent** | en pivot**ant**

2) Le chevreuil **est parti** se cacher dans les fourrés.
M. Tarrot **a sorti** son stylo pour signer le chèque.
Tu **as pris** le TGV pour te rendre à Bordeaux.
L'ouragan **a détruit** les maisons les plus fragiles.
Lucas **a admis** s'être trompé d'heure.

3) Justin est malade ; il a les yeux **cernés**.
Les spectatrices, **installées** près de la scène, applaudissent.
M. Varlet conduit sa voiture **neuve** avec prudence.
À peine **entrevue**, la Lune disparut derrière les nuages.

4) Ce commerçant examinera les échantillons au **plus tôt**.
Plutôt que de quitter sa ferme, M. Perrin se reconvertit dans l'élevage.
Plus tôt tu auras terminé ton travail, mieux ce sera.
Au Maroc, on récolte les tomates **plus tôt** qu'en Provence.

5)

approuver	**app**uyer	**ap**aiser	**app**orter
l'**app**endicite	l'**app**étit	un **ap**iculteur	un **app**renti
s'**ap**itoyer	**app**rocher	une **ap**ostrophe	**app**roximatif

6)

une c**ein**ture	le s**in**gulier	**im**portant	un grat**in**
un c**in**tre	un s**yn**dicat	**in**vendu	un lycé**en**
un c**ein**turon	une s**ym**phonie	**im**perméable	un fr**ein**

Je récris : Le 14 juillet 1789, les Parisiens se révoltèrent et se dirigèrent en masse vers la Bastille, symbole d'injustice et d'abus du pouvoir royal. Aux cris de « Vive la Nation », ils prirent rapidement possession de cette forteresse. On procéda à la libération de quelques prisonniers et une explosion de violence incontrôlée aboutit à l'exécution sommaire du gouverneur.

Préparation au brevet n° 8

1) Comme tu es allergique, tu n'**achètes** jamais d'amandes grillées.
Pour bien me faire comprendre, j'**épelle** chaque mot.
Ce matin, il **gèle** à pierre fendre !
Vous **projetez** une visite des marais salants de Guérande.

2)

un tron**c**	un stentor	un balai	un espri**t**
un cordon	le remor**ds**	un relai**s**	un fusi**l**
un hangar	un spor**t**	un essai	un permi**s**

3) Sur les chaussées enneigées, ce conducteur prudent **ralentissait**.
Le sergent **obéissait** aux ordres du capitaine.

4) Lorsque Mandy **entendit** cette chanson, elle **pleura**.
À la tombée de la nuit, Pascal **aperçut** un faisan égaré.
Avant de brancher son ordinateur, Juliette **lut** la notice.
Lors de la finale, ce judoka **commit** une faute fatale.

5) La chanteuse doit annuler son récital : elle n'a plus de **voix**.
Le **père** de l'explorateur Jean-Baptiste Charcot fut un célèbre médecin.
Surpris, Nourdine se tourna **vers** la personne qui l'interpellait.

6)

l'ac**tion**	la réfle**xion**	l'évolu**tion**	une réduc**tion**
la mi**ssion**	la conne**xion**	une expédi**tion**	une conver**sion**
la succe**ssion**	une rédac**tion**	la permi**ssion**	une excep**tion**

Je récris : Si j'étais une tornade, explique Jordan à ses camarades, j'emporterais dans un tourbillon les cheminées qui crachent une fumée noire. Je raserais les pylônes disgracieux, puis j'aspirerais tous les produits dangereux qui recouvrent les champs. On me surnommerait la tornade écologique.

Préparation au brevet n° 9

1)

une **h**abitude	une attitude	l'**h**aleine	une allusion
un achat	un **h**aillon	un amiral	un **h**amac
héroïque	un érable	un **h**ippodrome	usuel

2) Ces joueurs **ont** de la chance ; ils **ont** gagné !
Aujourd'hui, **on n'**écrit plus avec des plumes d'oie !
Lorsqu'**on** est heureux, **on** rit et **on** chante.
On constate que les travaux **ont** pris du retard.

CAHIER DE DICTÉES

Avertissement : Dans les dictées, les mots qui ont un rapport direct avec la difficulté abordée dans chaque fiche sont mis en couleur.

Fiche 1 : Les accents - Le tréma - L'élision

LE CARNAVAL

Disposées en bandes, des milliers de personnes parcourent les rues de la ville de Dunkerque. Les passants guettent l'**héroïne** de la **journée**, la reine du carnaval, assise avec **grâce** sur un **trône** doré. Puis viendra le passage des grosses **têtes**. Enfin les bandes **s'arrêteront** devant **l'hôtel** de ville **où** le maire lancera des harengs **fumés** aux carnavaleux.

Fiche 2 : Les sons [s] et [z]

UN ÉTRANGE HÉRISSON

Le **hérisson** était **assis** devant **sa** porte, les bras **croisés**, tout en fredonnant un petit air. Il ne chantait ni mieux ni plus mal qu'un **hérisson** en général. Et comme il était là, en train de fredonner à mi-voix **sa** petite **chanson**, une idée lui **passa** par la tête et il **se** dit qu'il pourrait bien aller faire un petit tour et voir comment **se** portaient **ses** navets.

Jacob et Wilhelm Grimm, « Le Lièvre et le Hérisson », *Contes de l'enfance et du foyer.* Traduction de Paul Berlin, 1812-1815.

Fiche 3 : Les noms terminés par le son [o]

LES ORCHIDÉES

Voilà des fleurs à la beauté séduisante, de véritables **joyaux**. Elles peuvent être cueillies aisément dans les **zones** tropicales. En revanche, dans notre pays où le climat est moins **chaud**, elles doivent être cultivées dans des **pots** remplis d'un **terreau** spécial. Elles ont besoin de beaucoup de lumière, mais il ne faut pas leur donner trop d'**eau**.

Fiche 4 : Les noms terminés par le son [e] (é)

LES VACANCES

Peu après le **lever** du soleil, nous prenons notre petit **déjeuner** sur la terrasse en buvant quelques **gorgées** de lait. Le lac s'étend à nos **pieds**. Des **voiliers** quittent le rivage en laissant une **traînée** blanche derrière eux. Au loin, les sommets brillent sous les premiers rayons du soleil. Tout ce paysage, d'une surprenante **beauté**, respire la **tranquillité**.

Fiche 5 : Les noms terminés par le son [war] (oir)

LE DÉPART DE LA FUSÉE

Les ingénieurs ont calculé la **trajectoire** de la fusée et la quantité de carburant à placer dans les **réservoirs**. À l'heure prévue, le directeur du **laboratoire** appuie sur le bouton rouge, signal du décollage. La fusée s'élève lentement. Mais on ne criera **victoire** que lorsqu'elle sera en orbite. Quelle fabuleuse **histoire** que l'aventure spatiale !

Fiche 6 : Le genre des noms

L'EMBARRAS DU CHOIX

La **conseillère** d'éducation présente aux jeunes filles divers métiers : « Si vous voulez être **coiffeuse**, sachez qu'il faudra travailler la chimie ; si vous pensez faire une carrière de **musicienne**, apprenez le solfège. Mais il existe bien d'autres professions : **hôtesse** de l'air, **danseuse** étoile, **traductrice**, **conductrice** d'autocar, **journaliste** ou même **romancière**…

Fiche 7 : Le pluriel des noms

LE PORT

La mer était brillante et calme, à peine remuée par la marée, et sur la jetée toute la ville du Havre regardait entrer les **navires**. On les voyait au loin, nombreux, les uns, les grands **vapeurs**, empanachés de fumée ; les autres, les **voiliers**, **traînés** par des **remorqueurs** presque invisibles, dressant sur le ciel leurs **mâts** nus, comme des **arbres** dépouillés.

Guy de Maupassant, « Une passion », *Contes et nouvelles*, 1882.

Fiche 8 : Les déterminants

PORTRAIT DE SHERLOCK HOLMES

Il mesurait un peu plus d'un mètre **quatre-vingts**, mais il était si maigre qu'il paraissait bien plus grand. **Ses** yeux étaient aigus et perçants, et **son** mince nez donnait à **toute son** expression un air de vivacité et de décision. **Son** menton proéminent indiquait l'homme résolu. **Ses** mains étaient constamment tachées d'encre et de produits chimiques.

Sir Arthur Conan Doyle, *Une étude en rouge*, 1887.
Traduction de Lucien Maricourt.

Fiche 9 : L'accord des adjectifs

AUTOPORTRAIT

Je suis d'une taille **médiocre** et bien **proportionnée**. J'ai le teint **brun** ; le front **élevé** et d'une **raisonnable** grandeur ; les yeux **noirs**, **petits** et **enfoncés**, et les sourcils **noirs** et **épais**, mais bien **tournés**. Je serais fort **empêché** à dire de quelle sorte j'ai le nez **fait**, car il n'est ni **gros**, ni **pointu** : tout ce que je sais, c'est qu'il est plutôt **grand** que **petit**.

François de La Rochefoucauld, *Portrait du duc de La Rochefoucauld fait par lui-même*, 1659.

Fiche 10 : L'accord du verbe

LE LABOUR D'AUTREFOIS

Un enfant de six à sept ans, beau comme un ange, **marchait** dans le sillon parallèle à la charrue et **piquait** le flanc des bœufs avec une gaule longue et légère, armée d'un aiguillon peu acéré. Les fiers animaux **frémissaient** sous la petite main de l'enfant, et **faisaient** grincer les jougs et les courroies liés à leur front, en imprimant au timon de violentes secousses.

George Sand, *La Mare au diable*, 1846.

Fiche 11 : Le participe passé en « -é » et l'infinitif en « -er »

LA PENSION VAUQUER

Les appartements du second étaient **occupés**, l'un par un vieillard ; l'autre par un homme **âgé** d'environ quarante ans. Le troisième étage se composait de quatre chambres, dont deux étaient **louées**, l'une par une vieille fille ; l'autre par un ancien fabricant de vermicelles qui se laissait **nommer** le père Goriot. Les deux autres chambres étaient **destinées** à des jeunes gens **arrivés** à Paris pour y **étudier** le droit.

D'après Honoré de Balzac, *Le Père Goriot*, 1834.

Fiche 12 : Ne pas confondre : ont – on – on n'

UN VOYAGE MOUVEMENTÉ

La diligence va si lentement qu'à dix heures **on n'**a pas fait quatre lieues. Les hommes **ont** monté des côtes à pied pour soulager les chevaux. **On** commence à s'inquiéter, car **on** doit déjeuner à Tôtes et **on n'**est pas sûr de parvenir à l'étape avant la nuit. Chacun guette pour apercevoir un cabaret. **On** court en vain chercher des provisions dans les fermes environnantes.

D'après Guy de Maupassant, *Boule de Suif*, 1880.

Fiche 13 : Ne pas confondre : peu – peut – peux

UN DESTIN TRAGIQUE

Œdipe est un héros de la mythologie à qui l'oracle a annoncé que, sous **peu**, il tuerait son père et épouserait sa mère. On **peut** penser que c'était un criminel, mais seul le hasard et les dieux ont provoqué ses fautes. Près de Thèbes, le jeune homme a tué quelqu'un qui l'empêchait de passer, c'était son père ; **peu** de temps après, il a obtenu la main de la veuve du roi, c'était sa mère !

Fiche 14 : **Ne pas confondre : près – prêt – prêts**

LE SAHARA

Il y a **près** de 6 000 ans, le Sahara était un pays fertile. Les peintures et gravures laissées par les Africains sur les parois rocheuses en témoignent. On peut y voir des hommes **prêts** à chasser les girafes au milieu des étendues herbeuses. Toute cette civilisation a disparu à la suite des changements climatiques et le Sahara est devenu une vaste étendue désertique.

Fiche 15 : **Ne pas confondre : leur – leur(s)**

DES JUMEAUX

Le père Barbeau avait déjà trois enfants quand la mère Barbeau s'avisa de lui en donner deux à la fois, deux beaux garçons. **Leur** ressemblance était si parfaite qu'ils étaient de vrais jumeaux ; ce fut une belle surprise. Il fallut **leur** donner un nom et les distinguer car, ni **leurs** yeux, ni **leurs** cheveux, ni même **leur** voix ne permettaient de les identifier.

D'après George Sand, *La Petite Fadette*, 1851.

Fiche 16 : **Le présent de l'indicatif : avoir – être – 1er groupe**

UN APPRENTI

Depuis deux ans, Fabien **travaille** chez un boulanger. Même si ce métier **est** pénible, Fabien **a** du courage à revendre. Le plus dur, c'**est** l'absence de sommeil. À trois heures, il **se réveille** et **se dirige** vers le fournil. Le patron le **conseille** : « Lorsque les flûtes **croustillent**, tu les **places** sur le chariot et tu **refermes** aussitôt le four pour qu'il **garde** la chaleur. »

Fiche 17 : Le présent de l'indicatif : 2e groupe

UN CHANTIER

Les maçons **bâtissent** un pavillon pour la famille Duverne. Ils **agissent** avec méthode. D'abord, ils **remplissent** la bétonnière de sable, de ciment et d'eau. Quand le mélange est prêt, ils **saisissent** leur truelle et se **répartissent** les briques à empiler. Ils **garnissent** les joints et **crépissent** les murs. Le soir, ils **réunissent** leurs outils avant de repartir.

Fiche 18 : L'imparfait de l'indicatif : avoir – être – 1er groupe

EN ISLANDE

J'**occupais** le sommet de l'un des deux pics du Sneffels. De là, je **distinguais** la plus grande partie de l'île. Une carte en relief **s'étalait** sous mes pieds. J'**observais** les vallées profondes qui se **croisaient** en tous sens. Sur la droite **se succédaient** les glaciers et les pics volcaniques, dont quelques-uns **s'empanachaient** de fumées légères.

D'après Jules Verne, *Voyage au centre de la terre,* 1864.

Fiche 19 : L'imparfait de l'indicatif : 2e groupe

OISIVETÉ

Je menais à Naples à peu près la même vie qu'à Rome, seulement au lieu de passer mes journées à errer parmi les débris de l'antiquité, je les passais sur les bords du golfe. Quand l'horizon était limpide, la maison blanche **surgissait**, suspendue comme un nid de cygne au sommet d'une falaise de rocher jaune. Cette vue me **réjouissait** et la lueur de cette maison **attendrissait** mon âme.

D'après Alphonse de Lamartine, *Graziella*, 1852.

Fiche 20 : Le futur simple de l'indicatif : avoir – être – 1er et 2e groupes

UN FUTUR MÉTIER

Lorsque Tanguy **réussira** son examen, toute la famille **se réjouira** : il sera ingénieur automobile. Il **travaillera** dans un bureau d'études où on lui **confiera** la mise au point d'un modèle. Au laboratoire, il **vérifiera** la résistance de chaque pièce, puis il **établira** les plans définitifs. Les ouvriers de l'usine **monteront** les moteurs et n'**oublieront** pas les dernières mises au point.

Fiche 21 : Le futur simple de l'indicatif : verbes du 3e groupe en « -ir »

LE BULLETIN MÉTÉO

Demain, la matinée **sera** fraîche. De légères brumes **s'installeront** sur les hauteurs. Dans le courant de l'après-midi, le ciel **se couvrira** et une perturbation **parviendra** jusqu'au centre de la France. En fin de soirée, les pluies **se dirigeront** vers l'est. On **notera** alors une baisse des températures, mais on ne **souffrira** pas du froid.

Fiche 22 : Le passé composé et le plus-que-parfait de l'indicatif

LA MAISON DE L'OGRE

Le Petit Poucet et ses frères **avaient frappé** à la porte de la maison. Une femme leur ouvrit et leur demanda ce qu'ils voulaient ; le Petit Poucet lui dit qu'ils **s'étaient perdus** dans la forêt, et qu'ils demandaient à coucher par charité. La femme se mit à pleurer, et leur dit : « Mes pauvres enfants, où **êtes-vous venus** ? Savez-vous que c'est ici la maison d'un ogre ? »

D'après Charles Perrault, « Le Petit Poucet », *Contes*, 1697.

Fiche 23 : Le son [ɑ̃] (an, en)

UN PERSAN À PARIS

Paris est aussi **grand** qu'**Ispahan**. Les maisons y sont si hautes qu'on jugerait qu'elles ne sont habitées que par des astrologues. Tu juges bien qu'une ville bâtie **en** l'air, qui a six ou sept maisons les unes sur les autres, est extrêmement peuplée, et que, **quand** tout le monde est **descendu** dans la rue, il s'y fait un bel **embarras**.

Montesquieu, *Les Lettres persanes,* Lettre XXIV, 1721.

Fiche 24 : Le son [ɛ̃] (in)

CHEZ LES LILLIPUTIENS

Comme je donnais une bonne **impression**, les **Lilliputiens** cessèrent de me **craindre**. Il m'arrivait d'en laisser danser **cinq** ou six sur ma **main**, et même, au bout d'un **certain** temps, les garçons et les filles s'enhardissaient jusqu'à jouer à cache-cache dans mes cheveux. Je parlais et je comprenais de mieux en mieux leur langue.

Jonathan Swift, *Voyages de Gulliver,* 1721.
Traduction de l'abbé Guyot-Desfontaines.

Fiche 25 : Les lettres muettes

À BORD D'UN NAVIRE DE GUERRE

Un canon qui casse son amarre devient brusquement on ne sait quelle bête surnaturelle. Ce bloc forcené a les **sauts** de la **panthère**, la lourdeur de **l'éléphant**, l'agilité de la **souris**, l'opiniâtreté de la cognée, l'inattendu de la **houle**, les **coups** de coude de l'éclair. Il ricoche comme une balle d'**enfant**. Comment en venir à **bout** ?

Victor Hugo, *Quatrevingt-treize*,* 1874.

**Ce n'est pas une faute de frappe, mais le titre voulu par Hugo.*

Fiche 26 : Les consonnes doubles

UNE RIVIÈRE

L'Argonne a l'**apparence** d'un **torrent** alpestre. Tantôt elle se creuse un lit entre les roches, tantôt elle **s'enterre** comme dans une cuve profonde ; là, des **ruisseaux** y tombent brusquement en cascades ; ici, elle s'étale en **effleurant** des sables et rendant le **flottage** impraticable par le changement perpétuel de son chenal.

Honoré de Balzac, *Les Paysans,* écrit en 1844, publié à titre posthume en 1855.

Fiche 27 : Les noms terminés par le son [œr] (eur, eure) et par le son [u] (ou)

UNE RÉCOMPENSE

Ma femme a fréquenté un institut de jeunes filles nobles et elle a dansé au bal de la dernière année devant le **gouverneur** de la province. Et même, elle a reçu la médaille et le tableau d'**honneur**. La médaille, on l'a vendue sur un **coup** de colère ; quant au tableau d'**honneur**, elle le garde dans une malle de notre misérable **demeure**.

D'après Fiodor Dostoïevski, *Crime et Châtiment,* 1866. Traduction de Doussia Ergaz.

Fiche 28 : Le pluriel des noms : cas particuliers

PARIS

Paris exprime le monde. Quelle merveille qu'une telle ville ! Ses **explosions**, ses **journées**, ses **rendez-vous**, **ses chefs-d'œuvre**, ses **joyaux**, ses **bas-fonds**, ses **épopées**, ses **coq-à-l'âne**, ses **cafés-concerts**, ses **journaux**, vont au bout de l'univers. Son rire est la bouche d'un volcan qui souffle sur la terre. Paris est plus que grand : il est immense.

D'après Victor Hugo, *Les Misérables,* 1862.

Fiche 35 : Le présent de l'indicatif : verbes du 3e groupe en « -oir » et « -oire »

À LA PISCINE

Chaque mercredi, Laurie se rend à la piscine. Elle sait qu'elle **doit** s'échauffer ; pour cela elle effectue une centaine de mètres. Puis, elle enchaîne les longueurs dans les différents styles de nage. Ses amies Sylvia et Nadine la **voient** et **s'assoient** au bord du bassin pour bavarder un instant avec elle. Mais le maître-nageur veille et l'entraînement reprend !

Fiche 36 : Le futur simple de l'indicatif : verbes du 3e groupe en « -dre » et « -re »

UN CONCERT TRÈS ATTENDU

Demain soir, mon groupe favori **se produira** en concert. Tous les jeunes du quartier **attendront** avec impatience l'arrivée des artistes. Quand ils **paraîtront**, la foule **battra** des mains, puis dansera au rythme de la sono. Enfin, les projecteurs éclaireront la scène, les musiciens **rejoindront** leur(s) instrument(s) et des acclamations salueront les vedettes de la soirée.

Fiche 37 : Le passé simple de l'indicatif : être – avoir – verbes du 1er groupe

UN DUEL

Les combattants **se précipitèrent** les uns sur les autres. D'Artagnan **se retrouva** face à Jussac. Le jeune Gascon se battait comme un tigre. Furieux d'être tenu en échec, Jussac **s'énerva**. D'Artagnan **redoubla** d'agilité. Voulant désarmer son adversaire, Jussac lui **porta** un coup qu'il croyait imparable, mais, emporté par son élan, il **s'embrocha** sur l'épée de d'Artagnan.

D'après Alexandre Dumas, *Les Trois Mousquetaires*, 1844.

Fiche 38 : Le présent du conditionnel : être – avoir – verbes des 1er et 2e groupes

DE GRANDS CHANGEMENTS

Si je retournais dans la ville où je suis né, je **serais** certainement déçu en découvrant les transformations de mon quartier. Je **trouverais** qu'il a bien changé, car j'ai appris que des immeubles ont remplacé les anciens ateliers de tissage. Les herbes folles **n'envahiraient** plus les terrains vagues, remplacés désormais par des aires de jeux et des parkings.

Fiche 39 : Quelques particularités de verbes du 1er groupe en « -cer », « -ger », « -yer »

UN AMOUR SECRET

Zinaïda m'évitait. Ma seule vue lui pesait. Je ne pouvais ne pas m'en rendre compte. Je **m'efforçais** de ne plus la voir et **louvoyais** pour ne pas la croiser. Quelque chose d'étrange et d'inexplicable l'**agaçait**. J'en fus particulièrement frappé par une soirée douce et chaude. Le vent **tournoyait** dans les feuilles et je m'**ennuyais** un peu. Soudain, Zinaïda apparut.

D'après Ivan Tourgueniev, *Premier amour,* 1860.
Traduction d'Édith Scherrer.

Fiche 40 : Quelques particularités de verbes du 1er groupe comme « lever » et « céder »

UN PARCOURS ACCIDENTÉ

Ce samedi, tes parents t'**emmènent** au parcours *accrobranche*. Tu **règles** d'abord le harnais de sécurité, puis tu t'**élèves** à l'aide d'une échelle de corde. Ton petit frère s'**inquiète** de te voir si haut. Les obstacles **se succèdent**, mais tu les franchis sans peine et tu **achèves** ton aventure suspendu à une liane ; toute la famille applaudit !

Fiche 41 : Ne pas confondre : tout – tous – toute – toutes

À LA RECHERCHE DE LA FORTUNE

Ce qui intéresse avant **tout** Suter, c'est la parole des voyageurs. Sa maison est ouverte à **tous**. L'accueil est tel que la maison ne désemplit pas : aventuriers, colons, chercheurs de fortune **tout** émerveillés de trouver une auberge ; Suter est infatigable, il les régale **tous**. Il confronte **tous** les récits, il se souvient de **tout**.

D'après Blaise Cendrars, *L'Or,* Denoël, 1925.

Fiche 42 : Ne pas confondre : la – là – l'a – l'as

UN ANIMAL RUSÉ

C'était avant Noël. Il faisait grand froid. Le lac était gelé, mais un trou avait été fait dans **la** glace pour que les paysans puissent y mener boire leurs bêtes. Il y avait **là** un seau que les paysans avaient laissé. Renart a expliqué au loup qu'ils allaient pêcher **là**-bas. Il **l'a** mené près du trou, puis il a attaché le seau à **la** queue du loup.

D'après *Le Roman de Renart,* XIIe -XIIIe siècle.
Adaptation de Paulin Paris.

Fiche 43 : Ne pas confondre : ces – ses – c'est – s'est – sait – sais

LA MYTHOLOGIE

C'est toujours un moment agréable quand mon père me raconte les exploits des héros de l'Antiquité. Il **sait** très bien décrire la manière dont Ulysse **s'est** sorti du piège tendu par le Cyclope ou quand **ses** compagnons l'ont attaché au mât du bateau pour résister au chant des Sirènes. **Ces** légendes me permettent de m'évader vers des mers lointaines.

Fiche 44 : Ne pas confondre les verbes et les noms homophones

UNE FUTURE CANTATRICE

Béatrice se rend à des cours de chant depuis l'âge de huit ans. Son professeur lui apprend à poser sa **voix** pour ne pas fatiguer ses cordes vocales. De leçon en leçon, elle **voit** qu'elle progresse ! Elle **veut** gagner un **prix** au prochain concours régional et **prie** chaque jour pour que son **vœu** se réalise.

Fiche 45 : Les écritures du son [j] (y, ill, ll, i)

RÊVERIES

Accoudée à la **muraille** recouverte de lierre, **Mireille** observe le paysage ; l'**éveil** de la nature l'**émerveille** toujours : l'**écureuil** dans le **feuillage**, le **bouvreuil** perché sur la **treille**, une **brindille** dans le bec… Dans la **vieille** maison, il faut cependant **déployer** des trésors d'attention pour entendre le pas pressé des souris que le **grenier accueille** dès le matin. Que peuvent-elles bien trouver à manger, hormis quelques grains de blé ?

Fiche 46 : La lettre « h »

UN ENNEMI REDOUTABLE

Kaa apparut devant la **panthère haletante**. Il avait **hâte** de tuer. La puissance de combat d'un **python** réside dans le choc de sa tête appuyée de tout le poids de son corps. Si vous pouvez imaginer une lance ou un marteau lourd, **habité** par une volonté froide et calme, vous pouvez vous figurer à quoi ressemblait Kaa. Un **python** peut renverser un **homme** s'il le frappe en pleine poitrine.

D'après Rudyard Kipling, *Le Livre de la Jungle*.
Traduction de Robert d'Humières et Louis Fabulet, 1899.

Fiche 47 : Les noms terminés par le son [ɛ]

L'ÉDUCATION DE GARGANTUA

Gargantua nageait en eau profonde à l'endroit, à l'envers, sur le côté, de tous ses membres, ou seulement des pieds. Puis à la seule force de son **poignet**, il montait en bateau. De là, il se jetait à l'eau, la tête la première, sondant le fond, descendait au creux des rochers, plongeait dans les gouffres et les eaux les plus profondes. Enfin, il manœuvrait le bateau avec **succès**, le maintenait au fil de l'eau et tenait bien le gouvernail.

D'après François Rabelais, *Gargantua,* 1535.
Translation en français moderne de Madeleine Lazard.

Fiche 48 : La formation des mots : préfixes et suffixes

UN OISEAU AMOUREUX

Un soir, il **advint** qu'un petit martinet vola par-dessus la ville. Ses amis étaient partis pour l'Égypte six semaines plus tôt, mais il s'était **attardé** par amour pour une très belle plante de la famille des Roseaux. Il l'avait rencontrée au printemps, alors qu'il descendait la **rivière** à la **poursuite** d'un gros papillon jaune, et avait été si séduit par la **sveltesse** de sa taille qu'il s'était arrêté pour lui parler.

Oscar Wilde, « Le prince heureux », *Le Prince heureux et autres contes,* 1888. Traduction de Jules Castier.

Fiche 49 : Les adverbes

UN NOUVEAU MAÎTRE

Pendant les quelques instants qu'il venait d'entrevoir Phileas Fogg, Passepartout avait **rapidement**, mais **soigneusement** examiné son futur maître. C'était un homme qui pouvait **peut-être** avoir quarante ans, de figure noble et belle, haut de taille, que ne déparait pas un léger embonpoint, blond de cheveux et de favoris, front uni sans apparences de rides aux tempes, figure **plutôt** pâle que colorée, dents magnifiques.

Jules Verne, *Le Tour du monde en 80 jours,* 1872.

Fiche 50 : Les pronoms possessifs, démonstratifs, indéfinis

LE CHOIX D'UN TRÉSORIER

Zadig invita tous **ceux** qui prétendaient au poste de trésorier à se rendre dans le salon du roi. Mais la porte était fermée et il fallait que les candidats patientent dans une galerie obscure où le roi avait entreposé ses trésors. Un par un, un huissier les introduisit auprès du roi qui leur ordonna de danser. **Un seul** d'entre eux le fit avec agilité. Le roi le déclara trésorier. En effet, à l'exception de **celui-ci**, **tous** avaient rempli leurs poches d'or pendant qu'ils étaient dans la galerie, alors que **les siennes** étaient vides.

D'après Voltaire, *Zadig ou la Destinée,* 1747.

Fiche 51 : Les pronoms relatifs

LA MER

Je savais que nous étions venus là pour une chose **qui** s'appelait la mer et **dont** on m'avait beaucoup parlé ; mais je ne l'avais pas encore vue et j'étais dans une extrême impatience de la connaître. À la tombée de la nuit, je m'échappais seul. Un bruit singulier se faisait derrière les petites montagnes de sable **auxquelles** un sentier conduisait. Tout m'étonnait, ce crépuscule tombant d'un ciel couvert, et aussi la solitude de ce coin de village.

D'après Pierre Loti, *Le Roman d'un enfant,* 1890.

Fiche 52 : La voix active – La voix passive

UN ORPHELIN

Sa tranche de pain dans une main et sa casquette d'orphelin sur la tête, Oliver **fut emmené** par monsieur Bumble hors de cette maison, où jamais un mot aimable ou une parole attentionnée n'était venu égayer la tristesse de ses années d'enfance. Et pourtant, quand la porte se referma derrière lui, il **fut assailli** par une bouffée de chagrin. Pour la première fois, son âme d'enfant **fut submergée** par la sensation qu'il était seul face au vaste monde.

D'après Charles Dickens, *Oliver Twist,* 1838. Traduction d'Alfred Gérardin.

Fiche 53 : Le participe passé employé avec l'auxiliaire « avoir »

À LA BELLE ÉTOILE

Cet été, Arthur, ses sœurs et ses parents ont **effectué** une randonnée dans les Vosges. Ils ont **emporté** une tente qu'ils ont **placée** dans le sac à dos de Papa. Quant à Arthur, il a **porté** le matériel de cuisine. Maman a **apprécié** les forêts qu'ils ont **traversées**. Un soir, ils ont **couché** dans une clairière que Papa a **explorée** pour en chasser d'éventuels reptiles et araignées. Néanmoins, Arthur et ses sœurs n'ont guère **dormi**.

Fiche 54 : L'imparfait de l'indicatif : verbes du 3e groupe en « -oir » et « -oire »

L'ÉNIGME DU SPHINX

Avant d'arriver à Thèbes, les étrangers **devaient** subir l'épreuve du Sphinx. C'était un monstre au buste de femme et au corps de lion qui proposait une énigme à tous ceux qui **voulaient** entrer dans la ville. « Quel est l'animal qui marche sur quatre pieds le matin, sur deux pieds à midi et sur trois pieds le soir ? » **Saviez**-vous qu'Œdipe donna la bonne réponse ?

Fiche 55 : L'imparfait de l'indicatif : verbes du 3e groupe en « -dre », « -re » et « -ir »

UNE FLEUR ÉTRANGE

Il y avait toujours eu, sur la planète du petit prince, des fleurs très simples, ornées d'un seul rang de pétales, et qui ne **tenaient** point de place, et qui ne dérangeaient personne. Elles **apparaissaient** un matin dans l'herbe, et puis elles **s'éteignaient** le soir. Mais celle-là avait germé un jour, d'une graine apportée d'on ne sait où, et le petit prince avait surveillé de très près cette brindille qui ne ressemblait pas aux autres brindilles.

Antoine de Saint-Exupéry, *Le Petit Prince*, Gallimard, 1943.

Fiche 56 : Le futur simple de l'indicatif : verbes du 3e groupe en « -oir » et « -oire »

LES VILLES DE DEMAIN

Dans cinquante ans, les citadins **verront** certainement leur vie se transformer. Dans les rues, il n'y aura plus de trottoirs et nous **pourrons** nous déplacer dans les engins volants que **concevront** les ingénieurs. Nous nous **assiérons** sur un minuscule siège et nous **devrons** simplement appuyer sur quelques touches de l'ordinateur de bord qui **saura** aussitôt programmer notre trajet. Serons-nous plus heureux pour autant ?

Fiche 57 : Le passé simple de l'indicatif : verbes en « -i »

UNE RENCONTRE

Charles arriva un jour vers trois heures. Selon la mode de la campagne, Emma lui proposa de boire quelque chose. Il refusa, elle insista, et enfin lui **offrit**, en riant, de prendre un petit verre de liqueur avec elle. Elle **prit** une bouteille de curaçao dans l'armoire, **atteignit** deux verres, **emplit** l'un jusqu'au bord, versa à peine dans l'autre, et après avoir trinqué, le porta à sa bouche.

D'après Gustave Flaubert, *Madame Bovary,* 1857.

Fiche 58 : Le passé simple de l'indicatif : verbes en « -u » et en « -in »

UNE DÉCOUVERTE

Isidore flâna dans Étretat et se montra adroit pour recueillir quelques renseignements, puis il monta sur la falaise et l'aiguille **apparut**, roc énorme, haut de plus de quatre-vingts mètres. Puis il descendit dans la grotte, s'agenouilla et **aperçut** le rébus. Un cri lui échappa : une petite croix était sculptée en relief ! Il renforça son appui avec un morceau de bois et, tout à coup, il sentit que la pierre cédait. Il en **conclut** que le trésor était là.

D'après Maurice Leblanc, *L'Aiguille creuse,* 1909.

Fiche 59 : Le passé antérieur et le futur antérieur

UNE CONNEXION ATTENDUE

Depuis longtemps, Louisa avait souhaité acheter un ordinateur pour se connecter à Internet. Lundi dernier, elle a pris sa décision et s'est rendue chez un commerçant spécialisé. Après qu'elle **eut expliqué** ce qu'elle désirait, le vendeur lui a présenté différents modèles. Finalement, elle a choisi un modèle portable. Quand elle **aura travaillé** pendant quelques heures sur les logiciels, elle enverra des messages à ses amies.

Fiche 60 : Le présent du conditionnel : verbes du 3e groupe

RÉSULTATS SCOLAIRES DÉCEVANTS

« Poil de Carotte, tu n'as pas travaillé l'année dernière comme je l'espérais. Tes bulletins prétendent que tu **pourrais** beaucoup mieux faire. Tu rêvasses, tu lis des livres défendus. Doué d'une excellente mémoire, tu obtiens d'assez bonnes notes de leçons, mais tu négliges tes devoirs. Poil de Carotte, il faut songer à devenir sérieux ; tu **devrais** être le premier de la classe en tout si tu consentais à faire des efforts. »

D'après Jules Renard, *Poil de Carotte,* 1894.

Fiche 61 : Le présent du subjonctif : être – avoir – verbes des 1er et 2e groupes

LE JARDIN DE M. BELOT

M. Belot tient à ce que son jardin **ait** la meilleure allure qui **soit**. En automne, il faut qu'il **ameublisse** sans tarder le terrain afin qu'il **plante** les bulbes de tulipes, car il n'est pas rare que, en cette période, le sol **durcisse** sous l'effet des gelées précoces. Il importe également qu'il **ratisse** les allées et qu'il **enfouisse** les mauvaises herbes. En hiver, il convient que les arbres fruitiers **soient** taillés pour obtenir une meilleure floraison le printemps venu.

Fiche 62 : Le présent de l'impératif

UN PANTIN SINGULIER

Geppetto se mit à façonner un pantin à partir d'un morceau de bois. Quand les yeux furent terminés, il s'aperçut qu'ils le fixaient. Contrarié, il leur dit : « **Cessez** donc de me dévisager ! » Quant à la bouche, elle lui fit des grimaces. « **Arrête** tout de suite ! Ne me **manque** pas de respect ! Allons, **obéis**-moi ! » Autant parler à un mur. Geppetto poursuivit son travail. Une fois complet, le pantin bondit dans la rue et s'enfuit à toute allure.

Fiche 63 : Ne pas confondre : le participe passé et le verbe conjugué

UNE BELLE FRAYEUR

Cela faisait une heure que Lucas était perdu au milieu des champs. **Vêtu** de couleurs vives, il espérait être **vu** de loin et être **reconnu** par ses voisins. Soudain, il **aperçut** un animal de taille moyenne **perdu** dans les maïs ; il **blêmit** à l'idée que c'était peut-être un sanglier ! Il **courut** le plus vite possible. Heureusement, ce n'était qu'un chien qui **s'enfuit**, aussi effrayé que lui...

Fiche 64 : Ne pas confondre : le participe présent et l'adjectif verbal

LA MINE

Dans la mine, il semblait que les ténèbres étaient d'un noir inconnu, épaissi par les poussières **volantes** du charbon, alourd par des gaz **pesant** sur les yeux. Les mèches des lampes, sous leurs chapeaux de toile métallique, n'y mettaient que des points **rougeoyants**. Parfois, en se **détachant**, luisaient des blocs de houille, brusquement allumés d'un reflet de cristal On n'entendait plus que les grognements de gêne et de fatigue

D'après Émile Zola, *Germinal*, 1885

Fiche 65 : Ne pas confondre : est – es – et / ai – aie(s) – ait – aient

UN CONTRÔLE RÉUSSI

Comme j'ai répondu à presque toutes les questions et complété les schémas, il y a de fortes chances pour que j'aie une bonne note à mon devoir de mathématiques. Il est vrai que le problème n'était pas très difficile et que nous avions bien révisé. Je ne serais pas étonnée que nombre de mes camarades aient également les compliments du professeur qui tient à ce que chacun ait confiance en lui. Il dit que c'est la clé de la réussite.

Fiche 66 : Ne pas confondre : sont – son

UN ÉTOURDI

Ménalque descend son escalier, ouvre sa porte pour sortir, il la referme ; il s'aperçoit qu'il est en bonnet de nuit ; et, venant à mieux s'examiner, il se trouve rasé à moitié, il voit que son épée est mise du côté droit, que ses bas sont rabattus sur ses talons, et que sa chemise est par-dessus ses chausses. On l'a vu une fois heurter son front contre celui d'un aveugle et tomber avec lui chacun de son côté à la renverse.

La Bruyère, *Les Caractères ou les Mœurs de ce siècle,* 1688.

Fiche 67 : Ne pas confondre : si – s'y / ni – n'y

UNE PÊCHE MYSTÉRIEUSE

Le pêcheur jeta ses filets pour la quatrième fois. Quand il jugea qu'il devait y avoir du poisson, il les tira avec assez de peine. Il n'y en avait pas ; mais il s'y trouvait un vase de cuivre jaune qui, à sa pesanteur, lui parut plein de quelque chose ; il remarqua qu'il n'était ni fermé ni scellé de plomb. Cela le réjouit : « Si je le vends au fondeur, dit-il, avec l'argent j'achèterai une mesure de blé. »

D'après *Les Mille et Une Nuits,* « Histoire du pêcheur ».
Traduction d'Antoine Galland, 1704.

Fiche 68 : La lettre « x »

UN SAFARI PHOTO

Maxime est parti en excursion dans un pays d'Afrique occidentale pour découvrir un maximum d'animaux dans leur milieu naturel. Au cours du safari, il a croisé successivement un lion, deux guépards et, fait exceptionnel, un troupeau de dix éléphants. Mais il ne put exercer ses talents de photographe comme il l'aurait voulu, car il eut peur d'un énorme serpent venimeux, bien qu'il ait pris soin de se faire vacciner avant de partir.

Fiche 69 : Les noms terminés par le son [ɑ̃s] (ance ; ence)

UN PAYS DE RÊVE

Il est un pays superbe, un pays de Cocagne que je rêve de visiter. Un vrai pays de Cocagne où tout est beau, riche, tranquille, honnête ; où l'élégance a plaisir de se mirer dans l'ordre ; où la vie est grasse et douce à respirer ; d'où le désordre, la turbulence et l'imprévu sont exclus ; où le bonheur est marié au silence ; où la cuisine elle-même est poétique, grasse et excitante à la fois ; où tout vous ressemble mon cher ange.

D'après Charles Baudelaire, « L'invitation au voyage », *Petits Poèmes en prose,* 1869.

Fiche 70 : Les homophones lexicaux

UN PAYS DE CHASSEURS

Tous les dimanches, Tarascon prend les armes et sort de ses murs, le sac au dos, le fusil à l'épaule, avec un tremblement de chiens, de furets, de trompes, de cors de chasse. C'est superbe à voir... Par malheur, le gibier manque, il manque absolument. Si bêtes que soient les bêtes, vous pensez bien qu'à la longue elles ont fini par se méfier. À cinq lieues autour de Tarascon, les terriers sont vides, les nids abandonnés.

Alphonse Daudet, *Aventures de Tartarin de Tarascon,* 1872.

Fiche 71 : Les mots d'origine latine et grecque

UN COUP DE FOUDRE

Comme il habitait les Batignolles, il prenait chaque matin **l'omnibus** pour se rendre à son bureau. Et chaque matin, il voyageait jusqu'au centre de Paris en face d'une jeune fille dont il devint **amoureux**, sans en **analyser** la raison. Elle allait à son magasin, tous les jours, à la même **heure**. C'était une petite brunette, de ces brunes dont les yeux sont si noirs qu'ils ont l'air de taches, et dont le teint a des reflets d'**ivoire**. Il la voyait apparaître toujours au coin de la même rue.

Guy de Maupassant, « Le père », Nouvelle parue en 1887.

Fiche 72 : Les mots d'origine étrangère

UN SÉJOUR À NEW YORK

Depuis longtemps, Thomas rêvait de contempler les **buildings** de cette ville géante et de faire du **shopping** au long des avenues légendaires. Aujourd'hui, ce qui n'était qu'un projet est devenu réalité : il foule le **macadam** de Broadway pour rejoindre son hôtel où le **barman** lui servira un **cocktail** de jus de fruits pour accompagner son **sandwich** car, à midi, dans ce pays, on grignote. Ce **week-end**, il assistera à un concert de **rock** en plein air.

Fiche 73 : Les paronymes – Les barbarismes

UN REPAS ENTRE AMIES

Galia a convié Amélie et Carole pour fêter son anniversaire. Ce sera à la bonne **franquette**, leur a-t-elle **assuré** lorsqu'elle a lancé les invitations. Le jour venu, Amélie a jugé **opportun** d'offrir un bouquet et Carole, sachant combien Galia est gourmande, a déposé un **ballotin** de chocolats sur la table. En entrée, Galia a servi une salade de tomates et des champignons à la grecque. « J'espère qu'ils ne sont pas **vénéneux** ! » a plaisanté Amélie.

Fiche 74 : Des difficultés orthographiques

LA MARÉE NOIRE

Trop vétuste, un pétrolier **chinois** a fait naufrage au large de la **Bretagne**. Au contact des rochers, ses cuves ont éclaté ; aussitôt, un liquide épais et visqueux a flotté à la surface de l'eau. De grandes plaques noires ont dérivé vers les côtes et ont provoqué la mort de nombreux oiseaux et de milliers de poissons. Les habitants des villages **environnants** se sont portés volontaires pour nettoyer les plages **polluées**.

Fiche 75 : Les accords dans le groupe nominal

DRACULA

Son visage donnait une impression de force, avec son nez fin mais aquilin, des narines particulièrement larges, un front haut et bombé, des cheveux qui se clairsemaient aux tempes, mais ailleurs épais et abondants. Les sourcils, massifs, se rejoignaient presque à l'arête du nez. La bouche, sous l'épaisse moustache, présentait quelque chose de cruel, sans doute en raison des dents éclatantes et particulièrement pointues.

Bram Stoker, *Dracula,* 1897. Traduction de Jacques Finné.

Fiche 76 : L'accord du verbe : cas particuliers

UN CHEVRIER MALHEUREUX

M. Seguin perdait toutes ses chèvres de la même façon ; un beau matin, elles cassaient leur corde, s'en allaient dans la montagne, et là-haut, **le loup** les **mangeait**. Ni les caresses de leur maître, ni la peur du loup, **rien** ne les **retenait**. **C'étai**(**en**)**t**, paraît-il, **des chèvres indépendantes**, voulant à tout prix le grand air et la liberté. Le brave M. Seguin, qui ne comprenait rien au caractère de ses bêtes, était consterné.

Alphonse Daudet, « La chèvre de M. Seguin »,
Les Lettres de mon moulin, 1869.

Fiche 77 : Le participe passé employé avec l'auxiliaire avoir (cas particuliers)

UN CORRESPONDANT

Javier, le correspondant de Jérémie, vient de Séville. Lorsqu'il est arrivé en cours d'espagnol, Jérémie nous **a présentés**. Nous **avons discuté** dans un mélange de français, d'espagnol et de gestes. Il **a sorti** deux paquets de son sac et nous **a expliqué** que c'étaient des confiseries de son pays. Puis, nous **avons parlé** de musique, et nous l'**avons interrogé** sur les groupes espagnols. Javier nous en **a présenté** quelques-uns et nous **a fait** écouter leurs meilleures chansons.

Fiche 78 : Le participe passé des verbes pronominaux

UN APRÈS-MIDI DE DÉTENTE

Aldo et Freddy se sont **donné** rendez-vous au centre nautique. Après s'être **succédé** à la caisse, ils se sont **emparés** de leur panier à vêtements et se sont **dirigés** vers les vestiaires. Ils se sont **changés** rapidement et se sont **assurés** qu'ils avaient verrouillé les casiers. Ils se sont **douchés**, puis ils se sont **offert** un joyeux plongeon. Après la baignade, ils se sont **installés** dans les gradins et se sont **plu** à profiter du soleil.

Fiche 79 : Les temps composés du conditionnel

UNE RETRAITE PAISIBLE

Si notre voisin, M. Lardy, en avait eu la possibilité, il **aurait pris** une retraite anticipée et, ainsi, il **aurait profité** de son temps libre. Il **aurait cultivé** son jardin ou il **serait allé** assister à des conférences pour rêver aux lointains pays qu'il a toujours voulu visiter. Avec son épouse, ils **auraient effectué** de longues randonnées. Personnellement, ce que j'**aurais préféré**, c'**eût été** de me lever tard, sans entendre la sonnerie du réveil !

Fiche 80 : Le présent du subjonctif : verbes du 3e groupe

SAUVER LA PLANÈTE

Les générations futures vont recevoir la planète en héritage. Il importe que les adultes d'aujourd'hui **fassent** en sorte de la leur laisser en bon état. Il serait fâcheux que les océans soient pollués ou que la forêt amazonienne **disparaisse**. La Terre ne nous appartient pas, il faut que nous l'**entretenions** pour la transmettre à nos enfants. Il est donc urgent que chacun **prenne**, à sa mesure, de bonnes résolutions avant qu'il ne soit trop tard.

Fiche 81 : L'imparfait et les temps composés du subjonctif

DON QUICHOTTE

Finalement, ayant perdu l'esprit, un pauvre gentilhomme vint à donner dans la plus étrange pensée dont jamais fou **se fût avisé** dans le monde. Il lui parut nécessaire de se faire chevalier errant, de s'en aller par le monde chercher les aventures, et de pratiquer tout ce qu'il avait lu que pratiquaient les chevaliers errants, redressant toutes sortes de torts, et s'exposant à tant de rencontres, à tant de périls, qu'il **acquît** une éternelle renommée.

D'après Miguel de Cervantès, *L'Ingénieux Hidalgo Don Quichotte de la Manche,* 1605. Traduction Louis Viardot

Fiche 82 : Particularités de verbes du 1er groupe : verbes en « -eler » et « -eter »

CHANGEMENT D'ADRESSE

C'est le grand jour : nous déménageons pour habiter à Rennes Maman distribue le travail. Avec ma sœur Lucie, nous plaçons les vêtements dans les malles ; mes frères **amoncellent** sans précaution les verres et les assiettes dans de grands cartons « Attention, vous oubliez de caler la vaisselle avec des chiffons je vous **rappelle** qu'elle doit arriver intacte. Sinon, il faudra que je **rachète** des verres », déclare maman.

Fiche 83 : Présent de l'indicatif ou présent du subjonctif ?

CONSEILS À UN FUTUR ENSEIGNANT

Si tu veux devenir professeur, il faut d'abord que tu **prennes** tes études au sérieux, puis que tu **suives** une formation spéciale. On **croit** souvent que l'enseignement est un métier facile, mais se retrouver devant un groupe d'élèves **est** une épreuve redoutable. Les premiers jours, il faudra donc que tu **aies** de la patience et que tu ne te **laisses** pas déborder. Il est également nécessaire que tu **souries** de temps en temps pour détendre l'atmosphère.

Fiche 84 : Ne pas confondre : eus – eut – eût / fus – fut – fût

UN BRICOLEUR

Un jour, mon oncle prit idée de rénover la salle de séjour. Le bon déroulement des travaux exigeait qu'il **eût**, au préalable, mesuré toutes les dimensions et qu'il **eût** acheté les matériaux nécessaires. Après qu'il **eut** lessivé les portes et les fenêtres, il passa une couche de peinture. En attendant que celle-ci **fût** sèche, il retira les prises électriques. Ensuite, il encolla les rouleaux de papier peint et il les posa en prenant soin de ne pas les déchirer.

Fiche 85 : Ne pas confondre : quand – quant – qu'en

LA CANNE À SUCRE

Quand le sucre était inconnu en France, on utilisait le miel pour que les mets soient moins amers. Un jour, on s'aperçut **qu'en** Sicile ou en Crète, les habitants se servaient du jus d'une plante pour adoucir leur nourriture et leurs boissons ; ils l'appelaient la canne à sucre. **Quant** aux Européens, ils lui donnèrent le nom de « miel païen ». Après la découverte de l'Amérique, la culture de la canne à sucre gagna le nouveau monde qui se couvrit de plantations.

Fiche 86 : Ne pas confondre : quel(s) – quelle(s) – qu'elle(s)

LA RENTRÉE

Dès qu'elles furent arrivées dans la cour du collège, Heidi et Rachida se précipitèrent vers leurs amies. **Quelle** joie de se retrouver après de si longues vacances ! Elles racontèrent tous les détails des voyages **qu'elles** avaient effectués. La plus bavarde était Sandra parce **qu'elle** revenait du Brésil. « **Quel** pays magnifique ! Vous ne pouvez pas imaginer le spectacle des danseurs de samba, **quelle** ardeur et **quelle** endurance ! »

Fiche 87 : Ne pas confondre : quelque(s) – quel(s) que – quelle(s) que

DEUX AMIES

Ce matin, Julie et Francine entrent en 4e. Elles se demandent dans quelle classe elles seront cette année. Elles aimeraient être ensemble, **quelles que** soient les jeunes filles venues des autres collèges. En attendant qu'elles soient appelées, elles évoquent leurs souvenirs de vacances. **Quelque** énervantes **que** soient ces premières heures, il leur faudra patienter **quelques** instants avant que la conseillère d'éducation énumère les noms de tous les élèves.

Fiche 88 : Ne pas confondre : se (s') / ce (c')

UN ESPION ÉTOURDI

James Don est un agent secret très spécial. **Ce** fidèle serviteur de la reine est plein de bonne volonté, mais il a du mal à **se** souvenir de **ce** qu'on lui dit. Un jour, **ce** n'est qu'à l'instant d'ouvrir le coffre fort qu'il **s'**aperçoit qu'il en a oublié le code. Heureusement qu'il l'avait écrit sur son poignet. Une autre fois, **ce** problème de mémoire l'amène à **se** tromper de voiture. **C'**est peut-être pour cela qu'on l'appelle « triple zéro » ?

Fiche 89 : Ne pas confondre : sent – s'en – sans – c'en

LA VIE DES VILLAGES D'ANTAN

Dans les fêtes villageoises du siècle dernier, on retrouvait toutes les traditions populaires. Avant de partir au service militaire, les conscrits **s'en** allaient donner aux habitants une étonnante sérénade, quelquefois grivoise. Quand le chant était achevé, ils recevaient en échange l'offrande traditionnelle. Et ils repartaient dans la nuit **sans** cesser leurs rires et leurs chants. Aujourd'hui, **c'en** est bien fini de ces réjouissances.

Fiche 90 : Ne pas confondre : met – mets – m'est – mais

À L'INFIRMERIE

Comme je suis allergique au pollen, l'infirmière va me faire une prise de sang. Elle **met** un petit flacon dans la seringue, prend une aiguille neuve et elle me pique au creux du bras. Elle m'avertit que ce sera peut-être légèrement douloureux, **mais** je ne sens rien car elle a une grande habitude. Le sang qui **m'est** prélevé sera analysé dans un laboratoire et j'aurai les résultats dans quelques jours.

Préparation au brevet n° 1

LA CHARCUTIÈRE

Florent sentit un frisson à fleur de peau ; et il aperçut une femme, sur le seuil de la boutique, dans le soleil. Elle mettait un bonheur de plus, une plénitude solide et heureuse, au milieu de toutes ces gaietés (gaîtés) grasses. C'était une belle femme. Elle tenait la largeur de la porte, point trop grasse pourtant, forte de la gorge, dans la maturité de la trentaine. Elle venait de se lever, et déjà ses cheveux, lissés, collés et comme vernis lui descendaient en petits bandeaux plats sur les tempes. Cela la rendait très propre.

Émile Zola, *Le Ventre de Paris,* 1873

Préparation au brevet n° 2

LES SALTIMBANQUES

Le théâtre de notre petite troupe était assez bien machiné pour l'époque. Il est vrai que la peinture de la décoration eût semblé à des connaisseurs un peu enfantine. Les tuiles des toits tiraient l'œil par la vivacité de leurs tons rouges, le feuillage des arbres plantés devant les maisons était du plus beau vert-de-gris, et les parties bleues du ciel étalaient un azur invraisemblable ; mais l'ensemble faisait suffisamment naître l'idée d'une place publique chez les spectateurs de bonne volonté. Un rang de vingt-quatre chandelles jetait une forte clarté sur cette honnête décoration peu habituée à pareille fête. Cet aspect magnifique fit courir une rumeur de satisfaction parmi l'auditoire.

Théophile Gautier, *Le Capitaine Fracasse*, 1863.

Préparation au brevet n° 3

LE BONHEUR

Dès qu'un homme cherche le bonheur, il est condamné à ne pas le trouver, et il n'y a point de mystère là-dedans. Le bonheur ce n'est pas comme cet objet en vitrine, que vous pouvez choisir, payer, emporter ; si vous l'avez bien regardé, il sera bleu ou rouge chez vous comme dans la vitrine. Tandis que le bonheur n'est bonheur que quand vous le tenez ; si vous le cherchez dans le monde, hors de vous-même, jamais il n'aura l'aspect du bonheur. En somme, on ne peut ni raisonner ni prévoir au sujet du bonheur ; il faut l'avoir maintenant. Quand il paraît être dans l'avenir, songez-y bien, c'est que vous l'avez déjà. Espérer c'est être heureux.

Alain, *Propos*, 18 mars 1911

Préparation au brevet n° 4

UN MINEUR

C'était Maheu qui souffrait le plus. En haut, la température montait jusqu'à trente-cinq degrés, l'air ne circulait pas, l'étouf fement à la longue devenait mortel. Il avait dû, pour voir clair, fixer sa lampe à un clou, près de sa tête ; et cette lampe, qui chauffait son crâne, achevait de lui brûler le sang. Mais son supplice s'aggravait surtout de l'humidité. La roche, au-dessus de lui, à quelques centimètres de son visage, ruisselait d'eau, de grosses gouttes continues et rapides, tombant sur une sorte de rythme entêté, toujours à la même place. Il avait beau tordre le cou, elles battaient sa face, s'écrasaient, claquaient sans relâche.

Émile Zola, *Germinal,* 1885.

Préparation au brevet n° 5

UNE AMITIÉ

Au demeurant, ce que nous appelons ordinairement amis et amitiés, ce ne sont que des relations et fréquentations nouées à la faveur de quelque circonstance ou intérêt, qui font que nos âmes se tiennent entre elles. Mais, dans l'amitié dont je parle, elles se mêlent et se fondent l'une en l'autre par un mélange si total qu'elles effacent et ne retrouvent plus la couture qui les a jointes. Si on me presse de dire pourquoi je l'aimais, je sens que cela ne peut s'exprimer qu'en répondant : parce que c'était lui ; parce que c'était moi.

Michel de Montaigne, *Essais,* Livre I, 28, « De l'amitié », 1580.

Préparation au brevet n° 6

UNE VOCATION TARDIVE

À la sortie du collège, l'aîné, Pierre, de cinq ans plus âgé que Jean, s'étant senti successivement de la vocation pour des professions variées, en avait essayé, l'une après l'autre, une demi-douzaine, et, vite dégoûté de chacune, se lançait aussitôt dans de nouvelles espérances. En dernier lieu la médecine l'avait tenté, et il s'était mis au travail avec tant d'ardeur qu'il venait d'être reçu docteur après d'assez courtes études et des dispenses de temps obtenues du ministère. Il était exalté, intelligent, changeant et tenace, plein d'utopies et d'idées philosophiques.

Guy de Maupassant, *Pierre et Jean,* 1888.

Préparation au brevet n° 7

LA LEÇON DE CHANT

J'ai dormi assez mal, mes yeux le prouvent, cernés jusqu'au milieu des joues ; heureusement, ça me va plutôt bien, je le constate dans la glace en brossant rudement mes boucles (toutes dorées ce matin) avant de partir pour la leçon de chant. J'arrive une demi-heure trop tôt, et je ne peux m'empêcher de rire en trouvant deux de mes camarades, sur quatre, déjà installées à l'école ! Nous nous inspectons mutuellement, et Anaïs a un sifflement approbateur pour ma robe bleue et mon tablier mignon. Elle a sorti pour la circonstance son tablier du dimanche, rouge, brodé de blanc ; elle se serre à étouffer dans une ceinture neuve.

Colette, *Claudine à l'école,* Paul Ollendorf éditeur, 1900.

Préparation au brevet n° 8

UN GARÇON RÊVEUR

En s'approchant de son usine, le père Sorel appela Julien de sa voix de stentor ; personne ne répondit. Il ne vit que ses fils aînés, espèces de géants qui, armés de lourdes haches, équarrissaient les troncs de sapin qu'ils allaient porter à la scie. Ils n'entendirent pas la voix de leur père. Celui-ci se dirigea vers le hangar ; en y entrant, il chercha Julien et il l'aperçut enfin à cheval sur l'une des poutres de la toiture. Au lieu de surveiller attentivement l'action de tout le mécanisme, Julien lisait.

D'après Stendhal, *Le Rouge et le Noir,* 1831.

Préparation au brevet n° 9

L'ÉDUCATION DES ENFANTS

La seule habitude qu'on doit laisser prendre à l'enfant est de n'en contracter aucune ; qu'on ne le porte pas plus sur un bras que sur l'autre, qu'on ne l'accoutume pas à présenter une main plutôt que l'autre, à ne pouvoir rester seul ni nuit ni jour. Préparez de loin le règne de sa liberté et l'usage de ses forces en laissant à son corps l'habitude naturelle, en le mettant en état d'être toujours maître de lui-même, et de faire en toutes choses sa volonté sitôt qu'il en aura une.

Jean-Jacques Rousseau, *Émile ou De l'éducation,* Livre 1, 1762.

Préparation au brevet n° 10

À L'AUBERGE

Nous arrivâmes à la venta*. Elle était telle qu'on me l'avait dépeinte, c'est-à-dire une des plus misérables que j'eusse encore rencontrées. Sur une pierre plate, le feu se faisait au milieu de la chambre et la fumée sortait par un trou pratiqué dans le toit, ou plutôt s'arrêtait, formant un nuage à quelques pieds au-dessus du sol. Une grande pièce servait de cuisine, de salle à manger et de chambre. Le long du mur, on voyait étendues par terre cinq ou six vieilles couvertures de mulets ; c'étaient les lits des voyageurs.

* *à l'auberge*

Prosper Mérimée, *Carmen,* 1845.

3) le règne | présenter | lui-même | la fumée
une pièce | un rêve | la forêt | le gruyère
téléphoner | la séance | un vêtement | répondre

4) Combien y a-t-il d'os dans le **corps** humain ?
La rue est trop étroite ; les véhicules ne peuvent pas **faire** demi-tour.
Quel est le seul **doigt** qui n'a que deux phalanges ?

5) l'**accueil** | l'**ac**adémie | un **accusé** | un **acc**ordéon
un **ac**arien | **acc**abler | un **ac**ompte | **acc**omplir
accumuler | l'**ac**upuncture | un **acc**oudoir | une **acc**almie

6) Si vous voul**ez** régal**er** vos amies, prépar**ez**-leur une île flottante.
Surtout ne vous laiss**ez** pas abus**er** par des paroles flatteuses.
Serais-tu capable de rest**er** en équilibre sur cette poutre ?
Après avoir déchiffr**é** le message, l'agent secret l'a déchir**é**.

Je récris : Paula et Sabine **décidèrent** d'aller à la fête foraine. Les manèges **étaient** en place depuis plusieurs jours et elles **savaient** ceux qui **auraient** leur préférence. Paula **monta** d'abord dans le train fantôme et elle **hurla** lorsqu'une branche en plastique lui **frôla** la joue. Sabine, plus calme, **essaya** d'attraper une montre avec de grosses pinces, mais elle **renonça** bien vite.

Préparation au brevet n° 10

1) Les lettres, que la directrice a **signées**, partiront ce soir.
La tour qu'a **déplacée** le joueur d'échecs, protègera son roi.
Les palombes, dont j'ai **attendu** la venue, sont là.

2) Ce film était un des plus étranges que vous **eussiez regardé.**
Ce film était un des plus étranges que tu **eusses regardé.**
Ce film était un des plus étranges que les spectateurs **eussent regardé.**

3) Dans cette **salle** de cinéma, les sièges sont très confortables.
As-tu déjà goûté à la confiture de **mûres** ?
La **sole** est un poisson à la **chère** très savoureuse.

4) Le jour **où** tu fêteras tes seize ans, j'espère que tu m'inviteras.
Les tulipes **ou** les jacinthes sont des fleurs de printemps.
Savez-vous **où** réside le Président de la République ?

5) J'**arrivai** au troisième étage. | Nous **arrivâmes** au troisième étage.
Tu **arrivas** au troisième étage. | Vous **arrivâtes** au troisième étage.
Elle **arriva** au troisième étage. | Ils **arrivèrent** au troisième étage.

6) un pi**ed** | une qualit**é** | un pât**é** | le courri**er**
le pass**é** | un casi**er** | un senti**er** | la mar**ée**
un trépi**ed** | une mont**ée** | l'obscurit**é** | un figui**er**

Je récris : Hier après-midi, Yvon **participait** à une régate sur le lac du Bourget. Dès le départ, il **fonça** vers la première bouée. Comme il **faisait** la course en tête, il se **voyait** déjà brandissant la coupe destinée au vainqueur. Mais il ne se **méfia** pas du voilier bleu qui le **menaçait** à bâbord et qui **réussit** à le devancer sur la ligne d'arrivée.

PAPIER À BASE DE
FIBRES CERTIFIÉES

LAROUSSE s'engage pour
l'environnement en réduisant
l'empreinte carbone de ses livres.
Celle de cet exemplaire est de :
900 g éq. CO_2
Rendez-vous sur
www.larousse-durable.fr

Achevé d'imprimer chez Macrolibros en Espagne
Dépôt légal : janvier 2017 - 323201/02
N.º de projet : 11045166 - juillet 2020